河南省"十四五"普通高等教育规划教材

Access SHUJUKU JICHU YU YINGYONG
Access 数据库基础与应用

主　编　郑逢斌
副主编　吕　敏　孙玉杰　李莉杰
　　　　孟　芸　袁　帅　赵　盟
编　委　罗刘敏

河南大学出版社
HENAN UNIVERSITY PRESS
·郑州·

图书在版编目（CIP）数据

Access 数据库基础与应用 / 郑逢斌主编． -- 郑州：河南大学出版社，2021.12（2024.12 重印）

ISBN 978-7-5649-4925-9

Ⅰ．①A… Ⅱ．①郑… Ⅲ．①关系数据库系统 Ⅳ．① TP311.138

中国版本图书馆 CIP 数据核字（2021）第 279420 号

责任编辑 李亚涛
责任校对 郑　鑫
封面设计 陈盛杰

出版发行	河南大学出版社		
	地址：郑州市郑东新区商务外环中华大厦 2401 号	邮编：450046	
	电话：0371-22825015（高等教育出版分社）		
	0371-86059713（营销部）	网址：hupress.henu.edu.cn	
排　版	郑州市今日文教印制有限公司		
印　刷	广东虎彩云印刷有限公司		
版　次	2021 年 12 月第 1 版	印　次	2024 年 12 月第 4 次印刷
开　本	787 mm×1092 mm　1/16	印　张	18.75
字　数	445 千字	定　价	49.00 元

（本书如有印装质量问题，请与河南大学出版社营销部联系调换）

前　言

本书是河南开封科技传媒学院教师依据信息化发展、不同学科建设和社会发展的需要，以强化计算机应用能力为目标，结合编者多年的教学实践经验和改革成果编写。

本书依据贴近学生日常生活并且亲身经历和使用的高招考试系统为案例，分析学生从查询高考成绩、报考志愿到录取的整个过程为抓手设计教材内容。全书共分为8章：第1章介绍数据库基础知识，第2章表结构的设计和数据的操作，第3章基于已有数据从中查询有用的信息，第4章到第6章分别介绍利用窗体、报表和宏对象操作数据库中数据，第7章是VBA程序设计用于扩展数据库的功能，第8章介绍数据库安全机制和优化策略。

本书由郑逢斌教授任主编，负责本书大纲的制定、规划全部的篇章结构和统稿、定稿工作。各章节分工如下：第1章由河南开封科技传媒学院孟芸编写共计6万字，第2章由北京市商务局综合事务中心吕敏编写共计5.2万字，第3章由河南开封科技传媒学院孙玉杰编写共计9万字，第4章由河南开封科技传媒学院袁帅编写共计6.7万字，第5章和第6章由河南开封科技传媒学院李莉杰编写共计9.8万字，第7章和第8章由河南开封科技传媒学院赵盟编写共计6.4万字。另外尹柯、胡威威、孙丽娜、王宝祥、李媛、邵阳雪、吕永飞、段延超、王银苹等老师参与了本书的修订工作。

虽然编者从事相关教学工作多年，但是能力有限，书中难免存在疏漏和不足指数，恳请专家、读者不吝批评、指正。

编　者

2021年11月

目　　录

第1章　数据库基础知识 ……………………………………………………（1）
　1.1　数据库概述 ……………………………………………………………（1）
　1.2　关系型数据库 …………………………………………………………（19）
　1.3　Access2016工作界面 …………………………………………………（23）
　1.4　数据库设计 ……………………………………………………………（25）
　1.5　本章知识点梳理 ………………………………………………………（27）
　习题一 …………………………………………………………………………（28）

第2章　表 …………………………………………………………………（29）
　2.1　创建数据库 ……………………………………………………………（29）
　2.2　Access数据类型 ………………………………………………………（30）
　2.3　创建表 …………………………………………………………………（31）
　2.4　数据表操作 ……………………………………………………………（42）
　2.5　设置索引与主键 ………………………………………………………（56）
　2.6　数据表的复制、重命名和删除 ………………………………………（63）
　2.7　数据导入和导出 ………………………………………………………（66）
　2.8　本章知识点梳理 ………………………………………………………（74）
　习题二 …………………………………………………………………………（75）

第3章　查询设计 …………………………………………………………（77）
　3.1　初识查询 ………………………………………………………………（77）
　3.2　基础查询 ………………………………………………………………（87）
　3.3　参数查询 ………………………………………………………………（104）
　3.4　交叉表查询 ……………………………………………………………（110）
　3.5　操作查询 ………………………………………………………………（114）
　3.6　SQL查询 ………………………………………………………………（122）
　3.7　优化查询性能 …………………………………………………………（132）
　3.8　本章知识点梳理 ………………………………………………………（136）
　习题三 …………………………………………………………………………（137）

第4章　窗　　体 …………………………………………………………（139）
　4.1　初识窗体 ………………………………………………………………（139）
　4.2　快速创建窗体 …………………………………………………………（148）
　4.3　设计视图创建窗体 ……………………………………………………（157）
　4.4　美化窗体 ………………………………………………………………（178）

4.5　本章知识点梳理 …………………………………………………………（181）
习题四 ………………………………………………………………………（182）

第5章　报　　表 ……………………………………………………………（184）

5.1　初识报表 …………………………………………………………………（184）
5.2　快速创建报表 ……………………………………………………………（187）
5.3　设计视图创建报表 ………………………………………………………（202）
5.4　报表的排序和分组 ………………………………………………………（214）
5.5　计算控件的设计 …………………………………………………………（220）
5.6　报表的预览和打印 ………………………………………………………（225）
5.7　本章知识点梳理 …………………………………………………………（228）
习题五 ………………………………………………………………………（229）

第六章　宏 ……………………………………………………………………（231）

6.1　初识宏 ……………………………………………………………………（231）
6.2　常用宏操作 ………………………………………………………………（233）
6.3　宏的设计 …………………………………………………………………（236）
6.4　宏的运行与调试 …………………………………………………………（245）
6.5　特殊的宏 …………………………………………………………………（246）
6.6　本章知识点梳理 …………………………………………………………（248）
习题六 ………………………………………………………………………（249）

第7章　VBA程序设计 ………………………………………………………（250）

7.1　初识VBA …………………………………………………………………（250）
7.2　VBA程序设计基础 ………………………………………………………（263）
7.3　VBA程序流程控制 ………………………………………………………（269）
7.4　 VBA过程（参数传递）…………………………………………………（276）
7.5　本章知识点梳理 …………………………………………………………（278）
习题七 ………………………………………………………………………（279）

第8章　数据库安全与优化 …………………………………………………（281）

8.1　数据库安全 ………………………………………………………………（281）
8.2　数据库优化 ………………………………………………………………（286）
8.3　本章知识点梳理 …………………………………………………………（290）
习题八 ………………………………………………………………………（291）

参考文献 ………………………………………………………………………（293）

第1章 数据库基础知识

1.1 数据库概述

数据库，对应的英文单词是 Data Base，简言之就是存放大量数据的仓库。为了高效地访问和修改数据，需要采用一定的技术对其进行管理。

图 1-1 是不是很熟悉？它曾帮助你回到家乡，也曾助你旅游海外。而它就是一个以数据库为基础和核心的数据库应用系统。

图1-1 铁路订票系统

忆高考，峥嵘岁月稠，当年站在高考这座独木桥头，渴望着那头风景的你是否还记得图 1-2 的模样？老师们全力以赴最后阶段的陪伴和答疑，父母的期待，亲戚邻居的眼光，都曾是你考试路上的护航人。

图1-2 高考加油图

高考放榜的时间到了，图 1-3 的界面你还记得否？我们查看高考成绩、填报高考志愿等都在享受着数据库系统的服务。

图1-3　考试成绩查询系统

数据库技术是数据管理的技术，其将计算科学和易于人类理解认知的数据管理方式完美地衔接在了一起，自 20 世纪 60 年代中期诞生以来，已有 50 多年的历史。

从办公自动化系统到网上订票系统、医学诊断以及地理信息系统，越来越多的领域都普遍采用数据库存储和处理技术。我们在微信上留言和在超市购物结算等都在享受着数据库系统的服务。

1.1.1　数据库应用系统典型案例

1. 图书管理信息系统

爱书者的海洋，社会记忆（通常表现为书面记录信息）的外存和选择传递机制非图书馆莫属，走进图书馆，图 1-4 的检索机器映入眼帘，通过图书馆检索机获取书名、索书号和外借情况信息如图 1-5 所示。

图1-4　图书馆

图1-5　图书检索界面和检索信息

你可以凭索书号到对应馆藏书库（图1-6）的书架取书啦。

除了借阅者的借阅，图书管理系统还需要建立详尽的借阅卡信息（涵盖所有被获准在本馆借书人的信息），以及所有馆内的书种及书刊的记录并对借阅者及其借阅的书籍进行登记，便于图书管理员及时查看馆内书刊信息及操作借、还书登记。现实中，图书管理信息系统会存在一些差异。但就一般情况而言，图书管理信息系统的主要功能包括管理员信息管理、借阅卡信息管理、书刊借阅信息管理、库存信息管理和书刊查询管理，需设计出如图1-7所

图1-6　馆藏书架

4　Access 数据库基础与应用

示系统功能模块。

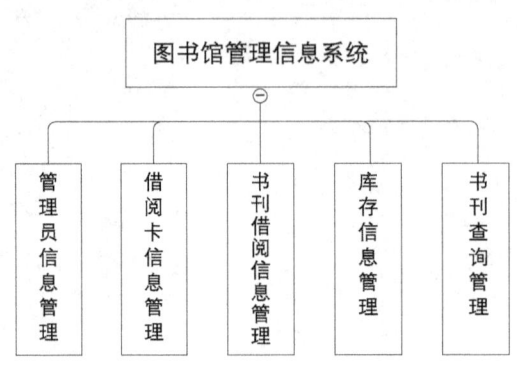

图1-7　图书管理信息系统功能模块图

2. 本书案例——高招考试信息系统

高考是我们步入社会的过渡阶段，参加过高考的你对志愿填报、个人信息录入是不是犹如昨天。高招考试信息系统是为了满足考生志愿填报、个人信息录入而设计的，主要包含以下几个模块：管理员管理、学生信息管理、成绩信息管理、院校管理、志愿管理等。下面我们简单介绍贯穿教材中的"高招考试信息系统"的主要界面。详细内容会在后续的章节中逐一介绍。

（1）启动系统的主界面

打开高招考试系统，打开登陆界面，如图 1-8 所示。单击安全警告中的"启用内容"按钮，然后输入用户名和密码，再单击"登录"按钮，进入管理员界面如图 1-9 所示。

图1-8　登录界面

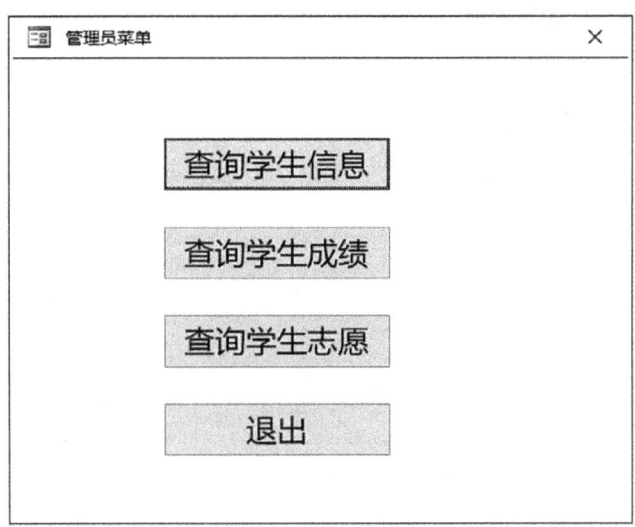

图1-9　管理员菜单

（2）部分功能窗口演示

高招考试系统成绩查询如图 1-10 所示。

图1-10　高招考试系统成绩查询

学生登陆高招系统界面如图 1-11 所示。

图1-11　考生登陆报名系统界面

上面简单展示了"高招考试系统"的基本功能，目的是帮助初学者对"数据库系统"建立一定的感性认识，以便在接下来的学习中，更好地理解和掌握有关数据库的基础理论知识，在操作细节的学习中，始终牢记"数据库系统"的概念。

1.1.2 数据库应用与思维

数据是指对客观事件进行记录并可以鉴别的符号。很久以前，语言和文字还没出现，人们还都是通过"呜呜呜"的方式来进行沟通，但是事情还是得记录的，因此，图1-12"结绳记事"这种记录数据的方法在人群里开始流行。

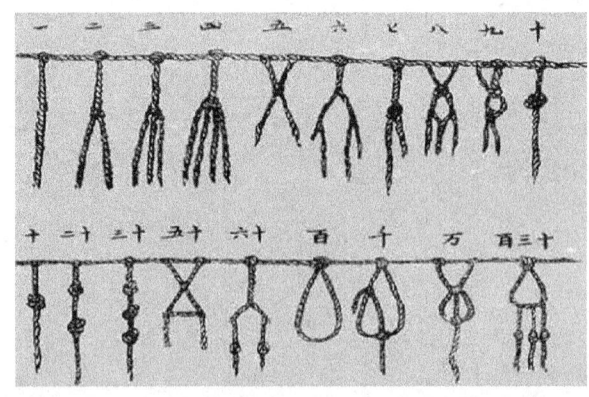

图1-12　结绳记事

仓颉创造文字之后，人们开始把事情通过文字的方式记在龟背和兽骨上，但动物资源毕竟是有限的，于是竹简就承载了记录的使命，可竹简毕竟是太重了，记录和查看都不太方便。

图1-13 龟背、兽骨和竹简

历史前进的车轮继续向前,来到了东汉时期,蔡伦在吸取前人经验的基础上,发明了具有跨时代意义的纸,并一直沿用至今,成为目前应用最广泛的存储数据的载体之一,如图1-14所示。

图1-14 纸张记录

随着信息技术的飞速发展,IT 技术不断进步,数据开始在磁鼓、磁芯存储器、机械硬盘等介质上存储。1980 年,闪存横空出世,其衍生的产品——SSD(固态硬盘)目前仍被大家广泛使用。进入 21 世纪后,短短几年时间产生数据的量级就远超前面好几百年的总和,拿 1TB 的硬盘存储 175ZB 的数据,所需耗费的存储资源如图 1-15 所示,数据成了经济发展中的新生产要素,对数据的有效管理成为助力经济社会发展的关键环节。

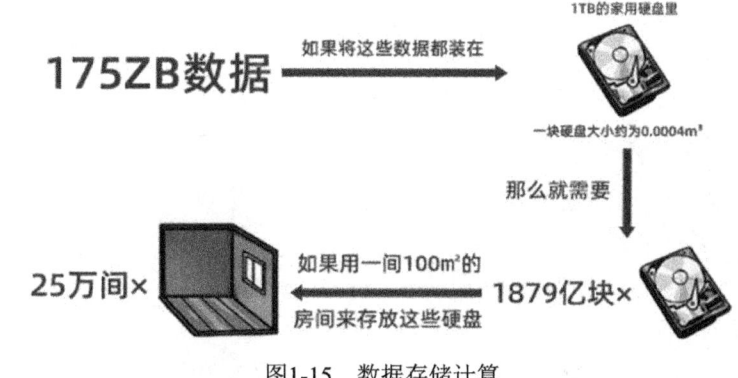

图1-15 数据存储计算

1.1.3 数据库技术发展历程

在数据管理的历史长河中，数据管理技术经历了人工管理、文件系统、数据库系统 3 个阶段。

1. 人工管理阶段

20 世纪 50 年代中期以前，计算机主要用于科学计算。当时的硬件技术是，外存只有磁带、卡片和纸带等，还没有磁盘等直接存取的存储设备。

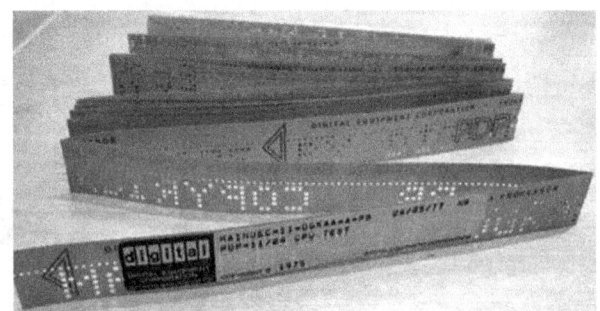

图1-16 磁带和穿孔纸带

软件只有汇编语言，无操作系统，从数据方面看，数据量小，数据无结构，由用户或程序员直接负责。人工管理数据的特点主要包括：

① 数据不保存。数据输入到计算机，经过处理直接输出结果，数据不能长期保存。

② 数据不共享。一个程序只能处理一组数据，数据无法重复利用。

③ 数据不独立。程序与数据密切相关，当数据发生变化时，必须修改程序，程序设计人员的工作负担非常繁重。

④ 只有程序的概念，没有文件的概念。

人工管理阶段的数据库管理模型如图 1-17 所示。

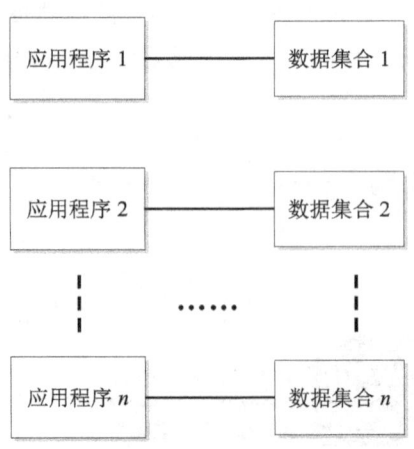

图1-17 人工管理阶段的数据管理模型

2. 文件系统阶段

20 世纪 50 年代后期至 60 年代中期，计算机开始用于信息管理，硬件系统使用了磁盘存储器，如图 1-18 所示的为软盘，软件系统有了操作系统。数据以文件形式保存在外存储器中，由操作系统统一管理。应用程序通过文件系统存取数据，数据能够长期保存，可以反复执行查询、修改、插入和删除等操作。

图1-18　软盘存储器

这一阶段的数据管理有以下主要特点：

① 数据可以长期保存。由于计算机用于大量数据处理，数据以文件形式保存在外存储器中，由操作系统统一管理。

② 由文件系统管理数据。由专门的软件即文件系统进行数据管理，文件系统把数据组织成相互独立的数据文件，利用"按文件名访问，按记录进行存取"的管理技术，提供了对文件进行打开与关闭、对记录读取和写入等存取方式，文件系统实现了记录内的结构性。但是，文件系统管理仍存在以下缺点：

➢ 共享性差，冗余度大：一个应用程序基本对应一个数据文件。

➢ 独立性差：数据和程序密切相关，如果数据文件发生变化，必须修改应用程序；反之，应用程序发生变化，还必须修改数据文件。

➢ 没有结构：数据文件是没有结构的数据集合，往往不能恰当地反映客观事物之间的内在联系。

文件系统管理阶段的数据库管理模型如图 1-19 所示。

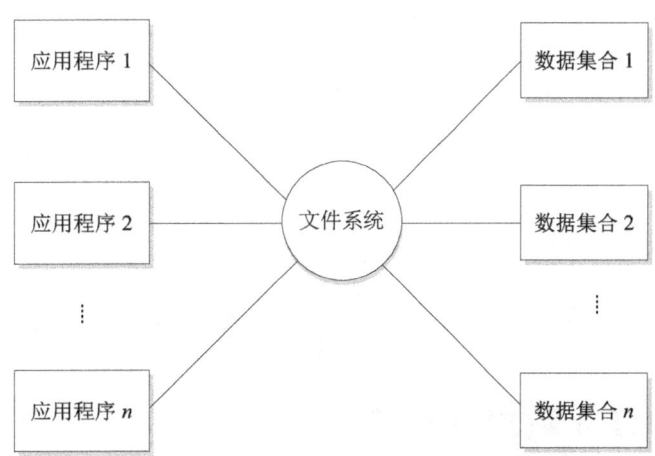

图1-19　文件系统管理阶段的数据管理模型

3. 数据库系统阶段

20 世纪 60 年代后期，随着经济社会发展和信息技术的广泛应用，数据量急剧增加，大量数据的高效、安全管理和共享需求日益强烈，多种应用、多种语言互相覆盖的共享数据集合的要求越来越高，数据库系统便应运而生。数据库系统具有以下主要优点：

① 采用数据模型表示复杂的数据结构。数据库按照一定的数据模型组织管理数据。数据模型不仅描述数据本身，而且还描述数据之间的联系。数据模型是数据库的重要特征之一，也是数据库系统与文件系统的根本区别。

② 数据独立性高。数据库的独立性包括数据的物理独立和逻辑独立。

物理独立性是指用户的应用程序与数据库中的数据是相互独立，也就是说数据在数据库中怎样存储是由数据库管理系统管理的，用户程序不需要了解，应用程序要处理的只是数据的逻辑结构，这样当数据的物理存储改变时应用程序不变。

逻辑独立性是指用户的应用程序与数据库的逻辑结构是相互独立的。也就是说，数据的逻辑结构改变时用户程序也可以不变。

把数据定义和程序设计分开进行可以实现数据与程序的独立，从而大大简化了编写、维护和修改应用程序的工作。

③ 共享性高、冗余度低。在构建数据库时，整体设计一个组织机构的各方面数据，多个部门或多个程序都可以使用数据库中的数据，多个用户或多个应用程序都通过数据库管理系统访问数据库中的数据；数据共享可以大大减少数据冗余，节约存储空间。数据共享还能够避免数据之间的不相容性与不一致性。

④ 控制功能强。数据控制功能不仅可以保证数据的正确性和一致性，而且还能防止非法使用、非法盗窃或恶意破坏数据库中的数据。

数据库管理阶段的数据库管理模型如图 1-20 所示。

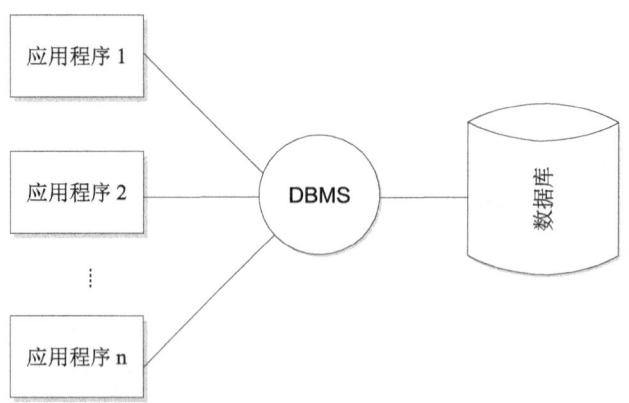

图1-20 数据库管理阶段的数据管理模型

1.1.4 数据库系统

数据库系统相关概念主要包括数据、数据库、数据库管理系统、数据库应用系统等。

1. 数据（Data）

数据是描述和记录客观事物或现象的物理符号或这些物理符号的组合。各种字母、数字符号的组合、语音、图形、图像等统称为数据，数据经过加工后就成为信息。

破译类益智小游戏时间到，猜猜图1-21的数字组合是什么意思？

图1-21　数字组合

A 说：哇塞，那是我的计算机程序设计的期末考试成绩。
B 说：那是我 2 岁孩子的身高。
C 说：那是大数据专业 2020 级学生的人数。

其实，那是微信运动小程序显示的某人今天走的步数。可见数据的表现形式还不能完全表达其内容，需要经过解释。数据和关于数据的解释是不可分的。

2. 数据库 (DataBase，DB)

数据库，顾名思义，是存放数据的仓库，只不过这个仓库是在计算机存储设备上，而且数据是按一定的格式存放的。严格意义上来讲，数据库是长期存在计算机内、有组织的、可共享的大量数据的集合。大到银行账户的管理，小到手机的电话薄，可以说所有系统中都有数据库的身影。

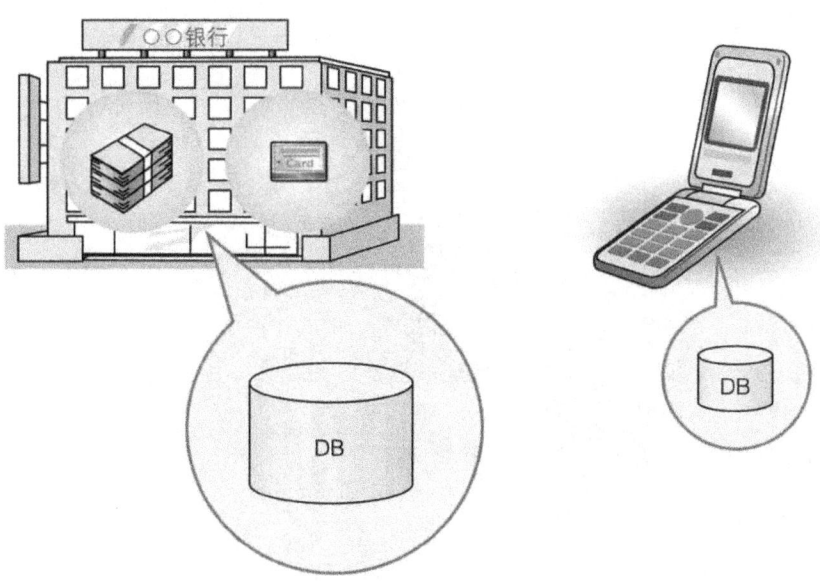

图1-22　无处不在的数据库

3. 数据库管理系统（Database Management System，缩写为 DBMS）

数据产生效益的直接方法就是加强数据的管理，因此数据库管理系统应运而生。使用数据库管理系统，可以编写各种应用程序，查询、显示和打印数据库中的数据。目前常用的数据库管理系统有 Access、SQL Server、Oracle 等。其主要功能包括：

① 数据定义。按照设计要求，定义数据库的结构和数据库中的对象。例如，定义表的结构、输入表中数据等。

② 数据操纵。用来实现数据的插入、删除、修改、查询等操作。

③ 数据管理。用来组织和存储数据，实现数据之间的联系，提高查询、添加、删除、修改等操作效率。

④ 数据库的建立和维护功能。实现数据库初始数据的输入、转换功能，数据的存储、恢复功能，数据库的重组织功能和性能监视、分析功能。例如，将 Access 数据库中的数据转换为 Excel 电子表格，或将 Excel 电子表格转换为 Access 数据库中的数据。

⑤ 数据控制。数据控制包括完整性控制、并发性控制和安全性控制。完整性控制用来保证数据的正确性和一致性；并发性控制确保多个事务同时存取同一数据时的隔离性和数据库统一性，防止非法使用数据；安全性控制用来防止盗窃或破坏数据库中的数据。

4. 数据库应用系统（Database Application System）

数据库应用系统是系统开发人员利用数据库系统资源开发的面向某一类实际应用的软件系统。例如，高考成绩系统、工资管理系统、教务管理系统等。数据库是数据库应用系统的核心。

5. 数据库系统（Database System）

数据库系统是指引入数据库技术后的计算机系统，包括计算机硬件系统、操作系统、数据库应用系统、数据库管理系统（及其应用开发工具）、管理员及用户等 5 部分。图 1-23 是引入数据库后的计算机系统层次结构。

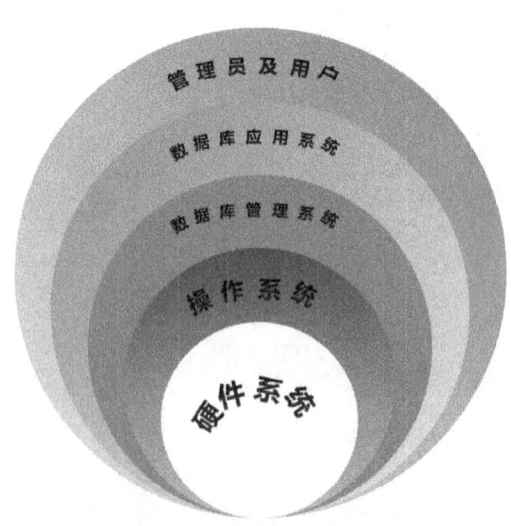

图1-23　引入数据库后的计算机系统层次结构

1.1.5 数据模型

模型可更形象、直观地揭示事物的本质特征，使人们对事物有一个更加全面、深入的认识，从而可以帮助人们更好地解决问题。利用模型对事物进行描述是人们在认识和改造世界过程中广泛采用的一种方法。计算机不能直接处理现实世界中的客观事物，而数据库系统可以解决这一问题，因此就需要对客观事物进行抽象、模拟，以建立适合于数据库系统进行管理的数据模型。数据模型是对现实世界数据特征的模拟和抽象。

数据模型的种类很多，目前被广泛使用的数据模型可分为两类：一类是"概念数据模型"，用于信息世界建模，就是将现实世界的问题用概念数据模型来表示；另一类是"结构数据模型"（又称"逻辑数据模型"）。事物抽象过程与数据模型的关系如图1-24所示。

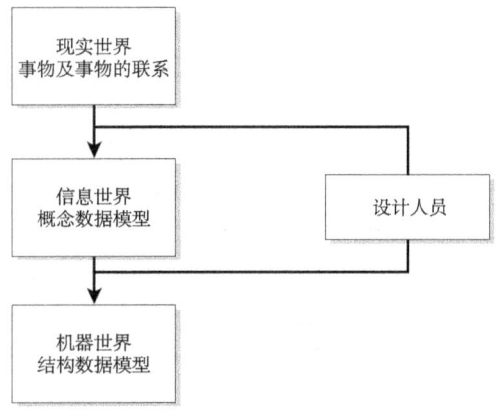

图1-24　抽象过程与数据模型

1. 概念数据模型

概念数据模型是现实世界到机器世界的一个中间层次。要使计算机能够有效存储和处理这些信息世界的数据，需要采用一定的方法来描述、理解数据。

老师，"此生无悔入华夏，来生愿在种花家"这句话计算机怎么描述和理解啊？

用实体描述，实体可以是实际存在的事物，也可以是抽象的事物。

(1) 实体描述

➤ 实体：客观存在的事物称为实体，同类实体的集合称为实体集。实体可以是实际存在的事物，也可以是抽象的事物。例如，一个学生的高考成绩就是一个实体，一批考生的高考成绩构成一个实体集；一本图书是一个实体，一批图书构成一个实体集。又如，教师与院系的工作关系、图书借阅、部门的一次订货等属于抽象事物。

➤ 实体属性：实体所具有的特性称为实体属性，同一个实体集中的实体具有相同的属性。例如，学生高考成绩实体的属性可能包括：考生号、语文成绩、数学成绩、英语成绩、综合成绩、总分等；一个教学安排实体的属性可能包括：课程（号）、选课学生（号）、教学班、考试成绩等；一个院校情况实体的属性可能包括：院校代号、院校名称、所在省份、学制等。

一个实体集可以使用实体集名和属性名来描述。例如，"高考成绩"实体集的描述如下：

高考成绩表（考生号，语文，数学，英语，综合，总分）

属性值的集合表示一个实体。例如，某个学生高考成绩表的描述如下：

20200123112333，112，116，99，213，540。

➤ 键：实体集的某个属性或多个属性的组合可以用来唯一标识区分各个实体，这样的属性或多个属性的组合称为键（Key）或码。例如，"考生号"可以作为高考成绩实体的键，由于存在一个人报考多个志愿的情况，因此"考生号"不能作为"志愿"实体的键。

(2) 实体联系

唯物主义哲学表明，客观世界中事物之间是相互联系的，那么描述客观事物的实体怎么体现这种联系呢？"一对一联系"、"一对多联系"和"多对多联系"是实体之间联系的常见形式，许多复杂联系都可以归结为三种基本联系，如图 1-25 所示。

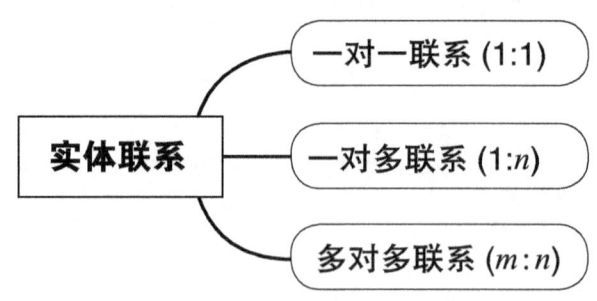

图1-25　实体联系的类型

➤ 一对一联系（1:1）：对于实体集 A 中的每一个实体，实体集 B 中最多有一个（也可以没有）实体与之联系，反之亦然。则实体集 A 与实体集 B 具有一对一联系。例如，学院与院长的联系，乘客与车票的联系，病人与床位的联系。

➤ 一对多联系（1:n）：对于实体集 A 中的每个实体，实体集 B 中可以有多个实体与之联系；反之，对于实体集 B 中的每个实体，实体集 A 中只有一个实体与之联系。则实体集 A 与实体集 B 具有一对多联系。例如，学校与学院的联系，学院与教师的联系，辅导员与学生的联系。

➢ 多对多联系（m:n）：对于实体集 A 中的每个实体，实体集 B 中可以有多个实体与之联系，反之亦然。则实体集 A 与实体集 B 具有多对多联系。例如，学生与高考志愿的联系，图书与读者的联系，商品与顾客的联系。

2. 结构数据模型

结构数据模型（Data Modle）是数据库系统的形式框架，用来描述数据的一组概念和定义，包括描述数据、数据联系、数据操作、数据语义以及数据一致性的概念工具。结构数据模型通常应包含数据结构、数据操作和数据完整性约束 3 个要素。

（1）数据结构

它主要描述数据的类型、内容、性质以及数据间的联系等。数据结构是数据模型的基础，数据操作和约束都建立在数据结构上。不同的数据结构具有不同的操作和约束，它是对系统静态特性的描述。

（2）数据操作

它主要描述在相应的数据结构上的操作类型和操作方式。数据库主要有查询和更新(包括插入、删除、修改)两大类操作。数据模型必须定义这些操作的确切含义、操作符号、操作规则(如优先级)以及实现操作的语言。数据操作是对系统动态特性的描述。

（3）数据约束

数据模型中的数据约束主要描述数据结构内数据间的语法、词义联系，它们之间的制约和依存关系，以及数据动态变化的规则，以保证数据的正确、有效和相容。

此外，数据模型还应该提供定义完整性约束条件的机制，以反映具体应用所涉及的数据必须遵守的特定的语义约束条件。例如，在某大学的数据库中规定学生成绩如果有 6 门以上不及格将不能授予学士学位；2020 年河南省本科一批理科的分数线为 544，本科二批理科的分数线为 418；男职工的退休年龄是 60 周岁，女职工的退休年龄是 55 周岁等。

（4）结构数据模型的分类

结构数据模型主要包括层次模型、网状模型、关系模型和面向对象模型。

层次模型用树形结构表示实体和实体之间的联系。在层次模型中，一个节点代表一个实体，连线表示实体之间的联系。例如，地方学院、军队编制、书籍的章节目录等都可以表示为层次模型。层次模型的特征如下：

➢ 最高层的节点称为根节点，根节点只有一个且没有上层节点。
➢ 每个节点可与下层相邻的多个节点联系，但只能与上层相邻的一个节点联系。
➢ 只能表示一对多或一对一联系，而不能表示多对多联系。参见图 1-26。

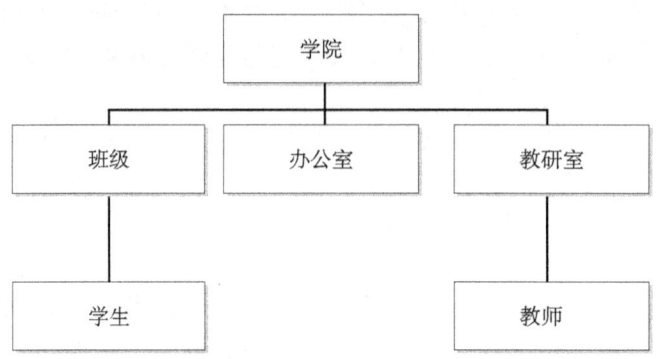

1-26 层次模型示意图

网状模型是用网状结构表示实体和实体之间的联系。在网状模型中，一个节点代表一个实体，节点之间的连线代表实体之间的联系，各个节点之间相互平等。例如，专业、教师、学生、课程和教室之间的联系可以使用网状模型来表示。网状模型能够反映实体之间的复杂关系，可以直接描述多对多联系。参见图 1-27。事实上，网状模型包括了层次模型，层次模型是网状模型的一个特例。

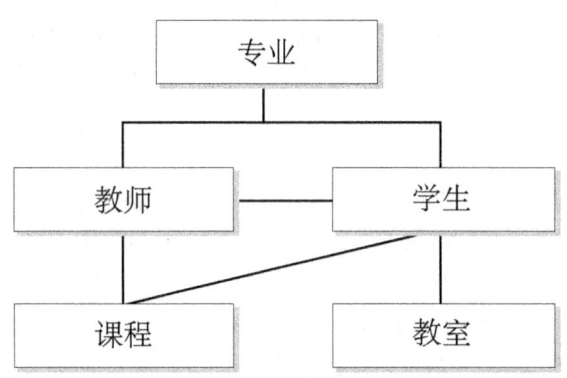

1-27 网状模型示意图

用二维表格来表示实体之间联系的数据模型称为关系模型。一个满足一定条件的二维表格称为一个关系，多个二维表格有机组合在一起，构成一个关系数据库。例如，在"高招考试系统"数据库中，"高考成绩"、"考生基本信息"和"院校情况"关系如图 1-28 (a) ～ (f) 所示。关系模型是目前数据库中常用的数据模型，接下来我们将详述其基本概念和基本术语。

高考成绩表						
考生号	语文	数学	英语	综合	听力	总分
201301231	112	116	99	213	13	553
201402231	67	49	71	156	9	352
202101031	105	107	91	196	12	511
202304211	121	129	109	257	21	637
203301221	119	113	104	226	19	581
203501221	116	123	102	212	18	571
204101031	82	79	76	147	9	393
204102041	68	59	53	98	7	285
204103021	123	129	108	253	21	634
204105051	98	91	85	157	12	443
204110021	135	146	117	279	27	704
204113031	110	116	98	197	16	537
204114021	129	133	115	259	25	661
204114141	137	142	118	263	26	686

(a) "高考成绩" 关系

考生基本信息表							
证件号码	报名序号	性别	出生日期	考生姓名	学籍地区	考生号	密码
1301232002090302XX	1563337	男	2002年9月3日	张欢欢	河北省正定县	20130123112333	***
1402232000102332XX	4321771	男	2000年10月23日	崔星阳	山西省广灵县	20140223134568	***
2101032001060633XX	8348613	男	2001年6月6日	胡达	辽宁省沈阳市沈河区	20210103112899	***
2304212000101933XX	1596313	女	2000年10月19日	赵子涵	黑龙江省萝北县	20230421151233	***
3301222001050624XX	1852195	男	2001年5月6日	石鹏飞	浙江省桐庐县	20330122114568	***
3501222002020615XX	1805417	男	2002年2月6日	严烨	福建省连江县	20350122154568	***
4101032002091335XX	3050549	女	2002年9月13日	位三栋	河南省郑州市二七区	20410103184568	***
4102041999070601XX	2265021	女	1999年7月6日	莫智豪	河南省开封市鼓楼区	20410204182336	***
4103022001090613XX	9386923	女	2001年9月6日	闫乃雪	河南省洛阳市老城区	20410302144568	***
4105051999062833XX	2950951	女	1999年6月28日	李豫琪	河南省安阳市殷都区	20410505154568	***
4110022001031812XX	2770830	女	2001年3月18日	王梦欣	河南省许昌市魏都区	20411002154568	***
4113032001062933XX	9223920	女	2001年6月29日	王婧	河南省南阳市卧龙区	20411303174568	***
4114020000618312XX	8050747	女	2000年6月18日	陈笑雨	河南省商丘市梁园区	20411402114568	***
4127242001070823XX	6882745	女	2001年7月8日	张文娟	河南省周口市太康县	20411414111233	***

(b) "考生基本信息" 关系

院校情况表

院校代号	院校名称	所在省份	学制	批次
10001	北京大学	北京	4	本科一批
10003	清华大学	北京	4	本科一批
10033	中国传媒大学	北京	4	本科一批
10043	北京体育大学	北京	4	本科一批
10459	郑州大学	河南	4	本科一批
10465	中原工学院	河南	4	本科二批
10475	河南大学	河南	4	本科一批
10476	河南师范大学	河南	4	本科一批
10843	郑州铁路职业技术学院	河南	3	专科一批
11765	河南城建学院	河南	4	本科二批
11788	河南警察学院	河南	4	提前批
12067	许昌职业技术学院	河南	3	专科二批
12579	郑州轻工业学院民族职业学院	河南	3	专科二批
13501	河南大学民生学院	河南	4	本科二批
13502	河南师范大学新联学院	河南	4	本科二批

(c)"院校情况"关系

院校专业情况表

院校代号	专业代码
10001	020101
10003	020101
10003	020102
10001	020104
14003	020104
70005	030503
11788	030601K
11788	030602K
11788	030604TK
11788	030610TK
11788	030611TK
10476	040101
13502	040101
10476	040102

(d)"院校专业情况"关系

志愿表

序号	考生号	报考院校	专业代码
1	20130123112333	10459	050101
2	20130123112333	10459	050201
3	20130123112333	10475	060101
4	20130123112333	10475	060102
5	20130123112333	10475	060103
6	20130123112333	10476	040101
7	20130123112333	10476	040102
8	20130123112333	10476	040106
9	20140223134568	13502	050303
10	20210103112899	10459	050101
11	20210103112899	10459	050201
12	20210103112899	10475	060101
13	20210103112899	10475	060102
14	20210103112899	10475	060103
15	20230421151233	10003	020101

(e)"志愿"关系

(f)"专业代码"关系

图1-28 "高招考试系统"数据库中的6个关系

1.2 关系型数据库

1.2.1 关系数据库的几个基本术语

1. 关系

一个关系就是一张二维表，每个关系都有一个关系名和若干属性，描述如下：

关系名（属性名1，属性名2，…，属性名n）

一个关系存储为一个表，每个表都有一个表名和若干字段，表的结构描述如下：

表名（字段名1，字段名2，…，字段名n）。

2. 字段（属性）

二维表中的列称为字段或属性。每列都有一个名字，列名就是字段名或属性名。

3. 记录（元组）

表中的一行就是一个记录或一个元组。

4. 域

字段或属性的取值范围称为域。例如，在"考生基本信息"关系中，"性别"字段的取值范围只能是"男"或"女"，"出生日期"字段的取值只能是合法的日期。

5. 主码（主键）

主码或主关键字（简称主键）用来唯一标识一个记录，可以是一个字段或多个字段的组合。主关键字的取值不能重复，也不能出现空值。例如，"高考成绩"中"考生号"是主关键字，不能出现重复值或空值。一个表中只能设置一个主关键字。例如,"高考成绩"表中"考生号"字段可以作为主关键字,而"语文"字段则不能作为主关键字。

6. 外码(外键)

如果一个字段不是本表的主关键字,而是另一个表的主关键字,则称该字段为本表的外部关键字(简称外码或外键)。作为外部关键字的字段,可以出现重复值和空值。"志愿表"中"考生号"属于外部关键字,可以出现重复值或空值。

1.2.2 关系的基本性质

关系是一个二维表,但并不是所有的二维表都是关系。关系需具有以下基本性质,如图 1-29 所示:

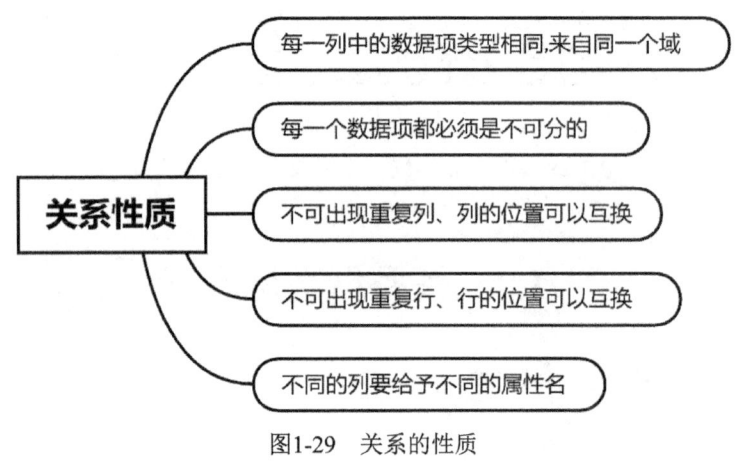

图1-29 关系的性质

1.2.3 关系的建立

一个数据库中可以包含多个相互联系的表,构成一个实际关系模型。在"高招考试系统"数据库中,包括"高考成绩表"、"考生基本信息表"、"院校情况表"、"院校专业情况表"、"志愿表"和"专业代码表"6个表,表中数据参见图 1-28 (a) ~ (f) 所示。

主键和外键用来建立表间联系。在"高招考试系统"数据库中,"考生基本信息表"与"高考成绩表"通过"考生号"字段联系,"志愿表"与"专业代码表"通过"专业代码"字段联系。通过表间联系,可从多个表中查询数据。一个典型的查询实例,如图 1-30 所示,图中数据包括"考生基本信息表""高考成绩"中的数据。

证件号码	考生姓名	学籍地区	性别	数学	语文
130123200209030265	李文	河北省正定县	男	116	112
140223200010233234	赵燕	山西省广灵县	女	49	67
210103200106063321	胡达	辽宁省沈阳市沈河区	男	107	105
230421200010193324	戴基彤	黑龙江省萝北县	女	129	121
330122200105062458	石鹏飞	浙江省桐庐县	男	113	119
350122200202061578	严烨	福建省连江县	男	123	116
410103200209133567	位三栋	河南省郑州市二七区	女	79	82
410204199907060125	莫智豪	河南省开封市鼓楼区	女	59	68
410302200109061335	孙磊	河南省洛阳市老城区	女	129	123
410505199906283323	陈江婷	河南省安阳市殷都区	女	91	98
411002200103181234	张馨	河南省许昌市魏都区	女	146	135
411303200106293323	王婧	河南省南阳市卧龙区	女	116	110
411402000061831235	王晨旺	河南省商丘市梁园区	女	133	129
412724200107082316	张一诺	河南省周口市太康县	男	142	137
411523200103067845	张赫	河南省新县	男	93	101
420117200208066987	李彤	湖北省武汉市新洲区	女	85	91
430111200112180589	朱墨莎	湖南省长沙市雨花区	男	61	58
460106199811033323	徐伟	海南省海口市龙华区	男	76	79
610111200204143323	刘阳	陕西省西安市灞桥区	男	139	126
632224200102184567	李坤	青海省刚察县	男	86	83

图1-30 从多个表查询数据

1.2.4 关系运算

对关系数据进行的操作就是关系运算。关系数据库提供了选择、投影和联接运算，这三种运算可以单独使用，也可以联合使用。

1. 选择运算

选择运算是从关系中选择符合条件的记录（行）。这是从行的角度进行的运算，即水平方向抽取元组，运算之后构造出一个新的关系，新关系是原来关系的一个子集。例如，在"高考成绩表"中，选择"总分"为600分以上的学生，可以构成图1-31的新关系。

考生号	语文	数学	英语	综合	听力	总分
20230421151233	121	129	109	257	21	637
20410302144568	123	129	108	253	21	634
20411002154568	135	146	117	279	27	704
20411402114568	129	133	115	259	25	661
20411414111233	137	142	118	263	26	686
20610111154568	126	139	111	271	24	671

图1-31 选择运算实例

2. 投影运算

投影运算是从关系中挑选若干字段（列）。投影运算垂直分解一个二维表格，运算结果得到一个新的关系，新关系的列数通常要比原来关系的列数少，列的排列顺序任意。例如，在"考生基本信息表"中，选择"报名序号""考生姓名""出生日期""学籍地区"字段，构成图1-32的新关系。

查询3

报名序号	考生姓名	出生日期	学籍地区
1563337	张欢欢	2002年9月3日	河北省正定县
4321771	崔星阳	2000年10月23日	山西省广灵县
8348613	胡达	2001年6月6日	辽宁省沈阳市沈河区
1596313	赵子涵	2000年10月19日	黑龙江省萝北县
1852195	石鹏飞	2001年5月6日	浙江省桐庐县
1805417	严烨	2002年2月6日	福建省连江县
3050549	位三栋	2002年9月13日	河南省郑州市二七区
2265021	莫智豪	1999年7月6日	河南省开封市鼓楼区
9386923	闫乃雪	2001年9月6日	河南省洛阳市老城区
2950951	李豫琪	1999年6月28日	河南省安阳市殷都区
2770830	王梦欣	2001年3月18日	河南省许昌市魏都区
9223920	王婧	2001年6月29日	河南省南阳市卧龙区
8050747	陈笑雨	2000年6月18日	河南省商丘市梁园区
6882745	张文嫣	2001年7月8日	河南省周口市太康县
6359462	岳洋	2001年3月6日	河南省新县
5941762	吴超凡	2002年8月6日	湖北省武汉市新洲区
1059977	朱墨莎	2001年12月18日	湖南省长沙市雨花区
2395285	徐伟	1998年11月3日	海南省海口市龙华区

记录: 第 21 项(共 21 项 无筛选器 搜索

图1-32　投影运算实例

3. 联接运算

联接运算可由多个关系生成一个新关系。先从多个关系中挑选若干列，再选择符合条件的行，从而构造出一个新关系。例如，从“考生基本信息表”中选择“证件号码”和“考生姓名”两列，从“高考成绩表”中选择“总分”列，并符合条件“总分 >500”的行，构成图 1-33 的新关系。

查询4

证件号码	考生姓名	总分
1301232002090302XX	张欢欢	553
2101032001060633XX	胡达	511
2304212000101933XX	赵子涵	637
3301222001050624XX	石鹏飞	581
3501222002020615XX	严烨	571
4103022001090613XX	闫乃雪	634
4110022001031812XX	王梦欣	704
4113032001062933XX	王婧	537
4114020000618312XX	陈笑雨	661
4127242001070823XX	张文嫣	686

图1-33　联接运算实例

1.3　Access2016工作界面

常见的数据库管理系统有 IBM 公司的 DB2、Oracle，Microsoft 的 SQL Server 与 Access，以及免费开源 MySQL。Access 是微软公司推出的 Microsoft Office 办公组件之一，是一个小型关系型数据库管理系统。它体积小、运行速度快，在桌面数据库管理系统中得到了广泛的应用，主要包含功能区、导航窗格和对象窗格 3 部分。

1. 功能区

Access 2016 的功能区与 Microsoft Office 2016 软件包中的其他软件相似，包括"文件""开始""创建""外部数据""数据库工具"等 5 个"主"选项卡。每个选项卡中包含一些命令组，每个组中包含若干命令按钮。如："开始"选项卡"记录"组中包含了"全部刷新""新建""保存""删除"等按钮。当选定某个数据库对象的不同视图时，功能区中会动态增加相应的"工具"选项卡。如：选定"高考成绩表－数据表视图"时，功能区增加了"表格工具－字段"和"表格工具－表"两个选项卡；而当选定"高考成绩表－设计视图"时，功能区则增加一个"表格工具－设计"选项卡。参见图 1-34。

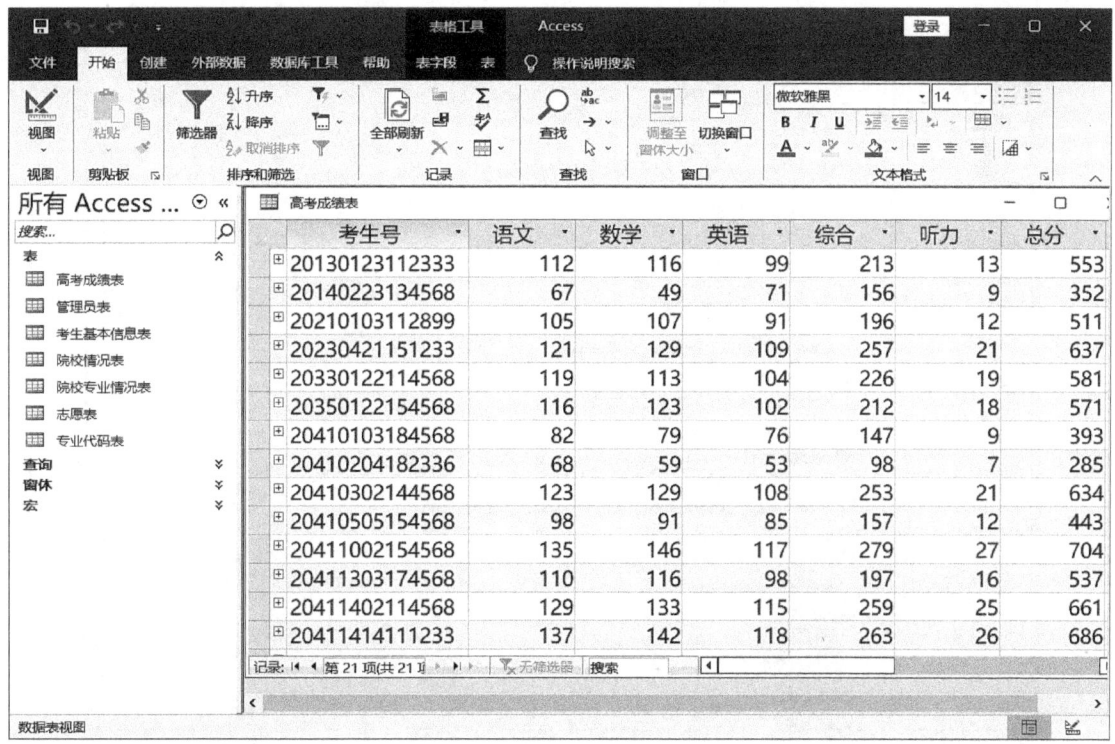

图1-34　Access 2016窗口界面

2. 导航窗格

导航窗格是用于在数据库中导航和执行任务的窗口，位于窗口左侧，可帮助用户组织、归类数据库对象，并且是打开或更改数据库对象设计的主要方式。可以从多种组织选项中进行选择，也可以创建自定义组织方案。默认情况下，新数据库使用"对象类型"类别，该类别包含对应于各种数据库对象的组。导航窗格可以最小化，也可以隐藏，但不能用打开的数据库对象覆盖导航窗格。参见图 1-34。

Access 默认显示导航窗格，也可以将其隐藏。显示或隐藏"导航窗格"的方法是：按 F11 快捷键，或单击"导航窗格"中的"百叶窗开/关""按钮，隐藏"导航窗格"可增大工作区，显示"导航窗格"则能使用户方便地访问数据库的各个对象。

默认情况下是否禁止显示"导航窗格"的步骤如下：

① 单击"文件"选项卡，然后单击"选项"，弹出"Access 选项"对话框。

② 在"Access 选项"对话框的左侧窗格中，单击"当前数据库"，如图 1-35 所示。

③ 在"导航"下，清除或选中"显示导航窗格（N）"复选按钮，然后单击"确定"按钮。

④ 弹出"必须关闭并重新打开当前数据库，指定选项才能生效"的信息提示对话框，单击"确定"按钮。

图1-35　Access 选项对话框

3. 对象窗格

对象窗格位于窗口右侧，用来显示或设计操作正在打开的对象。双击导航窗格的某个对象，如"高考成绩表"，该对象即显示在对象窗格中。

对象窗格可以显示一个对象的不同视图方式，可通过"开始"选项卡"视图"组中的"视图"下拉按钮选择；或直接通过窗口右下角的视图按钮选择。表可以有"数据表视图"和"设计视图"等 2 种视图方式。

1.4 数据库设计

1.4.1 关系数据库设计

数据库是数据库系统中最基本、最重要的部分。数据库性能的高低，决定了整个数据库系统的性能。设计一个性能优良的数据库，是满足各方面对数据库需要的必要条件。

关系数据库设计的过程就是一个数据建模的过程，其目的是把一个现实世界中的实际问题用一种数据模型来表示，用计算机能够识别、存储和处理的数据形式进行描述。关系数据库设计分为 4 个步骤，如图 1-36 所示。

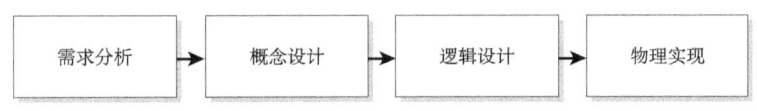

图1-36 关系数据库设计的步骤

1. 需求分析

设计者需尽可能地收集需求，以及定义数据库的最终目的。广义的需求分析需要明确用户对数据库系统的数据需求和围绕这些数据的业务处理需求。狭义的需求分析特指用户对关系数据库的数据需求。本书在关系数据库设计中的需求分析仅仅包括用户对关系数据库的数据需求，主要涉及数据内容需求和围绕这些数据的完整性需求。

2. 概念设计

关系数据库概念设计是在需求分析的基础上，建立数据的概念模型；概念模型中描述的是数据以及数据之间的联系。建立概念模型的常用工具是 E-R 方法。

3. 逻辑设计

关系数据库的逻辑设计就是将面向用户的概念模型转化为面向计算机的关系数据库模式。基于关系数据库系统的数据库设计，逻辑数据模型就表现为关系数据库的模式。更通俗地说，就是用"一系列表的聚集"来表示数据以及数据之间的联系，因此关系数据库的逻辑设计实际是把 E-R 模型转换为关系数据库模式的过程。

4. 物理实现

物理实现，就是依据所设计的关系数据库模式，以计算机系统为平台，使用关系数据库管理系统(如 Access),进行物理设计,建立关系数据库。建立关系数据库主要包括两个环节:一是定义数据库模式,二是组织数据入库(数据库)关系。数据库建立后就进入运行、维护和使用阶段。

1.4.2 数据库对象

Access2016 数据库包含 6 种顶级对象,而这些对象由数据以及使用所需的工具组成,如图 1-37 所示。

图1-37　Access的数据库对象

- 表:保存实际数据。
- 查询:搜索、排序和检索特定数据。
- 窗体:允许以自定义格式输入和显示数据。
- 报表:显示和输出格式化数据。
- 宏:自动执行任务,而不必编程。
- 模块:包含使用 VBA 编程语言编写的编程语句。

1.5 本章知识点梳理

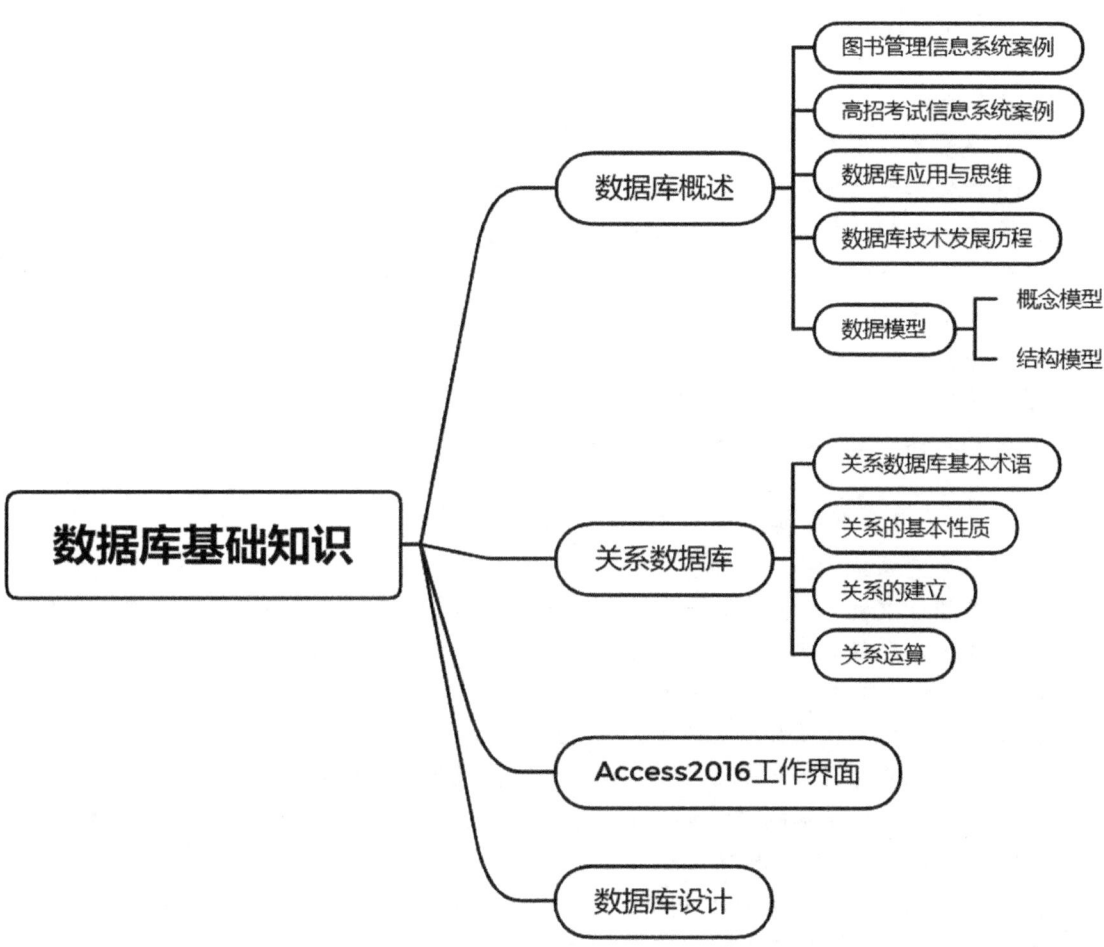

习题一

一、选择题（至少包含一个正确选择）

1. 数据管理技术经历了（　　）3个阶段。
   A. 人工管理　　　B. 文件系统　　　C. 数据库系统　　　D. 机器管理
2. 英文缩写 DBMS 的中文解释为（　　）。
   A. 数据库应用系统　　　　　　　B. 数据库系统
   C. 数据库管理系统　　　　　　　D. 数据库
3. 关于数据库系统优点，下面正确的叙述有（　　）。
   A. 采用数据模型表示复杂的数据结构　　B. 数据高度独立和充分共享
   C. 冗余度低　　　　　　　　　　　　　D. 具有控制功能
4. Access 数据库管理系统所支持的数据模型有（　　）。
   A. 网状模型　　　B. 面向对象模型　　　C. 层次模型　　　D. 关系模型
5. 在 Access 系统中，字段或属性的取值范围称为（　　）。
   A. 记录　　　B. 属性　　　C. 域　　　D. 元组
6. 在用二维表来描述实体时，下面正确的叙述有（　　）。
   A. 一个关系就是一张二维表
   B. 二维表中的列称为字段或属性
   C. 表中的一行就是一个记录或一个元组
   D. 一个实体集合具有相同的属性
7. 关于主关键字，正确的叙述有（　　）。
   A. 一个表中可设置多个主关键字　　　　B. 主关键字只能由一个字段设置
   C. 主关键字取值不能重复也不能为空　　D. 主键可以用来和外键建立表间联系
8. 关系数据库的运算包括（　　）。
   A. 逻辑运算　　　B. 投影运算　　　C. 选择运算　　　D. 联接运算
9. 关系数据库设计的过程就是一个数据建模的过程，包含的步骤是（　　）。
   A. 需求分析　　　B. 概念设计　　　C. 逻辑设计　　　D. E-R
10. Access2016 数据库包含6种顶级对象，除了表、查询、窗体、报表以外，还有（　　）。
    A. 宏　　　B. 模块　　　C. 对象　　　D. 页

第 2 章　表

2.1　创建数据库

Access 创建的数据库以一个独立的文件保存在存储器中，并且一个数据库文件包含数据表、查询、窗体、报表等在内的所有数据库对象。因此，应用 Access 必须首先创建数据库。

老师，用 Access 怎么创建基于某个需求的数据库呢？

创建数据库的方法有两种：一是先建立一个空白数据库，然后向其中添加表、查询、窗体、报表和宏等对象；二是使用 Access 系统提供的模板，通过简单操作创建数据库。

Access 2016 创建的数据库文件扩展名为 .accdb。下面通过例 2-1 介绍第一种方法，请读者自行操作第二种方法。

【例 2-1】创建一个空数据库，保存在"D:\Acc"文件夹，文件名为"高招考试系统.accdb"。

① 单击"文件"选项卡。在左侧窗格中单击"新建"命令，在右侧窗格中单击"空白桌面数据库"选项。

② 在右侧窗格正文"文件名"文本框中，有一个默认的文件名"Database1.accdb"，将该文件名改为"高招考试系统"，扩展名由系统自动加上。

③ 单击其右侧的"浏览"按钮，弹出"文件新建数据库"对话框。在该对话框中找到 D 盘中的"Acc"文件夹并打开，然后单击"确定"按钮，返回到 Access 窗口。在右侧窗格下方显示将要创建的数据库的名称和保存位置。

④ 单击"创建"按钮，Access 创建一个空数据库，并自动创建一个名称为"表1"的数据表，该表以数据表视图方式打开。数据表视图中显示两个字段，一个是默认的"ID"字段，另一个是用于添加新字段的标识"单击以添加"，光标位于"单击以添加"列的第

一个空单元格中,见图 2-1。此时不需要再做其他操作,直接关闭 Access 窗口,空数据库创建完毕。

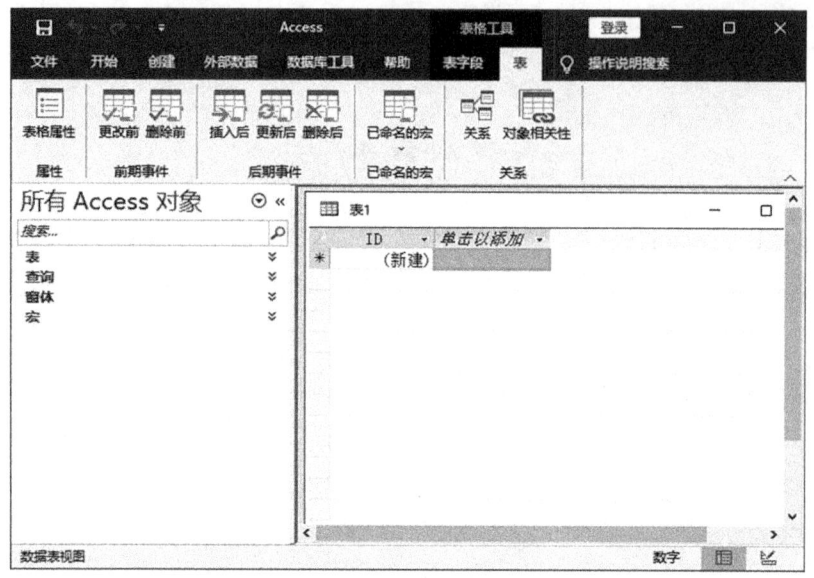

图2-1 创建一个空数据库

2.2 Access数据类型

老师,现实中有多种多样的数据类型,空的数据库里并没有用户需要存放的这些数据需求啊?

创建数据库的基石——表,即可完成。

数据库中的数据表,通常简称为表,是 Access 数据库的基本对象,也是需求分析中需要存储各种类型数据的容器,如文本、数字、货币、日期时间、图像、声音、超链接地址等类型数据。

Access 中的数据类型和使用说明，如表 2-1 所示：

表2–1　Access2016中字段的数据类型

数据类型名称	可存储的数据及说明	存储大小
短文本	存放数字文本、英文字符和中文字符，数字文本不能用于数值计算，常常用来表示编号、电话号码、邮政编码等	最多为255个字符
长文本	长文本类型与短文本类型的作用相同，如个人简历、情况简介、学生评语等字段内容可以使用长文本数据类型，但是长文本类型的字段不能参与排序或索引	用来存放较长的文本，可以存储的文本多达千兆字节
数字	存放需要计算的数值数据	详见第3章3.1
日期/时间	100~9999年份的日期和时间值，如出生日期	8B
货币	货币值，整数部分不超过15位，小数部分不超过4位	8B
自动编号	自动为自动编号字段分配一个唯一的连续编号或随机编号。编号永久与相应的记录连接，用户无法修改，在删除或添加记录时，不再重新编号，一个表中只允许出现一个自动编号字段	默认长整型存储，4B或16B
是/否	又称为逻辑类型，存储只有两种不同取值的数据，如性别、婚否等	1B，在与数值型转换时，－1表示"是"，0表示"否"
OLE对象和附件	用来嵌入或链接多种类型文件，如图像、声音、动画、Excel工作簿、Word文档等	OLE对象字段只能存储一个文件，最多1GB数据；附件类型字段可存储多个文件，最多存储2GB数据
超链接	用来存放磁盘文件地址、电子邮箱地址、网页地址等。	最多64000个字符
计算	用计算的结果表示字段的值。计算时必须引用同一张表中的其他字段	8B
查阅向导	用来实现查阅另外表中的数据或从一个列表中选择的字段	与执行查阅的主键字段大小相同

2.3　创建表

表之于数据库的含义就像源头之于水流，树根之于树木。没有表，数据库就成为无源之水，无本之木。创建数据库必须创建表，表由结构（表的字段）和数据（表中的记录）构成。创建表包含表结构的创建和表数据的录入。创建表结构就是设计表的字段。接下来将分而介绍之。

图2-2　表之于数据的意义

2.3.1 使用设计视图创建表结构

【例 2-2】使用设计视图在"高招考试系统"数据库中创建"考生基本信息表"。"考生基本信息表"的结构见表 2-2。

表2-2 "考生基本信息表"结构

字段名	类 型	字段大小	格式	字段名	类 型	字段大小	格式
考生号	短文本	14	默认	证件号码	短文本	18	默认
报名序号	数字	7	默认	文理科	短文本	4	默认
性别	短文本	1	常规日期	应往届	短文本	2	默认
出生日期	日期/时间	—	默认	政治面貌	短文本	2	默认
考生姓名	短文本	8	默认	民族	短文本	6	默认
高考省份	短文本	20	默认	照片	OLE对象	—	—
默认	学籍地区	短文本	默认	个人网站	超链接		

操作步骤如下:

① 在"创建"选项卡中,单击"表格"组中的"表设计"按钮,进入表设计视图。默认的表名为"表1"。

表设计视图分为上下两部分,上部为字段输入区,可分别输入"字段名称"、选定字段的"数据类型",以及对一个字段输入一些注释性的"说明"。"说明"的内容不影响数据库的任何操作。下部为字段的属性区,用来设置字段的各种属性值。如图 2-3 所示。

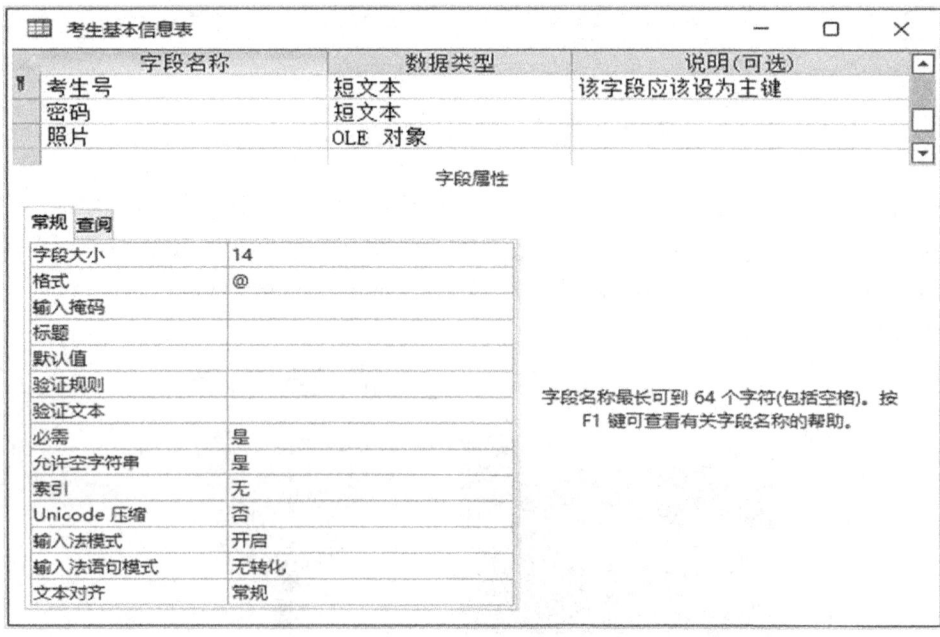

图2-3 表设计视图

字段名称最多64个字符，可以使用英文字母、汉字、数字、空格，不能使用前导空格、圆点"."、半角感叹号"!"、半角方括号"[ ]"、重音符号"｀"及所有不可打印字符。

② 在第一行的"字段名称"列中，输入第一个字段的名称："考生号"；单击"数据类型"列下面的下拉按钮，选择"短文本"类型；可以在"说明"列中输入"该字段应设为主键。

③ 使用类似的方法，按照表2-2所列字段名称和数据类型，设置其他字段。

④ 全部字段设置完成后，单击选定"考生号"字段，然后单击"表格工具－设计"选项卡下"工具"组中的"主键"按钮，将该字段设置为主键。

⑤ 单击"保存"按钮，命名为"考生基本信息表"。

可以用同样方法创建"高考成绩表""院校情况表""志愿表"等其他表的结构。

设置字段属性可以减少数据输入错误或保证数据规范一致。字段属性是字段所具有的一些特征，不同类型的字段，具有不同的属性。

1. 字段大小

字段大小是指字段数据内容的字节个数或字符个数，而不是字段名称的字符个数。例如，"性别"的字段名称为2个字符，而字段大小设置为1，字段中可以存放1个字符。

单击字段大小属性右边的设计网格，输入字符个数，设置文本字段的大小；单击下拉按钮，设置数字字段的大小，如整型、单精度型等。货币、日期/时间、是/否、自动编号等字段大小由Access系统决定，用户无法改变。

2. 格式

设置字段的格式属性，可以设定数据的输出格式，即显示和打印格式，而不影响数据的实际存在方式。单击格式属性右边的设计网格，可以设置文本、数字、货币、日期/时间、是/否等类型的字段格式。

在设置是/否字段时，选择"真/假"，显示"True"或"False"；选择"是/否"，显示"Yes"或"No"；选择"开/关"，显示"On"或"Off"。

在设置文本字段时，可以使用格式字符定义格式。例如，"考生基本信息表"中"考生号"字段的格式属性设置为"@@-@@-@@@@-@-@-@@@@"，"@"用于显示其格式字符串中位置的任何可用字符，输入数据"201301123112333"，显示"20-13-0123-1-1-2333"。

3. 输入掩码

输入掩码属性用来指定字段数据的输入格式，具体限定输入字符的类型和位数，可以减少人为输入错误，保证数据格式统一，该属性仅适用于文本、数字、货币和日期/时间类型的字段。在"输入掩码"文本框中，输入表2-3所示的格式字符，在输入数据时，掩码格式字符将发挥约束作用。

表2-3 输入掩码格式字符

字 符	作 用
0	必须且只能输入一个0~9的数字
9	选择输入一个0~9的数字或空格
L	必须输入一个A~Z或a~z的字母
?	选择输入一个A~Z或a~z的字母
A	必须输入一个0~9的数字或A~Z或a~z的字母
a	选择输入一个0~9的数字或A~Z或a~z的字母
&	必须输入任一字符或空格
C	选择输入任一字符或空格
<	将所有字符转换为小写字母
>	将所有字符转换为大写字母
!	输入掩码从右到左显示，默认从左到右显示
\	后面一个字符原样显示（例如，\A显示为A，不再作为格式字符）
密码	输入字符原样保存，但所有字符都显示为星号"*"
. , - / : ;	小数点、千位、日期、时间分隔符（取决于Windows系统设置）

例如，在"考生基本信息表"的"出生日期"字段中，输入掩码设置为"0000-99-99"，年份必须输入4个数字，而月份或天数可以输入1个数字或2个数字，符号"-"作为日期分隔符，自动跳过而不必输入。

单击"输入掩码"文本框右边的按钮，启动"输入掩码向导"，可以设置文本或日期/时间字段的输入掩码。需要注意，如果同时设置了输入掩码属性和格式属性，则忽略输入掩码属性，格式属性生效。

4. 标题

设置字段的标题属性，可在数据表视图、窗体和报表中显示标题文本，而不显示字段名称。在设计表的结构时，字段名称应当简明扼要，但在数据表视图、窗体和报表中，为了表达字段的确切含义，可以使用更加详细的标题文本代替字段名称。例如，"高考成绩表"中的"考生号"字段，标题属性可以设置为"考生编号"。

5. 默认值

设置字段的默认值属性，可以避免重复输入数据。例如，将"性别"字段的默认值设置为"男"，在输入新记录时，"男"自动出现在"性别"字段中，可减少数据输入。

在文本框中输入默认值时，数据两边可以不用定界符，Access会自动添加定界符。默认值的数据类型必须与字段的数据类型相同，否则出现错误。

6. 验证规则与验证文本

设置验证规则属性，可以防止输入非法数据。验证规则是一个逻辑表达式，文本字段指定必须输入的文本，如"性别"字段指定必须输入"男"Or"女"；日期/时间字段指定必须输入的日期时间范围，如"出生日期"字段指定为"<Date( )"；数字字段指定必须输入的数值范围，如"语文"字段指定为">=0 And <=150"。

如果输入的数据违反验证规则，Access 拒绝接收输入的数据，并显示默认提示信息。设置验证文本属性，可以显示用户设置的提示信息。例如，在"性别"字段输入"男"或"女"之外的文本，则显示提示信息"输入数据错误！"。

7. 必需

必需字段属性仅有"是"和"否"两个选项。选择"是"，则字段中必须填写数据，不允许出现空值；选择"否"，则字段中可以不填写任何数据，允许出现空值。

8. 索引

设置字段的索引属性，可以加快数据查询、数据排序和数据分组的速度。单击索引属性右边的设计网格，选择"无"，不设置字段索引；选择"有（有重复）"，设置字段索引，允许字段值重复出现；选择"有（无重复）"，设置字段索引，不允许字段值重复出现。

在设置主键字段时，Access 自动添加索引并选择"有（无重复）"。

2.3.2 使用数据表视图创建表结构

【例 2-3】利用数据表视图创建"高考成绩表"。"高考成绩表"的结构见表 2-4。

表2-4 "高考成绩表"结构

字段名	类型	字段大小	格式	字段名	类型	字段大小	格式
考生号	短文本	14	默认	综合	数字	整型	常规数字
语文	数字	整型	常规数字	听力	数字	整型	常规数字
数学	数字	整型	常规数字	总分	计算	—	默认
英语	数字	整型	常规数字				

操作步骤如下：

① 在"创建"选项卡中，单击"表格"组中的"表"按钮，进入数据表视图。默认的表名为"表1"，默认情况下该表仅包含一个名称为 ID 的字段，功能区还出现了"字段"和"表"命令选项卡，如图 2-4 所示。保存时可命名为"高考成绩表"。

② 创建"考生号"字段。双击"ID"字段，将字段名称由 ID 更改为"考生号"，摁"Enter"键，对该字段进行重命名。在第一行的"字段名称"列中，输入第一个字段的名称："考生号"，单击"字段"选项卡"格式"组中的"数据类型"下拉列表，选择"短文本"类型。

③ 创建"语文"字段，单击第 2 列标题栏的"单击以添加"，从弹出菜单中选择"数字"作为该字段的数据类型。同时，单击"字段"选项卡"格式"组中的"格式"下拉列表，选择"常规数字"。使用类似的方法，设置"数学""英语""综合""听力"字段。

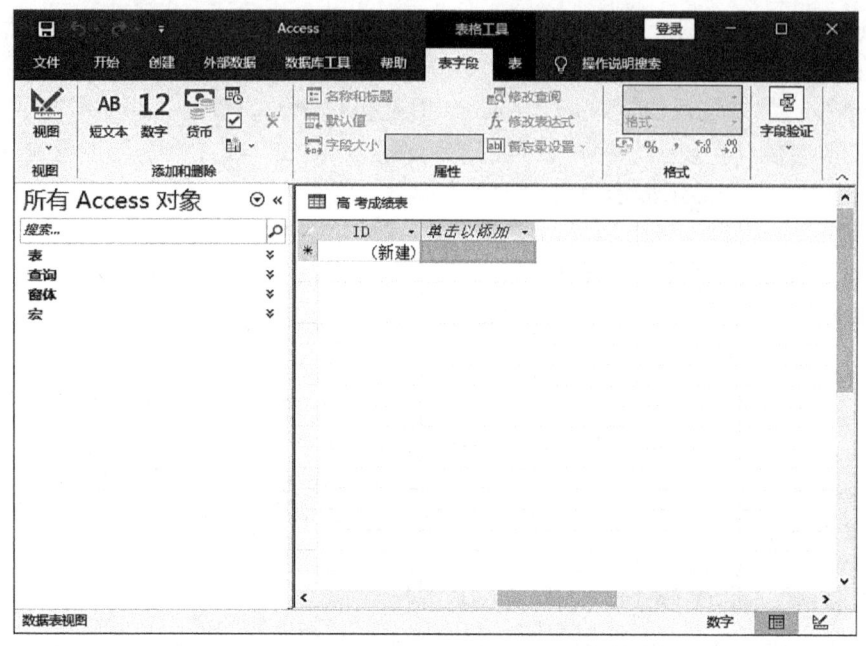

图2-4 在数据表视图中创建新表

④ 单击第 7 列标题栏的"单击以添加",从弹出菜单中选择"计算字段"下来列表中的"数字"如图 2-5 所示,作为该字段的数据类型。弹出如图 2-6 所示的表达式生成器窗口,输入或双击表达式列表中的字段,进行求和计算。最后,单击"字段"选项卡"格式"组中的"格式"下拉列表,选择"常规数字"。

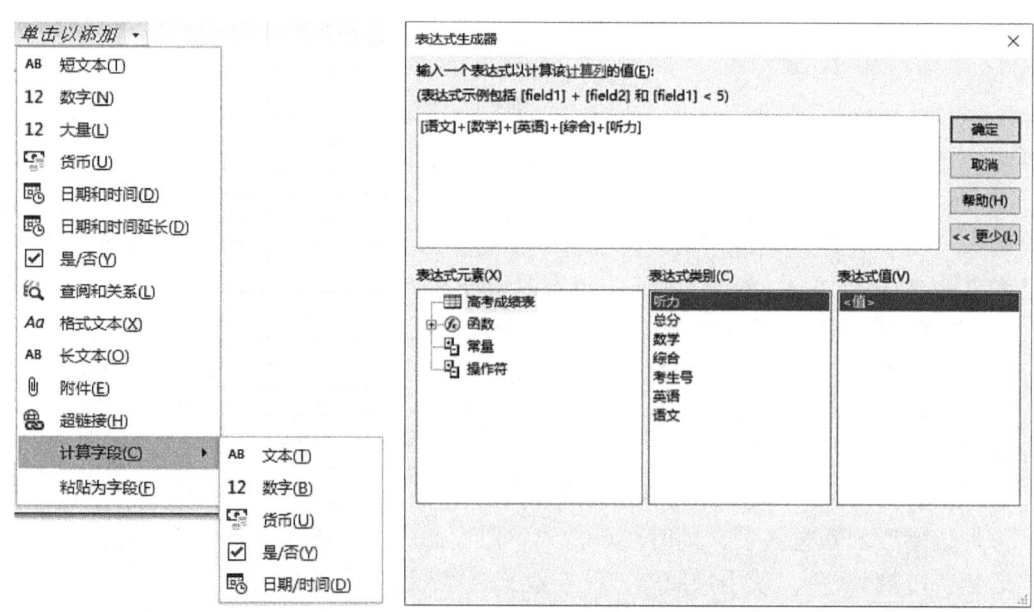

图2-5 计算数据类型选择　　　　　　图2-6 计算数据类型表达式生成器

⑤ 全部字段设置完成后，然后单击"视图－设计视图"，切换到表的设计视图模式，选定"考生号"字段，单击设计选项卡下"工具"组中的"主键"按钮，将该字段设置为主键。

⑥ 单击"保存"按钮，命名为"高考成绩表"。

2.3.3 使用 Share Point 创建表结构

使用 Share Point 可以在数据库中创建导入或链接到 Share Point 列表的表，还可以使用预定义模板创建新的 Share Point 列表。具体的操作步骤如下。

① 在 Access 数库中单击"创建"选项卡下"表格"组的"Share Point 列表"按钮，在弹出的下拉列表中可选择类型，如选择"任务"选项，如图 2-7 所示。

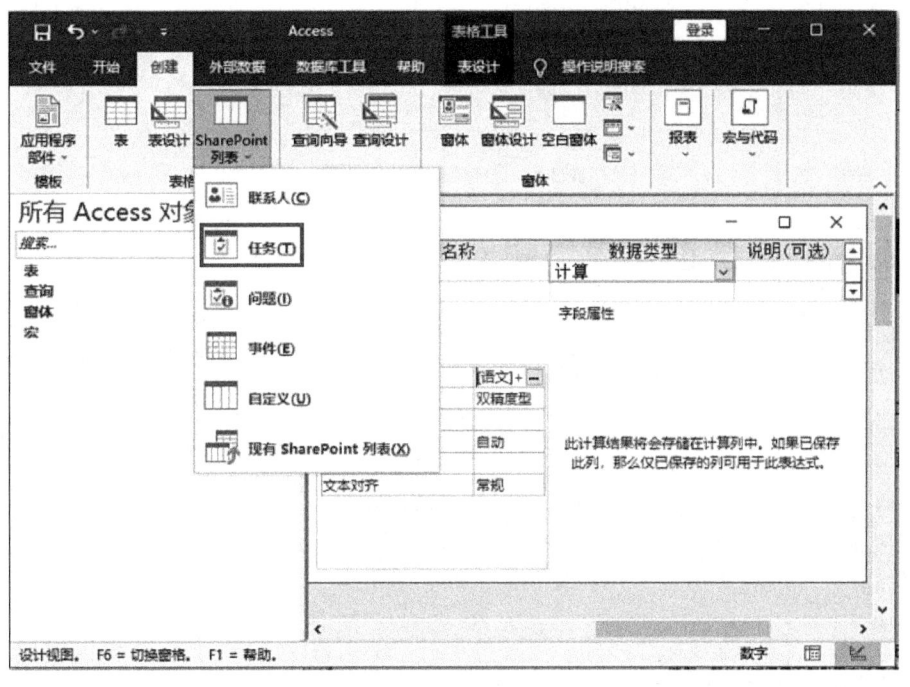

图2-7　选择"任务"选项

② 弹出"创建新列表"对话框，如图 2-8 所示，在"指定 Share Point 网站"文本框输入网站的 URL 地址，在"指定新列表的名称"文本框中输入新列表的名称，在"说明"文本框中添加说明，输入完成后，单击"确定"按钮即完成使用 Share Point 列表创建表的操作。

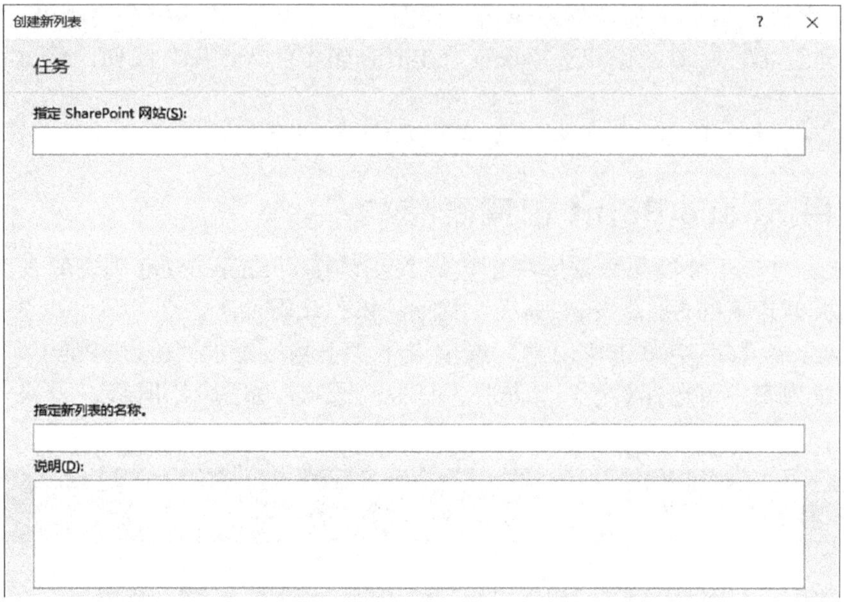

图2-8 创建新列表对话框

2.3.4 使用表模板创建表结构

图2-9 基于模板创建表

Access2016 提供了一些表的模板，使用这些模板可以方便快捷地创建对应的数据表。适用表模板创建数据表的具体操作步骤如下。

① 创建一个空白数据库，单击"创建"选项卡下"模板"组的"应用程序部件"按钮，在弹出的下拉列表中可以选择表模板，如选择"任务"模板，如图2-9所示。

② 弹出如图2-10所示的对话框，提示安装此应用程序之前必须关闭所有打开的对象。

图2-10　Microsoft Access对话框

③ 使用表模板创建"任务"数据表完成，该表中已包含了相应的字段，用户只需在其中添加记录即可。如图2-11所示。

使用任务模板创建数据表时，同时会创建窗体对象，包括"任务数据表"和"任务详细信息"两个窗体。

图2-11　使用表模板创建任务数据表

2.3.5 表结构的修改

创建表之后,还需对表结构进行维护,从而更好地实现对表的操作。

表结构的修改操作主要包括添加字段、删除字段、移动字段、修改字段和重新设置主键等。

1. 添加字段

向表中添加字段,有两种方法。

① 在"设计视图"中添加。用表设计视图打开需要添加字段的表,然后将光标移动到末尾的空白行,完成字段名称等属性设置。或将光标移动到某两个字段名称中间,新字段的位置,单击"设计"选项卡的"工具"组中的"插入行"按钮,在新行上输入字段名称,再设置新字段数据类型、字段属性等相关属性,如图 2-12 所示。

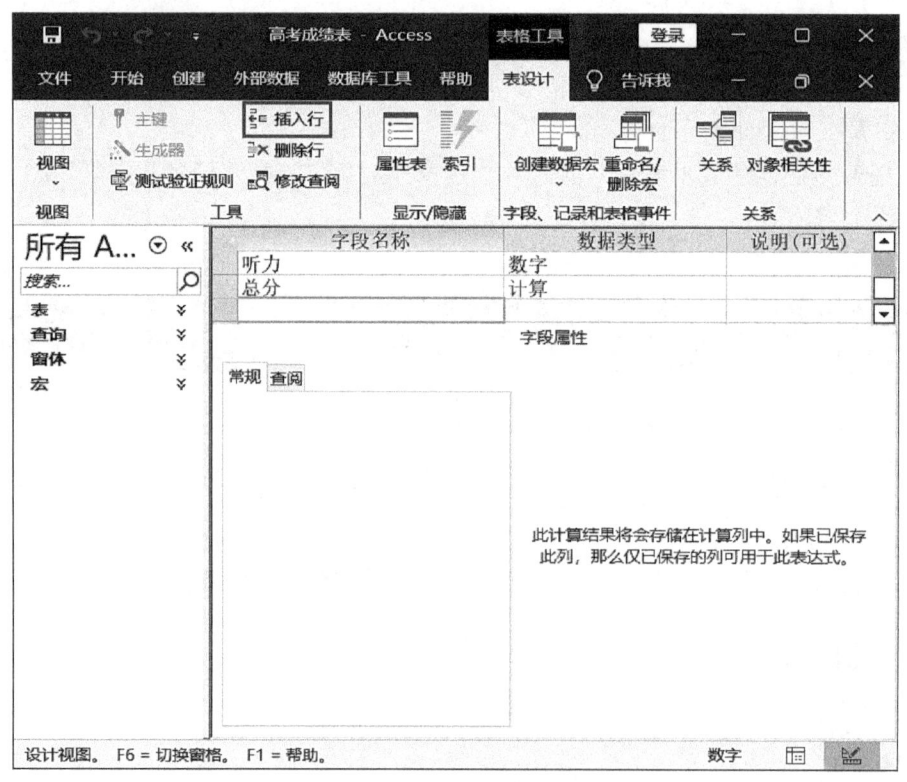

图2-12 设计视图添加字段

② 在"数据表视图"中添加。用数据表视图打开需要添加字段的表,在某一列标题上单击鼠标右键,弹出如图 2-5 所示的下拉列表,选择添加字段的数据类型,在弹出的快捷菜单中选择"插入字段"命令,在当前列的左侧插入一个空列,再双击新列中的字段名"字段1",为该列输入字段的名称。在表中添加一个新字段不会影响其他字段和现有数据,利用该表已建立的查询、窗体或报表,新字段不会自动加入,需要手动添加上去。

2. 删除字段

删除字段有两种方法。用"设计视图"打开需要删除字段的表，然后将光标移到要删除的字段行上。如果要选择一组连续的字段，可将鼠标指针拖过所选字段的字段选定器。如果要选择一组不连续的字段，可先选中要删除的某一个字段的字段选定器，然后按住"Ctrl"键不放，再单击每一个要删除字段的字段选定器，最后在"表格工具""设计""工具"中选择"删除行"命令按钮，如图2-13所示。用"数据表视图"打开需要删除字段的表，选中要删除的字段列，然后右键单击，在弹出的快捷菜单中选择"删除字段"命令。

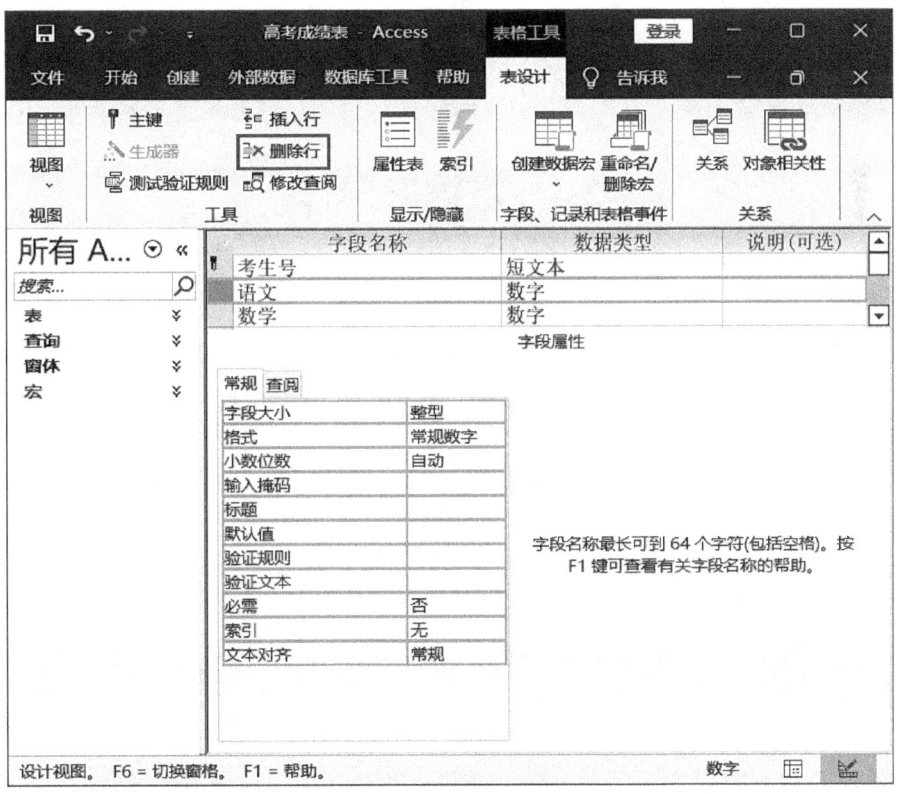

图2-13 设计视图删除字段

3. 移动字段

移动字段同样可以在设计视图和数据表视图中进行。

① 用"设计视图"打开需要移动字段的表，选中需要移动的字段行，拖曳鼠标即可将该字段移到新的位置。

② 用"数据表视图"打开需要移动字段的表，选中需要移动的字段列，拖曳鼠标即可移动该字段列。

在数据表视图中移动字段，仅仅影响到各数据字段显示的布局位置，并不会改变表的结构。

4. 修改字段

修改字段包括修改字段的名称、数据类型、说明和属性等，可以在设计视图和数据表视图下进行，具体操作如下。

① 用"设计视图"打开需要修改字段的表。

② 在需要修改字段的"字段名称"列中，进行修改。

③ 如果要修改某字段的数据类型，单击该字段"数据类型"列右侧的下拉按钮，在弹出的下拉列表中选择需要的数据类型。

5. 重新设置主键

① 使用"设计视图"打开需要重新定义主键的表。

② 单击要设为主键的字段选定器，单击"表格工具设计"选项卡中"工具"组中的"主键"按钮，字段选定器上会显示一个主键图标，表明已设置该字段是主键字段。

2.4 数据表操作

2.4.1 编辑记录

表的结构设计完毕后，可向表中输入记录数据。数据库在使用过程中，表中数据可能经常发生变化，故还需对表中数据进行维护，如添加记录、删除记录、修改记录等。

1. 添加记录

使用"数据表视图"打开需要添加记录的表，用鼠标单击末尾有"*"标记的空白行，直接输入要添加的数据；也可以单击"记录导航"条上的新空白记录按钮▶※；或单击"开始"选项卡下"记录"组中的"新建"按钮，待光标移到表的最后一行后输入要添加的数据，三种方法如图 2-14 中框线所示。

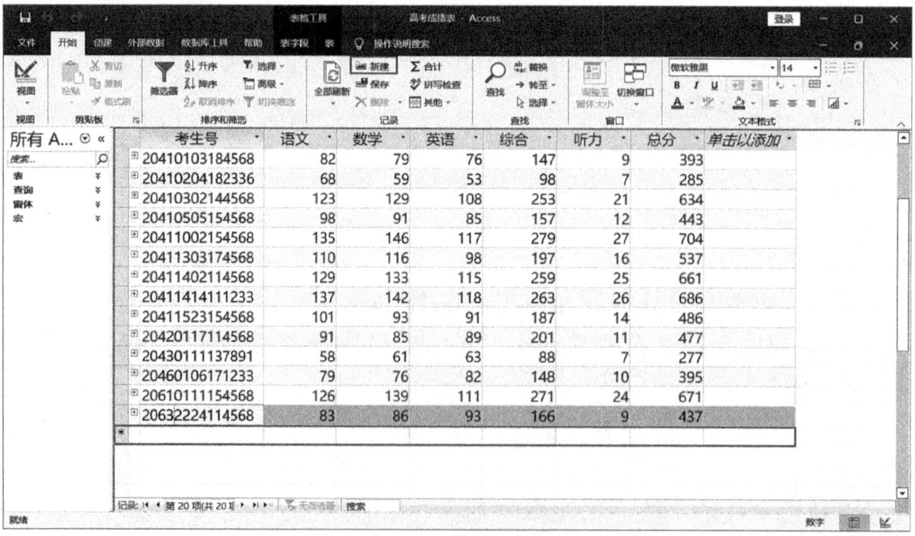

图2-14 添加记录

只要将插入点移动到其他记录，数据库就会保存刚刚输入的数据，也可以选择"记录"组中的"保存"命令按钮。

2. 删除记录

① 使用"数据表视图"打开要删除记录的表。

② 用鼠标单击需要删除记录的"行选定器"选定需要删除的一行或多行，然后单击"开始"选项卡下"记录"组中的"删除"按钮，或按键盘上的"Delete"键，此时系统弹出对话框，单击"是"按钮将删除选定的记录。

删除的记录将无法恢复。在关系数据库中，各表之间建立了关系，表中的记录不要轻易修改和删除，主键一般不允许修改和删除。

3. 选择记录

选择记录的操作方法如表 2-5 所示。

表2-5 选择记录

数据范围	操作方法
一列数据	单击该列的字段选定器
多列数据	将鼠标放到第一列顶端字段名处，待鼠标指针变为下拉箭头后，拖动鼠标到选定范围的结尾列
一条记录	单击该记录的记录选定器
多条记录	单击第一条记录的记录选定器，按住鼠标左键，拖动鼠标到选定范围的结尾处
所有记录	选择"开始"选项卡下"查找"组别"中"选择"中的"全选"

4. 修改记录

① 使用"数据表视图"打开要修改数据的表。

② 用鼠标将插入点置于需要修改的各个字段中，删除原始数据，输入新数据即可。

③ 如果要撤销对当前记录的修改，可以单击快速访问工具栏上的"撤销"按钮。

④ 在修改数据时，只要将插入点移动到其他记录，数据库就会保存刚刚修改的数据，也可以选择"记录"组中的"保存"命令。

2.4.2 数据的查找和替换

如何在浩如烟海的数据库里精准高效地定位你要找的记录呢？

Access 提供了查找和替换功能，可以帮我们高效快速的找到所需数据，还可根据需要进行替换。

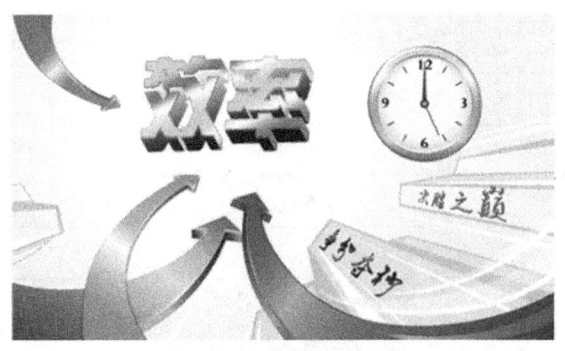

图2-15 效率就是生产力

在数据表中,可利用记录指示器 ![记录指示器] 定位记录,但需要知道记录号。这在表中记录数量较大时不易实现。利用 Access 的查找功能,可以根据数据内容或特征快速查找与替换数据。

1. 查找操作与设置

将光标放在待查数据的字段网格或选择一个字段,然后单击"开始"选项卡"查找"组中的"查找"按钮,打开"查找和替换"对话框,图2-16。

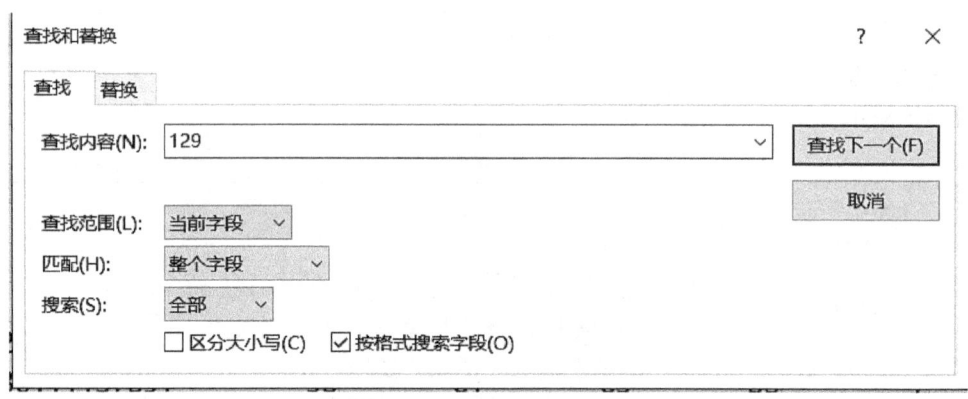

图2-16　查找和替换对话框

在"查找内容"框中输入查找数据内容或特征,然后设置下面的"查找范围"为"当前字段";如果不在当前字段可设置"当前文档"。单击"匹配"下拉框,选择"整个字段"、"字段任何部分"或"字段开头"。单击"搜索"下拉框,选择"向上"、"向下"或"全部",指定查找数据的大概位置,通常选择"全部"。

2. 通配符的应用

在"查找内容"框中巧妙使用通配符,可以查找具备某种特征的一批数据。通配符的作用和应用方法如表 2-6 所示。

表2-6　通配符的应用

字符	作用	查找示例(以"考生基本信息表"为例)
*	代表多个任意字符	赵*,查找表中姓赵的所有学生
?	代表一个任意字符	赵??,查找姓赵且名字为2个汉字的学生
#	代表一个数字字符	##14*,查找"考生号"中省份代码为"14"的学生
[]	通配方括号内任一字符	*[39],查找考生号末位数字是3或9的一批学生
!	通配方括号外所有字符	*[!39],查找考生号末位数字不是3或9的一批学生
-	通配指定范围任一字符	*[1-3],查找考生号末位数字是1~3的一批学生
Null	查找表或字段中的空值	必须在"查找内容"框中输入Null

3. 替换操作

在"查找和替换"对话框中单击"替换"选项卡,在"替换为"栏中填写替换内容,然后可以单击"替换"按钮或"全部替换"按钮进行替换操作。

2.4.3 记录的排序和筛选

老师,我打开表时,记录显示顺序和我输入的顺序怎么不一样啊?

在数据库中打开一个表时,表中的记录默认按照主键升序排列。表中未定义主键时,记录才会按输入数据的先后顺序排序。有时为了方便数据的查找和替换,需要重新整理数据,为此可以采用对数据进行排序的方法。

1. 排序规则

排序是根据当前表中的一个或多个字段的值对整个表中的所有记录进行重新排列。排序可以按升序,也可按降序。排序记录时,不同字段类型的排序规则有所不同,具体规则如下:

① 英文按字母顺序排序,大、小写视为相同,升序时按 A~Z 排序,降序时按 Z~A 排序。

② 中文按拼音字母的顺序排序,升序时按 A~Z 排序,降序时按 Z~A 排序。

③ 数字型和货币型字段按数字的大小排序,升序时从小到大排序,降序时从大到小排序。

④ 日期和时间字段按日期的先后顺序排序,升序时按从前到后的顺序排序,降序时按从后向前的顺序排序。例如,#2019-09-06# 比 #2019-09-05# 要大。

⑤ 数据类型为备注、超链接或 OLE 对象的字段不能排序。

⑥ 按升序排序字段时,如果字段的值为空值,则包含空值的记录排列在最前面。

⑦ 对于文本型字段,如果取值有数字,那么 Access 将数字视为字符串,按 ASCII 码值进行排序。ASCII 码表如表 2-7 所示。

表 2-7 ASCII对照表

ASCII值	控制字符	ASCII值	控制字符	ASCII值	控制字符	ASCII值	控制字符
0	NUT	32	(space)	64	@	96	`
1	SOH	33	!	65	A	97	a
2	STX	34	"	66	B	98	b
3	ETX	35	#	67	C	99	c
4	EOT	36	$	68	D	100	d
5	ENQ	37	%	69	E	101	e
6	ACK	38	&	70	F	102	f
7	BEL	39	,	71	G	103	g
8	BS	40	(	72	H	104	h
9	HT	41	)	73	I	105	i
10	LF	42	*	74	J	106	j
11	VT	43	+	75	K	107	k
12	FF	44	,	76	L	108	l
13	CR	45	-	77	M	109	m
14	SO	46	.	78	N	110	n
15	SI	47	/	79	O	111	o
16	DLE	48	0	80	P	112	p
17	DCI	49	1	81	Q	113	q
18	DC2	50	2	82	R	114	r
19	DC3	51	3	83	S	115	s
20	DC4	52	4	84	T	116	t
21	NAK	53	5	85	U	117	u
22	SYN	54	6	86	V	118	v
23	TB	55	7	87	W	119	w
24	CAN	56	8	88	X	120	x
25	EM	57	9	89	Y	121	y
26	SUB	58	:	90	Z	122	z
27	ESC	59	;	91	[	123	{
28	FS	60	<	92	/	124	|
29	GS	61	=	93	]	125	}
30	RS	62	>	94	^	126	`
31	US	63	?	95	_	127	DEL

2. 按一个字段排序

按一个字段排序记录，可以在数据表视图中进行。

【例 2-4】对"院校情况表"按"院校名称"升序排列记录。

操作步骤如下。

① 用“数据表视图”打开“院校情况表”。

② 选择“院校名称”字段列，单击“开始”选项卡，单击“排序和筛选”组中的“升序”按钮。

执行上述操作步骤后，就可以改变表中原有的记录排序次序，而变为新的次序。存表时，将同时保存排序结果。还可以利用“降序”命令按钮实现降序排列，利用“取消排序”命令按钮取消所有排序。

3. 按多个字段排序

在 Access 中，不仅可以按一个字段排序，还可以按多个字段排序。按多个字段进行排序时，首先按照第一个字段指定的顺序进行排序，当第一个字段具有相同值时，再按照第二个字段进行排序，依此类推，直到按全部指定的字段排好序为止。

【例 2-5】使用“升序”按钮的排序方法在“院校情况表”中按“批次”和“院校名称”两个字段升序排序。

【分析】使用“升序”按钮对多个字段进行排序时需同时选中要排序的所有字段列。在本例中要同时选中“院校名称”和“批次”列，若两个字段不在相邻的位置上，需要将其放在相邻位置，然后再进行排序操作。

操作步骤如下。

① 用“数据表视图”打开“院校情况表”。

② 通过改变字段显示次序的方法，将“批次”字段拖动到“院校名称”字段前。

③ 选择用于排序的“批次”和“院校名称”的字段选定器。

④ 在“开始”选项卡的“排序和筛选”组中，单击“升序”按钮。排序结果如图 2-17 所示。

院校代号	批次	院校名称	所在省份	学制
11765	本科二批	河南城建学院	河南	4
13501	本科二批	河南大学民生学院	河南	4
13502	本科二批	河南师范大学新联学院	河南	4
14003	本科二批	商丘学院	河南	4
13505	本科二批	新乡医学院三全学院	河南	4
70001	本科二批	郑州大学体育学院	河南	4
10465	本科二批	中原工学院	河南	4
10001	本科一批	北京大学	北京	4
10043	本科一批	北京体育大学	北京	4
10475	本科一批	河南大学	河南	4
10476	本科一批	河南师范大学	河南	4
10003	本科一批	清华大学	北京	4
10459	本科一批	郑州大学	河南	4
10033	本科一批	中国传媒大学	北京	4

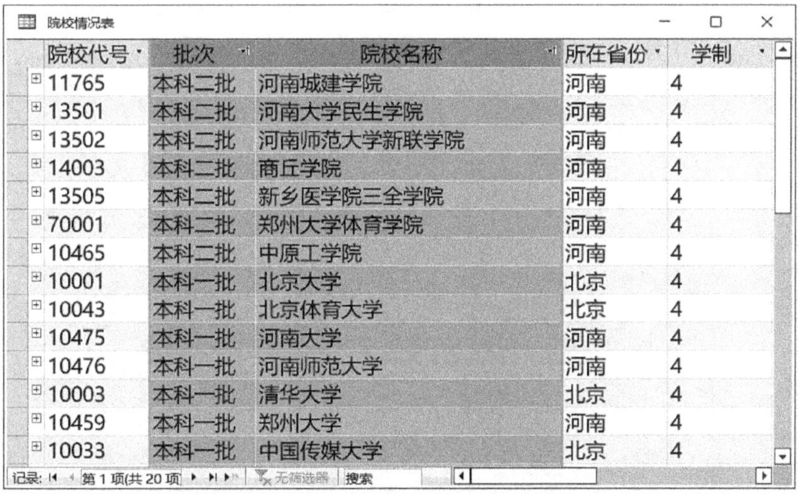

图2-17　使用“升序”按钮按两个字段排序

从结果可以看出，Access 先按“批次”排序，在“批次”相同的情况下再按“院校名称”从小到大排序。因此，按多个字段进行排序必须注意字段的先后顺序。

老师，两个字段不相邻时，如果不改变字段的次序，该怎么操作呢？

可以先按第 1 个字段排序，再对第 2 个字段排序，也可以使用"高级筛选/排序"命令。

【例 2-6】在"考生基本信息表"中先按"性别"降序排列，再按"出生日期"升序排列。操作步骤如下。

① 使用"数据表视图"打开"考生基本信息表"。

② 在"开始"选项卡的"排序和筛选"组中，单击"高级"按钮。

③ 在打开的下拉菜单中选择"高级筛选/排序"命令，打开"筛选"窗口。"筛选"窗口分为上下两个部分。上半部分显示了打开表的字段列表；下半部分是设计网格，用来指定排序字段、排序方式和排序条件。

④ 单击设计网格中第 1 列字段行右侧的下拉按钮，在打开的下拉列表中选择"性别"字段；相同的方法在第 2 列的字段行上选择"出生日期"字段。

⑤ 单击"性别"字段的"排序"单元格，再单击右侧的下拉按钮，并在打开的列表中选择"降序"，用相同的方法在"出生日期"列的"排序"单元格中选择"升序"，如图 2-18 所示。

⑥ 在"开始"选项卡的"排序和筛选"组中单击"切换筛选"按钮，这时 Access 将按上述设置排序"考生基本信息表"中的所有记录。

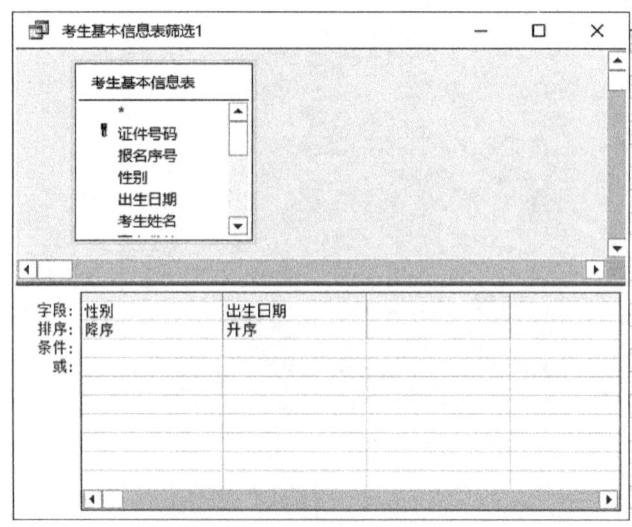

图 2-18 "筛选"窗口设置排序次序

4. 记录筛选

在表中挑选出满足某种条件的记录称为记录的筛选，经过筛选后的表，只显示满足条件的记录，而那些不满足条件的记录将被隐藏起来。Access 2016 提供了 4 种筛选记录的方法，分别是按内容筛选、使用筛选器筛选、按窗体筛选以及高级筛选。

（1）按内容筛选

按内容筛选是一种最简单的筛选方法，使用它可以很容易地找到包含某字段值的记录。

【例 2-7】在"专业代码表"中筛选出专业名称为"计算机科学与技术"的相关信息。

操作步骤如下。

① 用"数据表视图"打开"专业代码表"。

② 在"专业名称"字段中找到"计算机科学与技术"，并选中。

③ 在"开始"选项卡的"排序和筛选"组中，单击"选择"按钮，在打开的下拉菜单中选择"等于""计算机科学与技术"，筛选出相应的记录。

④ 如果需要将数据表恢复到筛选前的状态则可单击"排序和筛选"组中的"切换筛选"按钮。

字段的数据类型不同，"选择"按钮弹出的下拉菜单中提供的筛选选项也不同。对于"文本"型字段，筛选选项包括"等于"、"不等于"、"包含"和"不包含"；对于"日期/时间"型字段，筛选选项包括"等于"、"不等于"、"不晚于"、"不早于"和"介于"；对于"数字"型字段，筛选选项包括"等于"、"不等于"、"小于或等于"、"大于或等于"和"介于"。

（2）使用筛选器筛选

筛选器提供了一种灵活的筛选方式，它将选定的字段列中所有不重复的值以列表形式显示出来，供用户选择。除 OLE 对象和附件类型字段外，其他类型的字段均可以应用筛选器。

【例 2-8】在"高考成绩表"中筛选"语文"在 80 分以下的记录。

操作步骤如下。

① 用"数据表视图"打开"高考成绩表"。

② 选择"语文"字段列，单击字段名右侧的下拉按钮，在打开的快捷菜单中打开筛选器菜单。

③ 单击"数字筛选器"命令，在打开的菜单中选择"大于"命令，打开"自定义筛选"对话框，如图 2-18 所示。

④ 在对话框中输入"80"，单击"确定"按钮即可筛选出语文为 80 分以下的记录。筛选器中显示的筛选项取决于所选字段的数据类型和字段值。

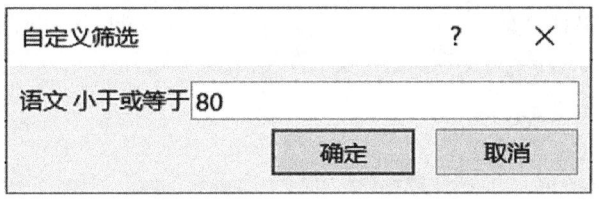

图2-19 "自定义筛选"对话框

(3) 按窗体筛选

按窗体筛选是一种快速的筛选方法,使用它不仅不用浏览整个表中的记录,还可以同时对两个以上的字段值进行筛选。

【例 2-9】按窗体筛选"考生基本信息表"中出生日期非 2012 年性别为女的学生记录。操作步骤如下。

① 用"数据表视图"打开"考生基本信息表"。

② 单击"开始"选项卡,然后单击"排序和筛选"组中的"高级"按钮,弹出高级筛选快出捷菜单。

③ 选择"按窗体筛选"命令,此时数据表视图变成"按窗体筛选"窗口,如图 2-20 所示。

④ 单击要进行筛选的字段,选择"性别"字段,然后单击右侧的下拉按钮,在弹出的下拉列表中选择"女",再选择"出生日期"字段,在出生日期对应的文本框中输入条件"<#2001-1-1# Or >#2001-12-31#",如图 2-19 所示。

⑤ 单击"排序和筛选"组中的"切换筛选"按钮,筛选记录的结果如图 2-21 所示。

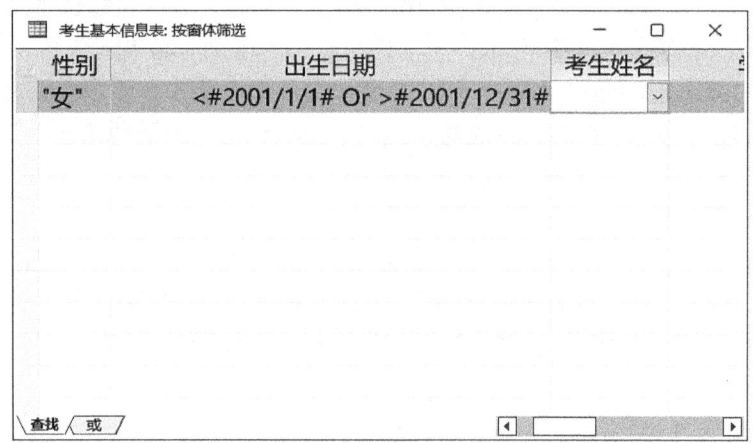

图2-20 "按窗体筛选"窗口

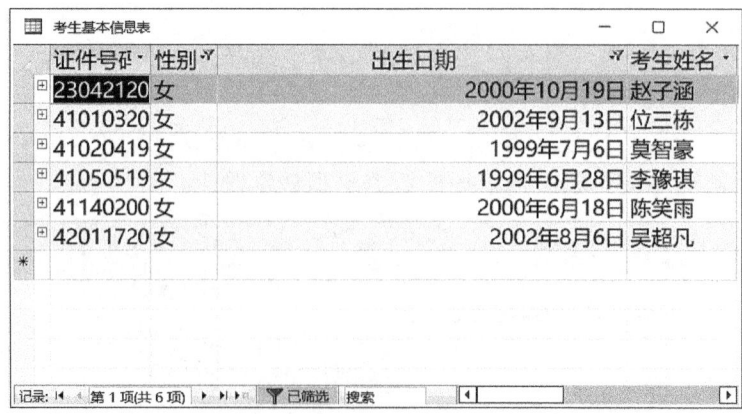

图2-21 筛选结果

（4）高级筛选

下面介绍高级筛选/排序的应用。应用"高级筛选"不仅可以筛选出满足复杂条件的记录，还可以对筛选结果进行排序。

【例2-10】在"考生基本信息表"中查找2001年出生的男学生，并按"考生姓名"升序排序。

操作步骤如下。

① 用"数据表视图"打开"考生基本信息表"。

② 单击"开始"选项卡，然后单击"排序和筛选"组中的"高级"按钮，在打开的下拉菜单中选择"高级筛选/排序"命令，打开"筛选"窗口。

③ 在"筛选"窗口上半部分显示的"考生基本信息表"字段列表中，分别双击"性别""出生日期"和"考生姓名"字段，将其添加到"字段"列。

④ 筛选条件的设置如图2-22所示。

⑤ 设置完成后，单击功能区中的 切换筛选 按钮，即可按设置条件显示结果。

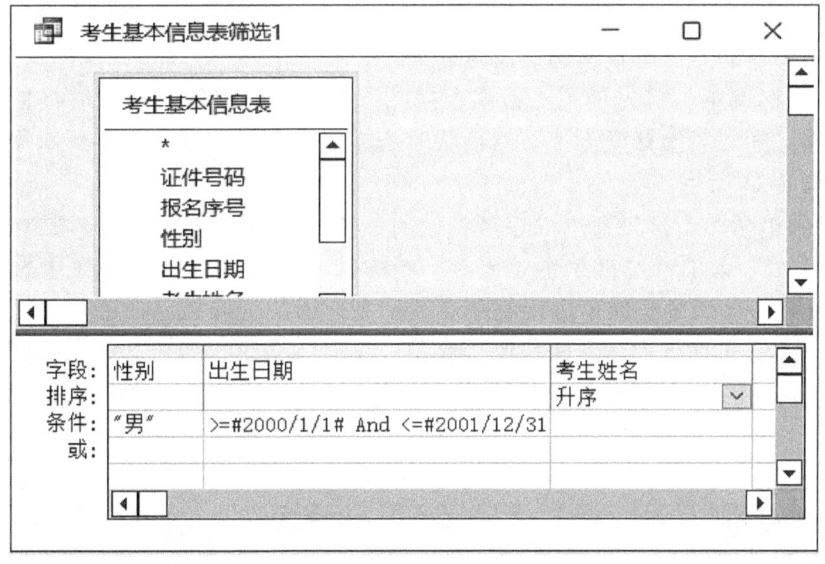

图2-22 "高级筛选/排序"设计网格

2.4.4 美化数据表

表格也可以通过自己的"化妆柜"使自己的外观更加美观、清晰。比如"表格的化妆品"——设置数据字体、背景颜色；"表格的衣服镶边"——调整表中网格线样式；"表格的梳子"——隐藏列、改变字段显示次序、调整字段显示宽度和高度等。下面将逐一介绍。

1. 改变字段显示次序

默认情况下，Access 数据表中字段的显示次序与其在表或查询中创建的次序相同。但是，在使用数据表视图时，往往需要移动某些列来满足查看数据的需要。此时，可以改变字段的显示次序。

【例 2-11】将"高考成绩表"中"语文"字段移到"英语"字段前方。

操作步骤如下。

① 使用"数据表视图"打开"高考成绩表"。

② 选择"语文"字段列，将鼠标放在"语文"字段列的字段名上，然后按下左键并拖曳鼠标到"英语"字段前，释放左键。

使用此方法，可以移动任何单独的字段或者所选的多个字段。移动数据表视图中的字段，不会改变表设计视图中字段的排列顺序，而只是改变在数据表视图中字段的显示顺序。

2. 调整行高

调整行高有两种方法，使用鼠标和菜单命令。其中，鼠标的方法只会对行高进行大致调整，而菜单命令的方法会较精确地设定行高。

① 使用鼠标调整。首先使用"数据表视图"打开要调整的表，然后将指针放在表中任意两行选定器之间，当指针变为上下双箭头时拖曳鼠标上下移动，调整到所需高度后，松开左键，如图 2-23 所示。

② 使用菜单命令。首先使用"数据表视图"打开要调整的表，单击表中任一单元格，然后单击"开始"选项卡，再单击"记录"组中的"其他"按钮，在打开的下拉列表中选择"行高"命令(或者右键单击记录选定器，在弹出的快捷菜单中选择"行高"命令)，在打开的"行高"对话框中输入所需的行高值，单击"确定"按钮。注意改变行高是对整个数据表中的所有行的高度进行修改。

考生号	语文	数学	英语	综合	听力
20130123112333	112	116	99	213	13
20140223134568	67	49	71	156	9
20210103112899	105	107	91	196	12
20230421151233	121	129	109	257	21
20330122114568	119	113	104	226	19
20350122154568	116	123	102	212	18
20410103184568	82	79	76	147	9
20410204182336	68	59	53	98	7

图 2-23　鼠标调整行高

3. 调整列宽

与调整行高的操作一样，调整列的显示宽度也有鼠标和菜单命令两种。其中，鼠标的操作只会对列宽进行粗略的调整，而菜单命令的方法会较精确地设定列宽。重新设定列宽不会改变表中字段的"字段大小"属性所允许的字符数，它只是简单地改变字段列所包含数据的显示空间。

① 使用鼠标调整。首先使用"数据表视图"打开要调整的表，然后将指针放在要改变宽度的两列字段名中间，当指针变为左右双箭头时，拖曳鼠标左右移动，当调整到所需宽度时，松开左键即可。

在拖曳字段列中间的分割线时，如果将分割线超过下一个字段列的右边界时，注意将会隐藏该列。

② 使用菜单命令。首先使用"数据表视图"打开要调整的表，选择要改变宽度的字段列，然后单击"开始"选项卡，单击"记录"组中的"其他"按钮，在打开的下拉列表中选择"列宽"命令(或者右键单击字段名行，在弹出的快捷菜单中选择"列宽"命令)，在打开的"列宽"对话框中输入所需的值，单击"确定"按钮。

如果在"列宽"对话框中输入的数值为0，则会隐藏该字段列。

4. 隐藏列

在数据表视图中，为了便于查看表中的主要数据，可以将某些字段列暂时隐藏起来，需要时再将其显示出来。

【例2-12】将"高考成绩表"中的"考生号"字段列隐藏起来。

操作步骤如下。

① 用"数据表视图"打开"高考成绩表"

② 单击"考生号"字段选定器，单击"开始"选项卡，然后单击"记录"组中的"其他"按钮，在打开的下拉列表中选择"隐藏字段"命令；或者右键单击选定列，在弹出的快捷菜单中选择"隐藏字段"命令，将选定的列隐藏起来。

如果要一次隐藏多列，那么单击要隐藏的第一列字段选定器，然后按住鼠标左键不放，拖动鼠标到达最后一个需要选择的列。

5. 显示隐藏的列

【例2-13】将"高考成绩表"中隐藏的"考生号"字段列显示出来。

操作步骤如下。

① 用"数据表视图"打开"高考成绩表"。

② 右键单击任意字段列的字段名行,在打开的快捷菜单中选择"取消隐藏字段"命令;或单击"开始"选项卡下"记录"组中"其他"按钮,在打开的菜单中选择"取消隐藏字段"命令,打开"取消隐藏列"对话框,如图2-24所示。

③ 在"列"列表中选中要显示列"考生号"的复选框,单击"关闭"按钮。

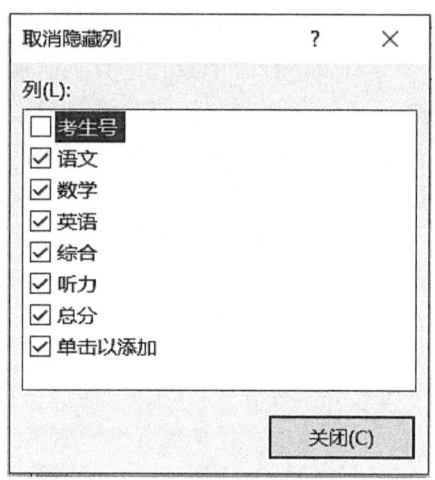

图2-24 "取消隐藏列"对话框

隐藏的列重新显示出来后,会显示在数据表中隐藏前的原位置,字段的次序不会发生改变。

6. 冻结列

如果所建表中的字段很多,那么查看时有些字段就必须通过滚动条才能看到。若希望始终能看到某些字段,而不受到滚动条的影响,可将其冻结。

【例2-14】冻结"考生基本信息表"中的"考生姓名"字段列。

操作步骤如下。

① 用数据表视图打开"考生基本信息表"。

② 单击"考生姓名"字段选定器,单击"开始"选项卡下"记录"组的"其他"按钮,在打开的菜单选择"冻结字段"命令;或右键单击选定列,在打开的菜单中选择"冻结字段"命令,这时,"考生姓名"字段列出现在最左边,当水平滚动窗口时,可看到"考生姓名"字段列始终显示在窗口的最左侧。如图2-25所示。

如果解除冻结,只需选择快捷菜单中的"取消冻结所有字段"命令即可。

7. 设置数据表格式

在数据表视图中,一般在水平和垂直方向显示网格线,而且网格线、背景色和替换背景色均采用系统默认的颜色。"表格"的单元格显示效果就像其化妆品,可以起到美容修饰效果。

设置数据表格式的操作步骤如下。

① 用"数据表视图"打开要设置格式的表。

② 单击"开始"选项卡,然后单击"文本格式"组中的"网格线"按钮,在打开的下拉列表中选择不同的网格线。单击"文本格式"组右下角的"设置数据表代候格式"按

钮![],打开"设置数据表格式"对话框,如图 2-26 所示。

③ 在对话框中,可以根据需要选择所需的项目。例如,如果要去掉水平方向的网格线,则可取消"网格线显示方式"框中的"水平"复选框。如果要将背景颜色变为"蓝色",则可单击"背景色"下拉列表框中的按钮,并在打开的列表中选择蓝色。如果要使单元格在显示时具有"凸起"效果,则可在"单元格效果"框中选中"凸起"单选按钮。当选择了"凸起"或"凹陷"单选按钮后,不能再对"背景色""替代背景色"等其他选项进行设置。单击"确定"按钮。

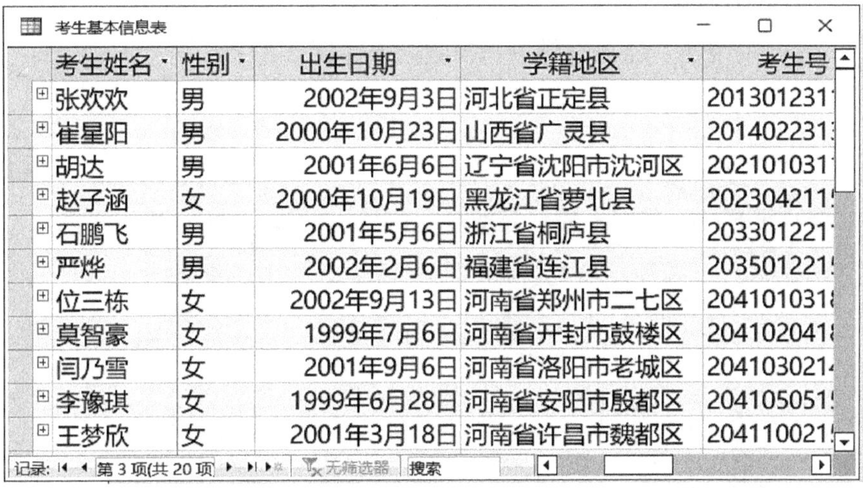

图2-25　冻结后的数据表

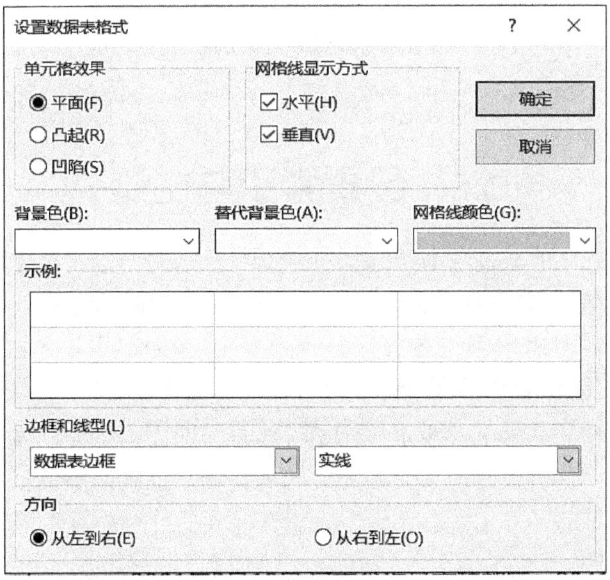

图2-26　"设置数据表代候格式"对话框

8. 改变字体

为了使数据美观清晰醒目突出，可以改变数据表中数据的字体、字型和字号。

【例 2-14】将"高考成绩表"中的文字字体改为"等线"，字号改为"12"，字型改为"加粗"，颜色改为"绿色"。

操作步骤如下。

① 用数据表视图打开"高考成绩表"。

② 在"开始"选项卡的"文本格式"组中，单击"字体"按钮右侧的下拉按钮，在弹出下拉列表中选择"等线"；单击"字号"按钮右侧的下拉按钮，在打开的下拉列表中选择"12"，单击"加粗"；单击"字体颜色"按钮右侧的下拉按钮，在打开的下拉列表中选择"标准色"组中的"绿色"颜色。设置结果如图 2-27 所示。

图2-27 设置字体后的效果

2.5 设置索引与主键

索引有助于 Microsoft Access 快速查找和排序记录。Access 在表中使用索引，就像在书中使用索引一样：查找某个数据时，先在索引中找到数据的位置。可以基于单个字段或多个字段来创建索引。多字段索引能够区分开第一个字段值相同的记录。

主键是用来唯一标识表中存储的一条记录，可以是表中的一个字段或多个字段的组合。一张表中只能有一个主键，主键的值不能为空，也不能重复出现。

图2-28 创建索引的必要性

2.5.1 主键的作用

在 Access 数据库中，主键不是必须设置的，但通常还是需要为表指定一个主键。主键主要有以下几方面的作用。

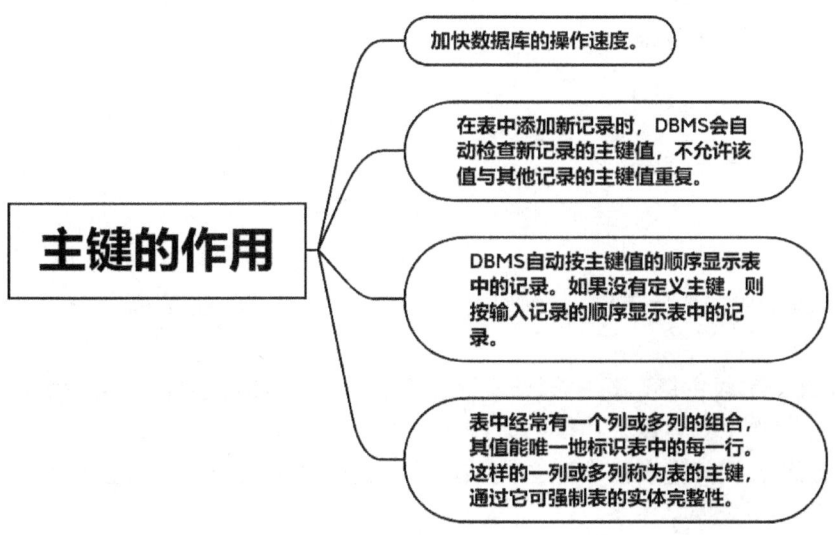

图2-29 主键的作用

例如，考生基本信息表中包含有考生的证件号码、报名序号、性别、出生日期、考生姓名等信息，但是姓名可能会重复，出生日期可能相同，如何能在表中快速的找到某个考生的信息？此时就需要给每个考生指定一个能唯一识别本人的字段，以便快速地找到考生。

2.5.2 设置主键的方法

下面介绍 2 种设置主键的方法。

① 在表的设计视图种选择要设置为主键的字段，单击表格工具→设计→工具→主键按钮，即可将选定的字段设置为主键。如图 2-30 所示。设置为主键的字段左侧有图标。

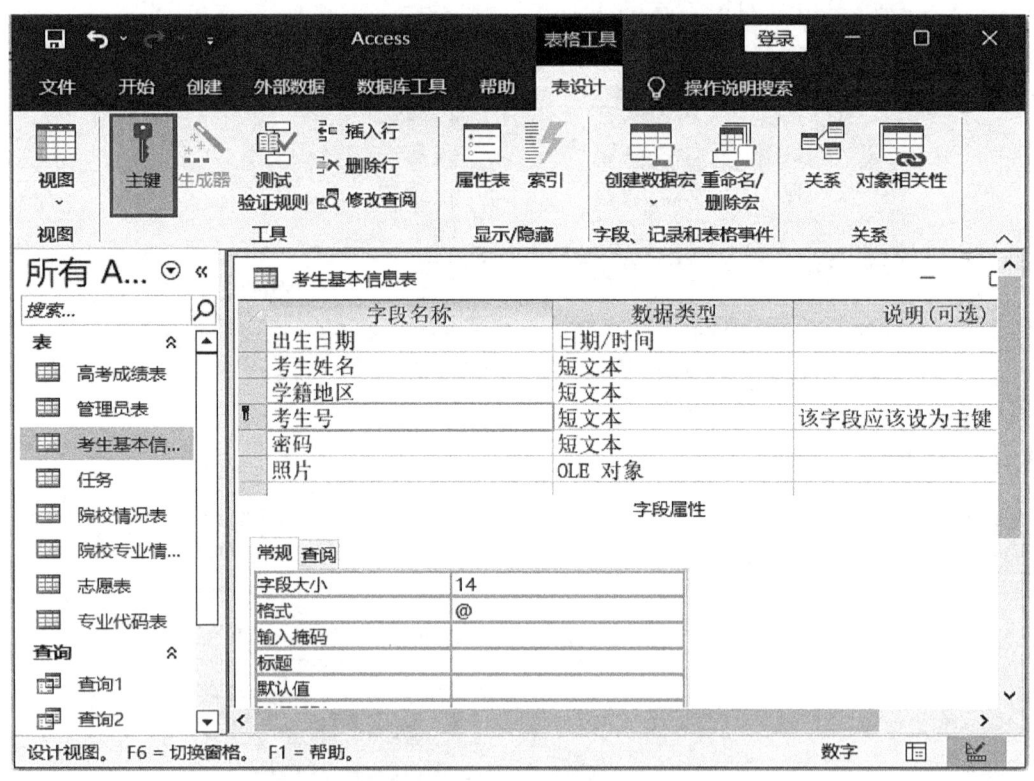

图2-30　单击主键按钮

② 在字段上单击鼠标右键，在弹出的快捷菜单中选择主键菜单命令，也可以设置主键。如图 2-31 所示。

若要设置多字段主键，选中第一个字段后，再选中其他字段，然后使用上述方法进行设置即可。删除主键与设置主键的方法是一样的，这里不再赘述。注意，在删除主键之前，必须确定此表和其他表没有建立关系，若要删除的主键与某个表建立了关系，删除时 Access 会警告必须先删除关系。

主键一定是唯一性索引，唯一性索引不一定是主键。

图2-31　选择主键菜单

2.5.3 建立表之间的关系

单表力薄，众则易用。
戮力连接，然后数据库可固也。

建立表间关系将是发挥合力作用的关键环节，也是关系型数据库中的数据取得联系的根本途径和方法。建立表间关系具有两方面意义：一是将数据库中的多个表连成一体，通过查询同时获取跨越多表的信息；二是可通过设置参照完整性建立多个表之间的约束关系，确保数据的完整统一。

1. 表间关系的概念

关系型数据库管理系统不支持多对多关系，在设计Access数据库时，通常将"一对一"关系合并为同一个表；"多对多"关系需拆分为两个或多个"一对多"关系。因此，实际建立的表间关系都是"一对多"关系，"一"方的表称为主表，"多"方的表称为子表或相关表。

主键和外键在两个表之间起着"桥梁"作用，用来建立表与表之间的关系，通常是两个表中的同名字段或数据语义相同的字段。"高招考试系统"数据库中，各表的主键和外键字段如下：

考生基本信息表（<u>证件号码</u>，报名序号，性别，出生日期，考生姓名，<u>考生号</u>，照片，学籍地区，密码，婚否）

高考成绩表（<u>考生号</u>，语文，数学，英语，综合，听力，总分）

志愿表（<u>序号</u>，<u>考生号</u>，报考院校，专业代码）
院校情况表（<u>院校代号</u>，院校名称，所在省份，学制，批次）
院校专业情况表（<u>院校代号</u>，专业代码）
其中，带双下划线的字段为主键字段，带单下划线的字段为外键字段。

2. 关系的创建

创建表间关系主要包括两大步骤：一是添加表，二是创建关系。创建关系之前，应先关闭已经打开的表。添加表的方法为：

① 单击"数据库工具"选项卡"关系"组中的"关系"按钮，打开"关系"窗格，同时自动打开"显示表"对话框。或单击"关系"组中的"显示表"按钮打开该对话框。

② 双击表名或选中一个表，单击"添加"按钮，将"显示表"对话框中的表逐一添加到"关系"窗格中，见图2-32。

图2-32 添加表

也可以在左窗格（"所有 Access 对象"）选中一个或多个表，直接拖动到右窗格（"关系"）中，完成添加表的操作。

表添加完成后，开始在"关系"窗格中创建关系。以创建"高考成绩表"和"考生基

本信息表"的关系为例,方法如下:

① 在"关系"窗格中,鼠标指向"高考成绩表"的"考生号"字段(主键),按下鼠标左键,拖动到"考生基本信息表"的"考生号"字段(外键)上,释放鼠标左键,出现"编辑关系"对话框。

② 选中"实施参照完整性"复选框,单击"创建"按钮,"高考成绩表"和"考生基本信息表"的"考生号"字段之间出现一条连线,即两个表之间建立了"一对多"的关系。"一"端显示"1","多"端显示"∞",见图2-33。

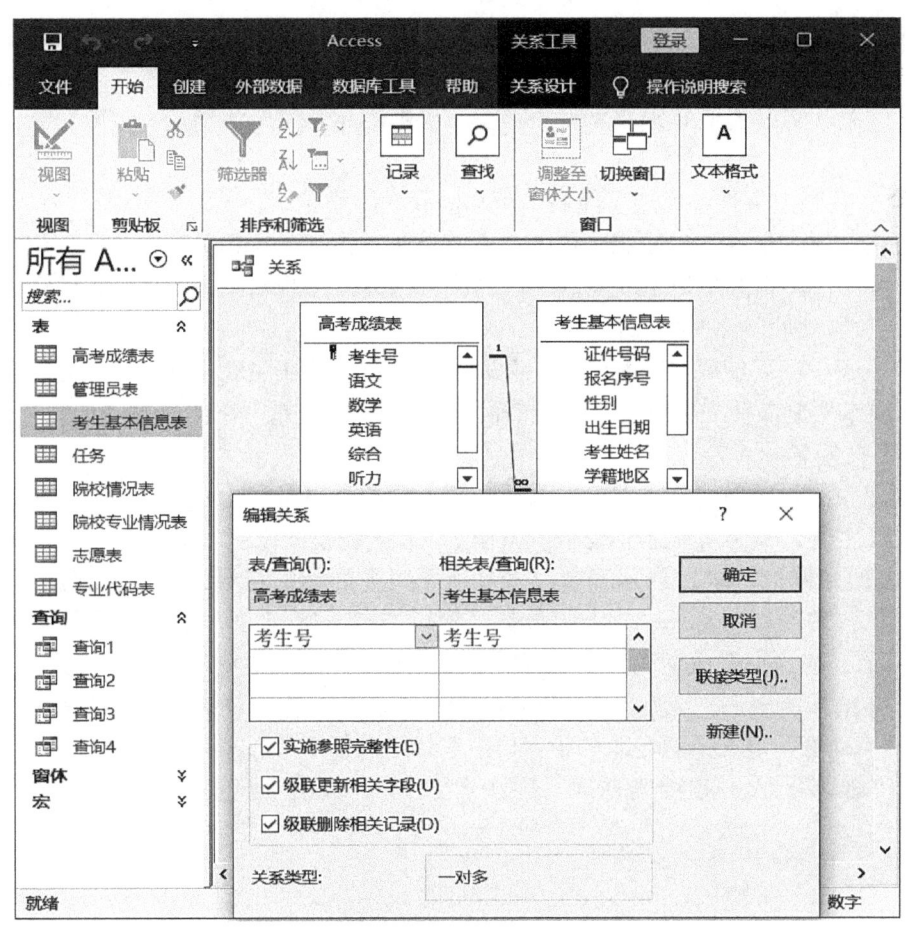

图2-33 创建与编辑关系

③ 重复上面操作,可以建立其他表之间的关系。

④ 双击图2-33中的关系连线,或右击关系连线,选择"编辑关系"命令,或功能区中的"编辑关系"按钮,可再次打开"编辑关系"对话框,修改表间关系。

⑤ 单击关系连线,按 Del 键或右击关系连线,执行"删除"命令,连线消失,即删除了表间关系。

3. 参整性与相关规则

在数据表的关系建立以后，通常希望数据表之间存在一定的约束关系，以保证数据库中数据的有效性，在 Access 中可以建立参照完整性来保证主表与相关表在增、删、改记录时相关字段数据的正确性。

数据表之间的约束性规则包括如下 3 种情况。

① 建立关系后未实施参照完整性，在主表中增加、删除、修改关联字段的值时不受限制。同样，相关表中进行相同的操作时也不受影响。

② 建立参照完整性但未实施级联更新和级联删除规则

在主表中增加记录不受限制；修改记录时，该记录在相关表中有匹配记录，则不允许修改；删除记录时，若该记录在表中有匹配记录，则不允许删除。在相关表中，增加或修改记录时，关联字段的值必须在主表中存在，否则不允许修改或增加；删除记录时不受影响。

③ 建立参照完整性并实施了级联更新和级联删除规则

在主表中增加记录不受限制，修改主表记录时，该记录在相关表中有匹配记录，若修改关联字段的值，则匹配记录的关联字段的值自动修改；删除记录时，若该记录在相关表中有匹配记录，则匹配记录同时被删除。

在相关表中，增加或修改记录时，关联字段的值必须在主表中存在；删除记录时不受影响。如果未实施参照完整性，则连线的两头不会有"1"或"∞"出现。

4. 主子表操作

数据库中的两个表建立一对多关系后，相关的两个表可称为主子表。如：本书中的高考成绩表（主表）和考生基本信息表（子表）。数据表视图中主表记录前面显示加号标记"+"。单击加号标记"+"，展开子窗口，显示子表中的相关记录，加号标记"+"变为减号标记"-"；单击减号标记"-"，则折叠子窗口，减号标记"-"变为加号标记"+"。如图 2-34 所示，在"高考成绩表"中，可以直接查看"考生基本信息表"中相关记录。

在"开始"选项卡"记录"中，单击 其他 按钮，在"子数据表"菜单中单击选择"全部展开"命令，展开所有记录的子窗口；选择"全部折叠"命令，折叠所有记录的子窗口；选择"删除"命令，则删除子表。删除子表后，可执行"子数据表"命令，在主表中插入子表。

图2-34 主子表显示

2.6 数据表的复制、重命名和删除

2.6.1 数据表的复制

右击表对象（以管理员表为例）在下拉菜单中选择"复制"，在导航窗格空白处单击鼠标右键，选择"粘贴"（或选择开始选项卡下剪贴板组别中的粘贴按钮 ）。弹出如图2-35所示的"粘贴表方式"对话框，表名称根据需要进行修改，粘贴选项中选择：仅结构，将只复制管理员表的结构，没有记录；结构和数据，将把管理员表的结构和数据完全复制过来；将数据追加到已有的表，要求被追加的表确实存在，且结构与复制过来的表结构相同。

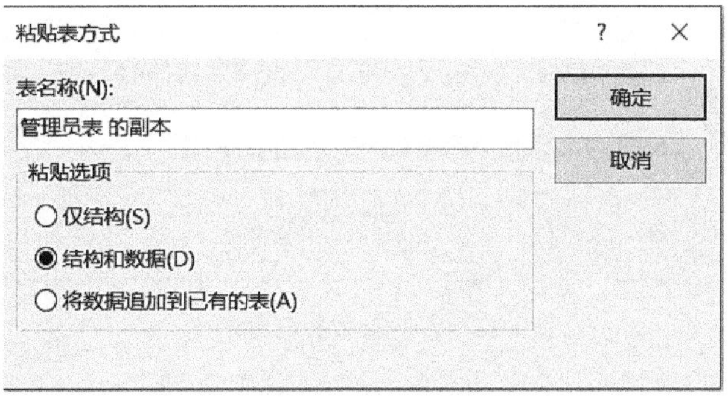

图2-35 粘贴方式

2.6.2 数据表的重命名

在使用表的过程当中，有时需要对已经存在的表进行重命名，操作如下。

在导航窗格中选择表对象，单击鼠标右键，弹出如图 2-36 所示的下拉菜单，选择重命名即可对选择的表进行重命名。改名不影响已建立的表间关系。

不能在表打开时，对其进行重命名操作。否则会弹出如图 2-37 所示的对话框。

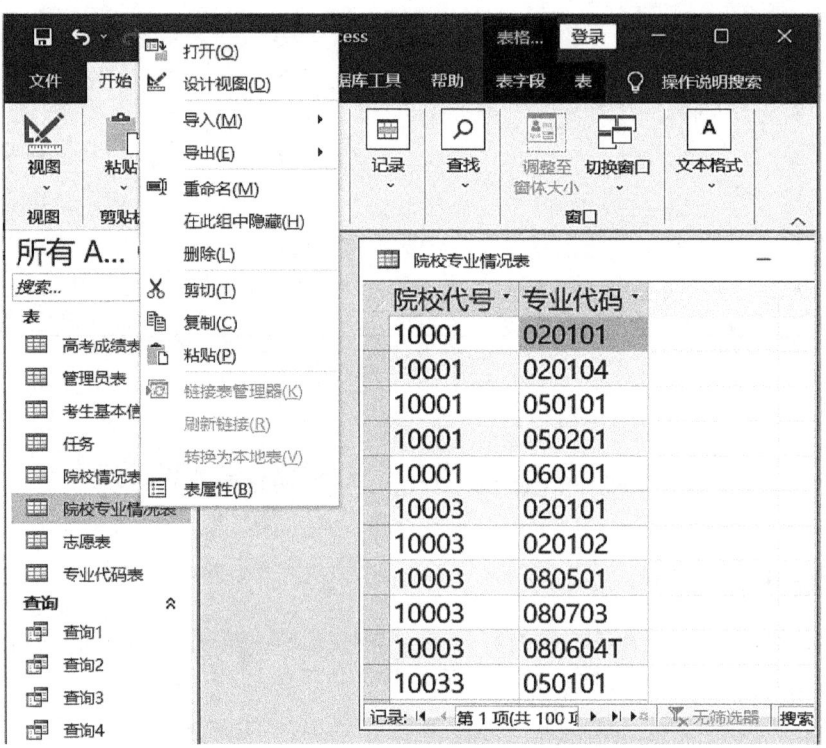

图2-36　表右键菜单

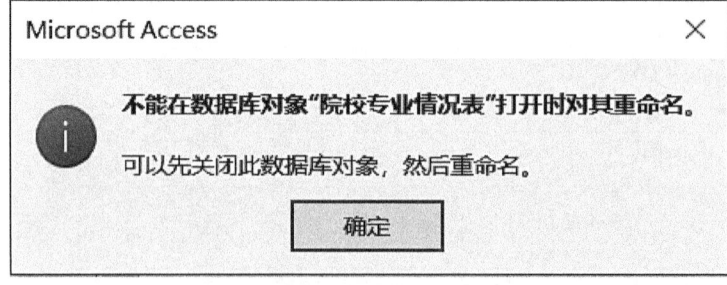

图2-37　不能重命名表对话框

2.6.3 数据表的删除

删除数据表的方法有 2 种：

① 在导航窗格中选择表对象，单击鼠标右键，弹出如图 2-38 所示的下拉菜单，选择"删除"，即可对选择的表进行删除。

② 选定数据表，再按 Del 键。不能在表打开时，对其进行删除操作。否则会弹出如图 2-39 所示的对话框。如果待删表与其他表建立了表间关系，系统将提示用户先删除表间关系。

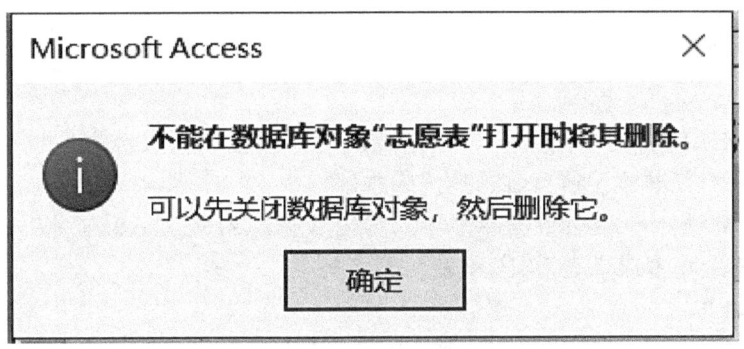

图2-38　不能删除表对话框

【例 2-14】删除"高招考试系统"数据库中的表 1。

操作步骤如下。

① 在导航窗格中选择"表 1"对象，单击鼠标右键，弹出如图 2-36 所示的下拉菜单，选择"删除"。

② 弹出如图 2-39 所示的对话框。

③ 单击"是"选项。

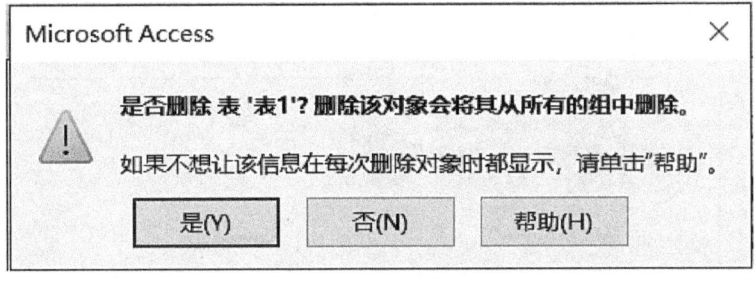

图2-39　删除对话框

2.7 数据导入和导出

共享数据资源，盘活数据仓库

Access 作为一个典型的开放型数据库，支持与其他类型的数据库文件进行数据交换和共享，同时也支持与 Windows 程序创建的数据文件进行数据交换。进行数据交换时，需要进行数据的导入和导出操作。

2.7.1 数据导入

1. 导入 Access 数据库

Access 数据库获得数据的方式可以在表或窗体中直接输入数据，也可以利用数据的导入功能，将外部数据导入到当前的数据库中。

【例 2-15】新建一个空白数据库"导入导出数据库示例.accdb"，将"高招考试系统"数据库中的"考生基本信息表""志愿表"导入其中。

操作步骤如下。

① 启动 Access2016，选择"空白数据库"，输入数据库名称"导入导出数据库示例"，建立一个空白数据库，并自动新建了一个数据表，关闭该表。

② 切换到"外部数据"选项卡，单击"导入并链接"选项组中的"新数据源"按钮，弹出下拉菜单，如图 2-40 所示。选择"从数据库"中的"Access"，弹出如图 2-41 所示的

图2-40 "新数据源"下拉菜单

对话框,在弹出的"获取外部数据-Access 数据库"对话框单击"浏览"按钮,在"打开"对话框中选择数据源,即"高招考试系统.accdb",然后单击"确定"按钮。

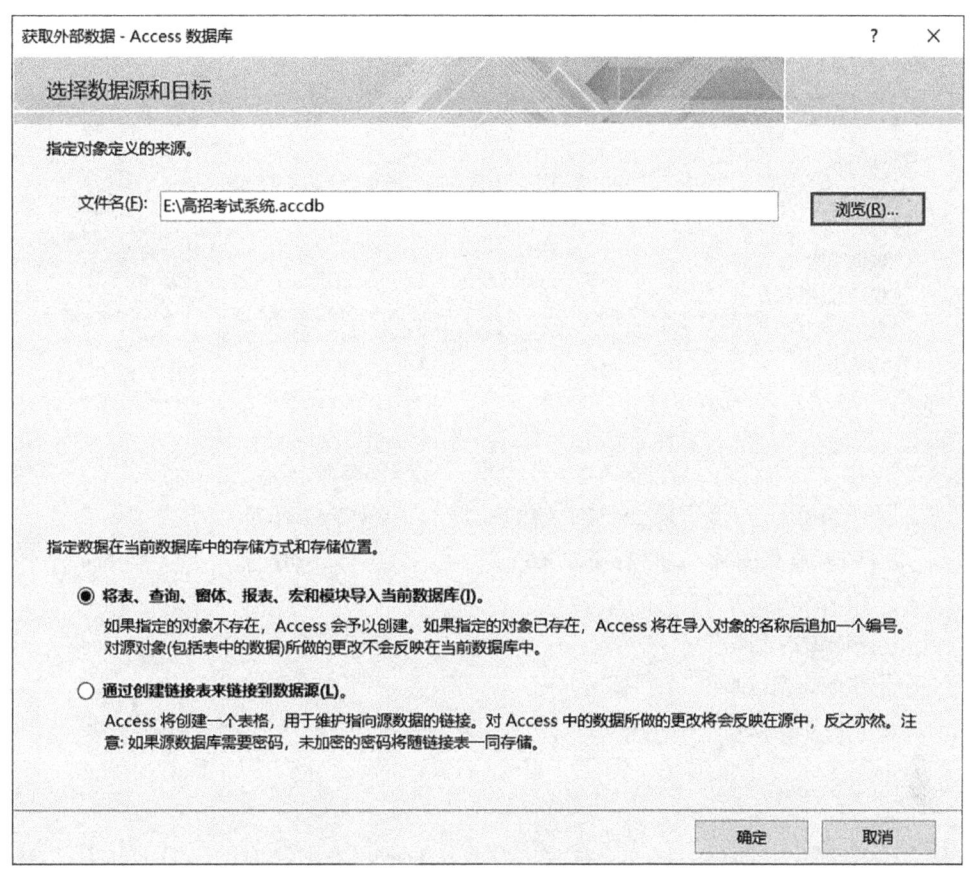

图2-41 "获取外部数据-Access数据库"对话框

③ "指定数据在当前数据库中的存储方式和存储位置"的选项按钮中选中"将表查询、窗体、报表、宏和模块导入当前数据库",单击"确定"按钮,弹出"导入对象"对话框,如图 2-42 所示。

④ 选择要导入的数据库对象。这里选择"学生基本信息表"和"志愿表",单击"选项"按钮。

⑤ 在"导入对象"对话框下方显示的关于导入数据的选项中,"导入"选中"关系","导入表"选中"定义和数据"(即结构和数据),"导入查询"选中"作为表",单击"确定"按钮。

⑥ 弹出第二个"获取外部数据-Access 数据库"对话框,系统询问是否保存导入步骤,这里选择不保存,单击"关闭"按钮。

⑦ "导入导出数据库示例"数据库的导航窗格中显示导入的表对象"学生基本信息

表"和"志愿表"。

图2-42 "导入对象"对话框

2. 导入 Excel 数据

Excel 具有强大的数据处理功能,用户可以将数据库中存储的数据导出至 Excel 并进行处理之后,再导入到 Access 中。另外,日常工作中习惯以 Excel 表格存储数据,但当数据量较大时,往往需要将数据存储到数据库中进行管理。由于 Excel 电子表格和 Access 数据库有良好的兼容性,这时,可以建立一个数据库,并将 Excel 表格数据方便地导入到数据库中。

【例2-16】向"导入导出数据库示例.accdb"数据库中导入 Excel 电子表格"院校情况表.xlsx"。

操作步骤如下。

① 打开"导入导出数据库示例.accdb"数据库。单击"外部数据"中"导入并链

接"选项组中的"新数据源"按钮,选择"从文件"中的"Excel",按钮,"导入并链接"选项组中的"Excel"按钮,弹出"获取外部数据-Excel电子表格"对话框,如图2-43所示。

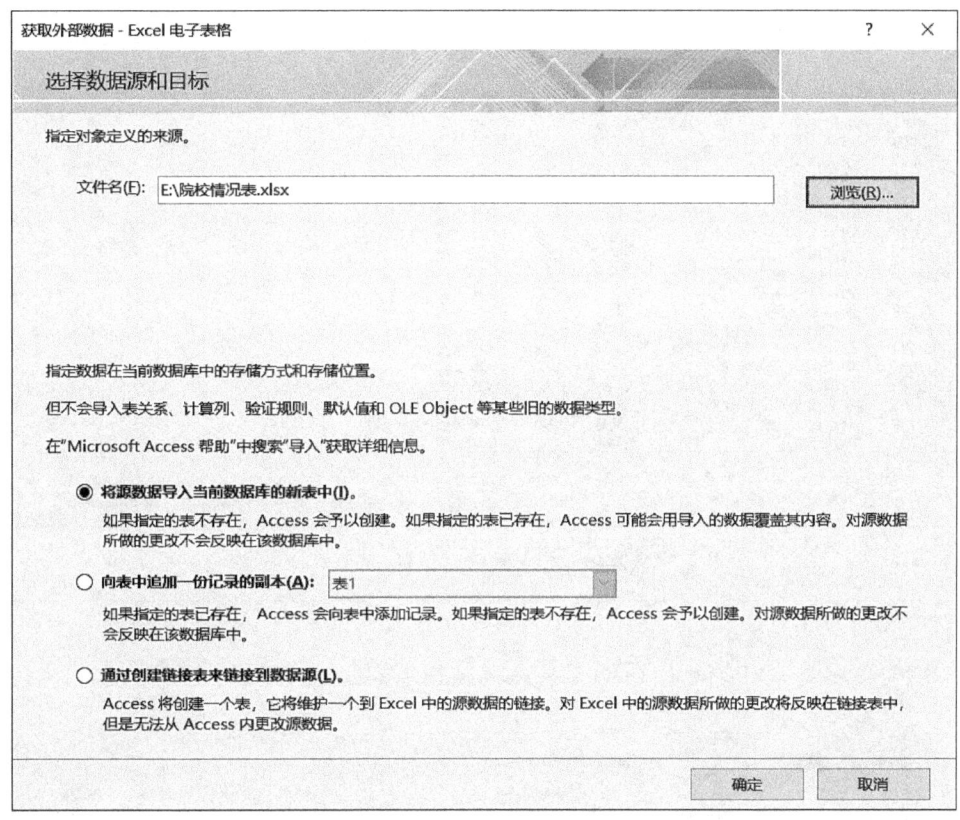

图2-43 "获取外部数据-Excel电子表格"对话框

② 选择数据源,即"院校情况表.xlsx",然后单击"确定"按钮。

③ 在"导入数据表向导"对话框中,单击"第一行包含列标题"复选框,如图2-44所示,再单击"下一步"按钮。

④ 在弹出的"导入数据表向导"对话框中,设置字段选项信息。方法是:单击预览窗口中的各列,设置字段名称、数据类型等,如图2-45所示。然后多次单击"下一步"按钮,进行系列设置项操作;或直接单击"完成"按钮,以默认设置导入工作表。

⑤ 导入操作完成后,"院校情况表"工作表即成为当前数据库中的一个数据表。

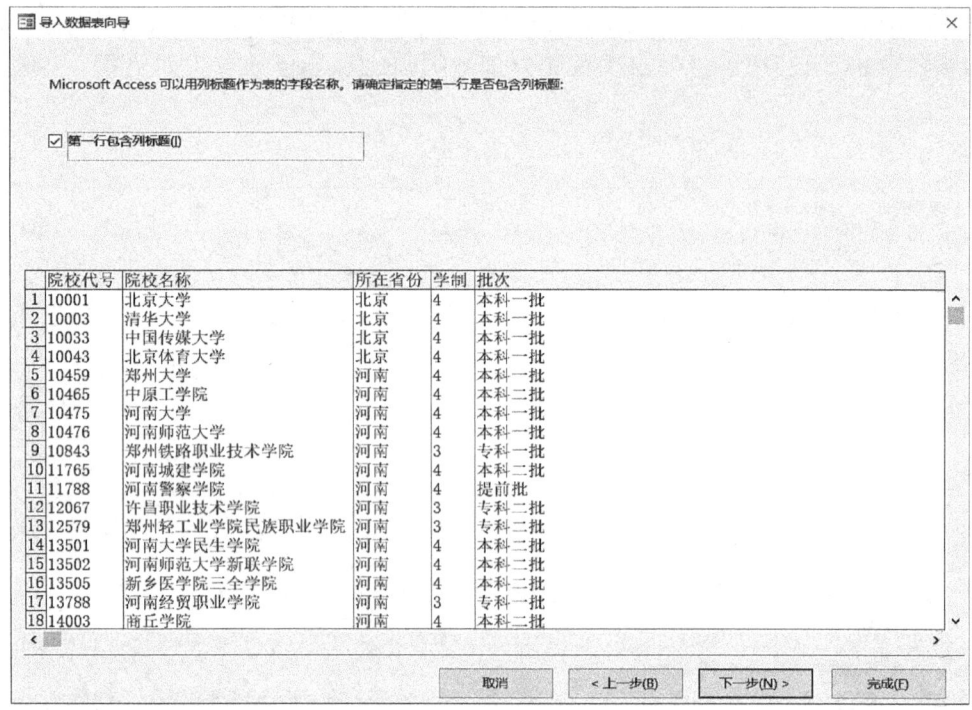

图2-44 导入数据对话框（1）

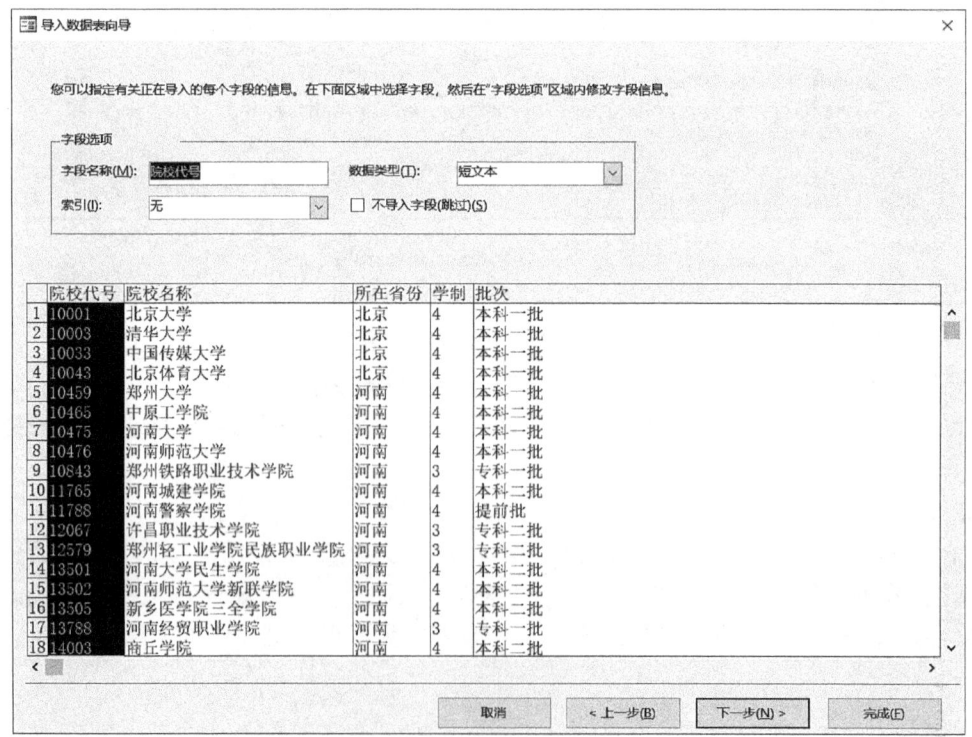

图2-45 导入数据对话框（2）

如果以默认设置导入工作表，导入完成后可能需要在 Access 中对新导入表的结构和内容作某些编辑设置。

2.7.2 数据的导出

为了数据库的安全性和数据共享，有时需要对数据库进行数据的导出操作。数据导出是将 Access 中的数据转换为其他格式的数据，以方便为其他应用程序所调用。

Access2016 可以导出的数据类型有多种，如 Access 数据库、Excel 电子表格、文本文件 XML 文件、PDF 或 XPS 文件、WORD 文件、SharePoint 列表等。单击"导出"选项组中的"其他"按钮，可以看到更多可导出的数据类型。

1. 导出为 Excel 表格

Excel 具有强大的数据运算和分析处理功能，可以将数据库中存储的数据导入到 Excel 中进行处理分析。

【例 2-17】将"高招考试系统"数据库中的"管理员表"导出到 Excel 中。

操作步骤如下。

① 打开"高招考试系统"数据库，在"导航窗格"中选定"管理员表"表，切换到"外部数据"选项卡，单击"导出"选项组中的"Excel"按钮。

② 在弹出的第一个如图 2-46 所示的"导出 -Excel 电子表格"对话框中，指定目标文件名："C:\Users\joylu\Documents\ 管理员表 .xlsx"（打开"文件格式"列表框，可以根据需要选择不同版本的 Excel 格式），单击"确定"按钮。

③ 弹出第二个"导出 -Excel 电子表格"对话框中，询问是否保存导出步骤，这里选择不保存，单击"关闭"按钮。

④ 启动 Excel2016，可以打开导出的"管理员表 .xlsx"进行查阅。

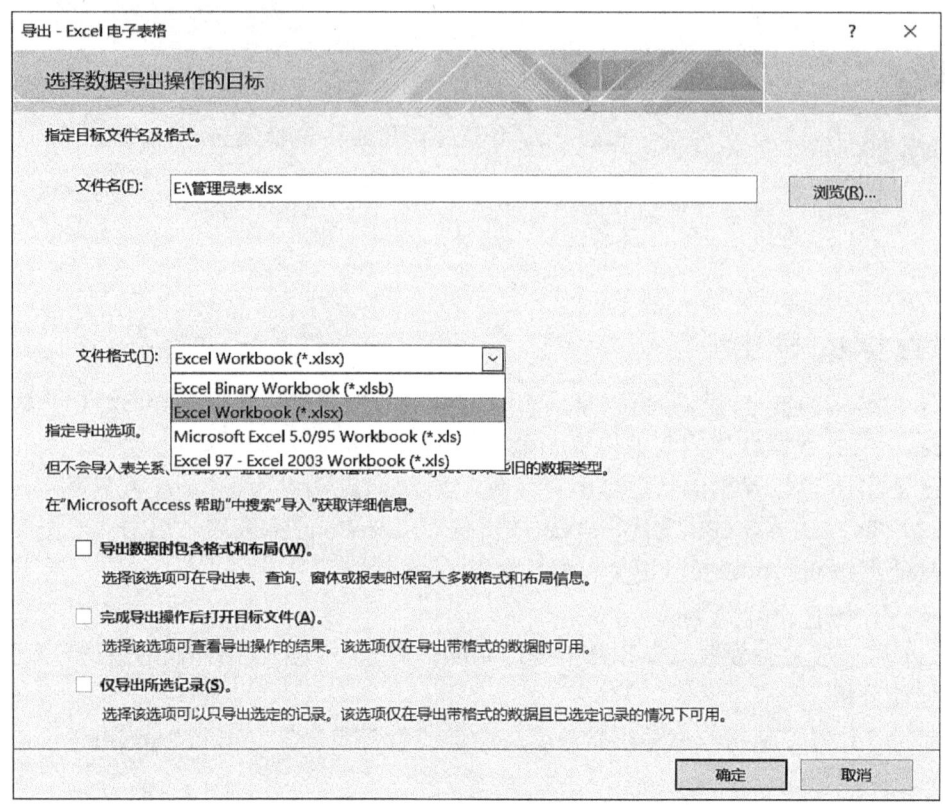

图2-46　导出-Excel电子表格

2. 导出为 PDF 文件

【例 2-18】将"高招考试系统"数据库中的"院校情况表"表导出为 PDF 文件。

操作步骤如下。

① 打开"高招考试系统"数据库，在导航窗格中选定"院校情况表"，切换到"外部数据"卡，单击"导出"选项组中的"PDF 或 XPS"按钮。

② 在弹出的如图 2-47 所示的"发布为 PDF 或 XPS"对话框中，指定目标文件的保存位置"桌面"和名称"院校情况表"，在"优化"选项中，选中复选框"发布后打开文件"和选项按"最小文件大小 (联机发布)"，单击"选项"按钮。

③ 在弹出的如图 2-48 所示的"选项"对话框中，范围选中"全部"，PDF 选项选中复选框"符合 (PDF/A) 标准"，单击"确定"按钮，返回"发布为 PDF 或 XPS"对话框，单击"发布"按钮。

④ 弹出"导出 -PDF"对话框，询问是否保存导出步骤，这里选择不保存，单击"关闭"按钮即可。

⑤ 导出的"院校情况表"将被打开。

第 2 章 表 73

图2-47 "发布为PDF或XPS"对话框

图2-48 "选项"对话框

2.8 本章知识点梳理

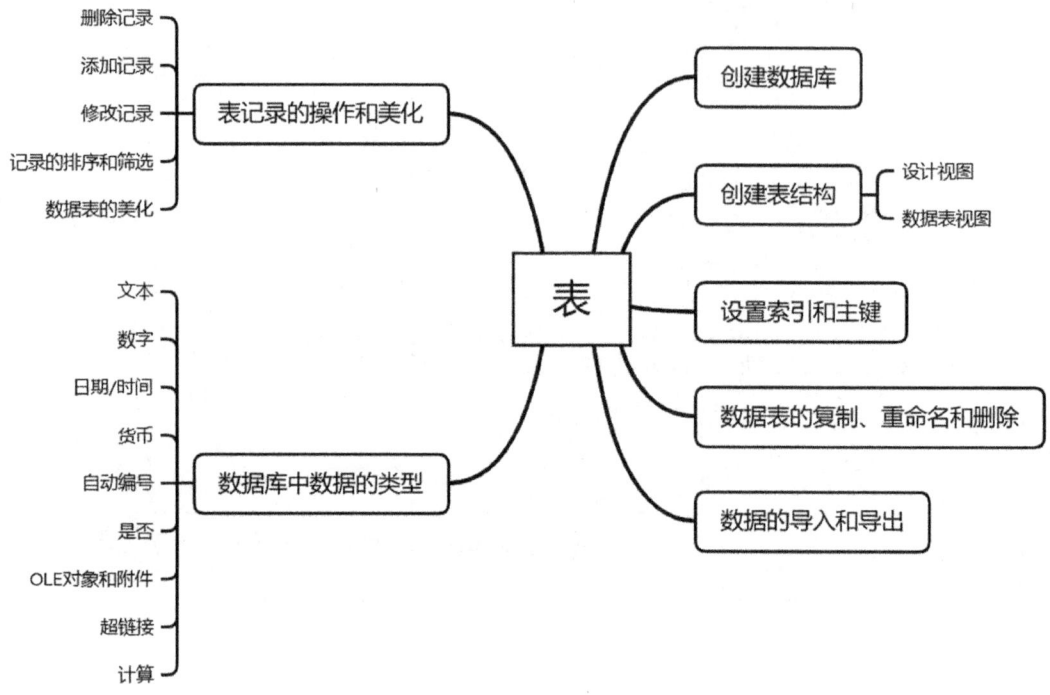

习题二

一、多选题

1. 创建表包含表结构的创建和表数据的录入，创建表结构就是（　　）。
   A. 创建数据库　　B. 设计表的字段　　C. 输入记录数据　　D. 设计记录规则

2. 在 Access2016 系统中，是 / 否数据类型的格式有（　　）。
   A. 是/否　　B. 真/假　　C. 开/关　　D. 对/错

3. 表设计视图分为上下两部分，上部为字段输入区，可分别输入（　　），下部为字段的属性区。
   A. 字段名称　　　　　　　　B. 选定字段的数据类型
   C. 字段的说明　　　　　　　D. 字段值

4. 如果要防止在表中输入非法数据，应当设置的属性有（　　）。
   A. 字段的有效性规则　　　　B. 字段的有效性文本
   C. 字段的掩码　　　　　　　D. 字段标题

5. 若输入掩码属性设置为"00LL"，则能够接收的输入是（　　）。
   A. 12NK　　B. GOOD　　C. BJ*8　　D. THA6

6. 表结构的修改操作包括（　　）。
   A. 添加字段　　B. 删除字段　　C. 修改字段　　D. 设置主键

7. 在数据表视图中，可以完成的操作有（　　）。
   A. 添加记录　　B. 删除记录　　C. 选择记录　　D. 修改记录

8. 在"高招考试系统"数据库的"考生基本信息"表中，如果要查找考生号中5-7位为"009"的学生，在"查找内容"框中应当输入（　　）。
   A. *009*　　B. ??##009*　　C. *009???　　D. ##??009?###???

9. 数据类型为（　　）字段不能排序。
   A. 备注　　B. 超链接　　C. OLE对象　　D. 数字型

10. Access 2016 提供了 4 种筛选记录的方法，分别是（　　）以及高级筛选。
    A. 按内容筛选　　B. 使用筛选器筛选　　C. 按窗体筛选　　D. 任意筛选

11. 在"高招考试系统"的"考生基本信息表"中，如果要筛选2001年出生的学生，在高级筛选/排序窗口中，"出生日期"字段的筛选条件应当设置为（　　）。
    A. Left([出生日期], 4)=2001　　　　B. >=1003-01-01 And <=2001-12-31
    C. Mid([出生日期], 1, 4)=2001　　　D. <=1998-01-01 And >=2001-01-01

12. 美化数据表时，包含的操作有（　　）。
    A. 改变字段显示次序　　　　B. 调整行高
    C. 调整列宽　　　　　　　　D. 设置数据表格式

13. 删除主表中的记录时，如果同步删除子表中的相关记录，在"编辑关系"时，必须选中（　　）复选框。

A. 实施参照完整性　　　　　　　B. 级联更新相关记录
C. 字段有效性规则　　　　　　　D. 级联删除相关记录

14. 将 Excel 数据导入到 Access 系统中，正确的叙述有（　　）。
A. 一次可导入工作簿的所有工作表　　B. 一次只能导入一个工作表
C. 只能导入到正在打开的数据库　　　D. 只能将打开的工作表导入

15. 在"高招考试系统"数据库的"高考成绩表"中，如果要筛选英语大于100分的记录，在高级筛选/排序窗口中，"英语"字段的筛选条件应当设置为（　　）。
A. 100　　　　B. =100　　　　C. >100　　　　D. >=100

二、填空题

1. Access 数据库文件的扩展名是＿＿＿＿＿＿。
2. 文本型字段默认大小为＿＿＿＿个字符，最多＿＿＿＿个字符。
3. 可以存储图像、动画或声音数据的字段类型是＿＿＿＿或＿＿＿＿。
4. 在设置字段的输入掩码属性时，如果要求必须输入一个 a～z 的字符，需要使用格式字符＿＿＿＿，如果必须输入一个数字字符，需要使用格式字符＿＿＿＿。
5. 某字段值为：前面3个阿拉伯数字后有一个*号，紧接着最少1位、最多3位小写英文字母，如：117*KT。该字段的输入掩码应当设置为＿＿＿＿。
6. 如果某文本型字段被设为主键，则其"允许空字符串"属性一定设为＿＿＿＿。
7. 在创建表间关系时，如果两个表中字段都是主键，则表间关系是＿＿＿＿关系；如果只有一个表中字段为主键，则表间关系是＿＿＿＿关系。
8. 在"高招考试系统"数据库的"考生基本信息"表中，如果要查找报名序号末位数字不是3或9的学生，"查找内容"框中应当填写＿＿＿＿。
9. 表中字段设置主键，可以保证表的＿＿＿＿完整性。
10. 在高级筛选时，同一行设置的筛选条件是＿＿＿＿逻辑关系，不同行设置的筛选条件是＿＿＿＿逻辑关系。

第 3 章   查询设计

在大多数情况下,数据表中的数据并不以特定的顺序显示,因此表中的数据对用户来说用处并不大。查询可以将各类数据汇集到一起,并以用户喜好的方式呈现出来,数据表中的数据就转换成了用户需要的信息。

3.1 初识查询

看到图 3-1,你是不是还记忆犹新,感触颇多。此时努力拼搏的青春马上就要结出成熟的果实,你的心情一定是非常忐忑不安的。零点一到,在期待和恐惧中,打开"高校招生考试服务平台",输入自己的考生号、证件号码等信息,点击"登录"就可以收获结出的果实。

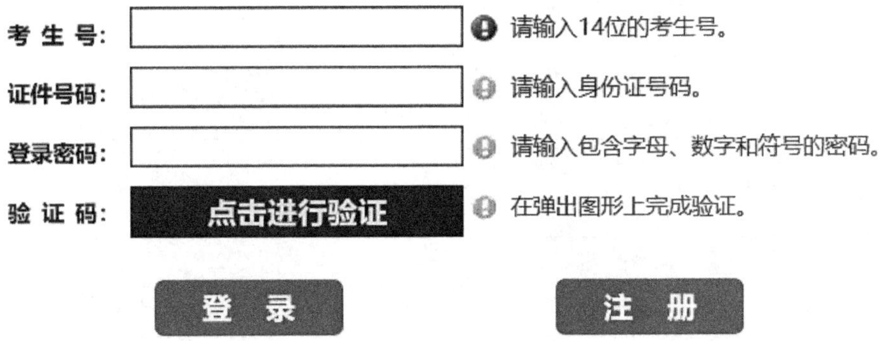

图3-1 高考成绩查询

高考成绩是如何查询出来的呢?图 3-2 为 2012 年 -2020 年全国历年高考报名人数的统计图。从图中可以看到 2020 年,高考人数达到 1071 万人,"高招考试系统"中就有 1071 万条成绩记录。在考生查询自己的高考成绩时,数据库管理系统如何从 1071 万条数据中,将考生的成绩查询出来呢?

在图 3-1 中有"考生号""证件号码"等信息,这些信息存储在"考生基本信息"表中。查询出来的结果中有"语文""数学"等各科目的成绩,这些成绩信息存储在"高考成绩表"中。在查询成绩时,数据库管理系统根据输入的"考生号"和"证件号码"信息,从"考生基本信息表"和"高考成绩表"中将数据抽取出来,按照规定的方式呈现出如图 3-3 的高考成绩。

图3-2　历年高考报名人数统计

姓名：XXX	
科目	成绩
语文	112
数学	116
外语	99
综合	213
听力	13
总分	553

图3-3　高考成绩图

数据库管理系统到底是如何把我的成绩查询出来的呢？

在"考生基本信息表"和"高考成绩表"表中都有"考生号"字段，根据此字段，运用联接运算将两个表中的数据联接成一个新的关系，然后数据库管理系统根据你登录时输入的"考生号"和"证件号码"等信息，将你的成绩给查找出来呈现给你，具体实现可以参考例3-1。

【例3-1】 查找考生号为"20130123112333"和"身份证号"为"1301232002090302××"的考生的成绩。

① 打开"高招考试系统"数据库,单击"创建"选项卡下"查询"组的"查询设计"按钮,打开查询设计视图,如图3-4所示。选择"表"选项卡,双击"考生基本信息表"和"高考成绩表",即可将表添加到表/查询显示窗口中,关闭显示表对话框。

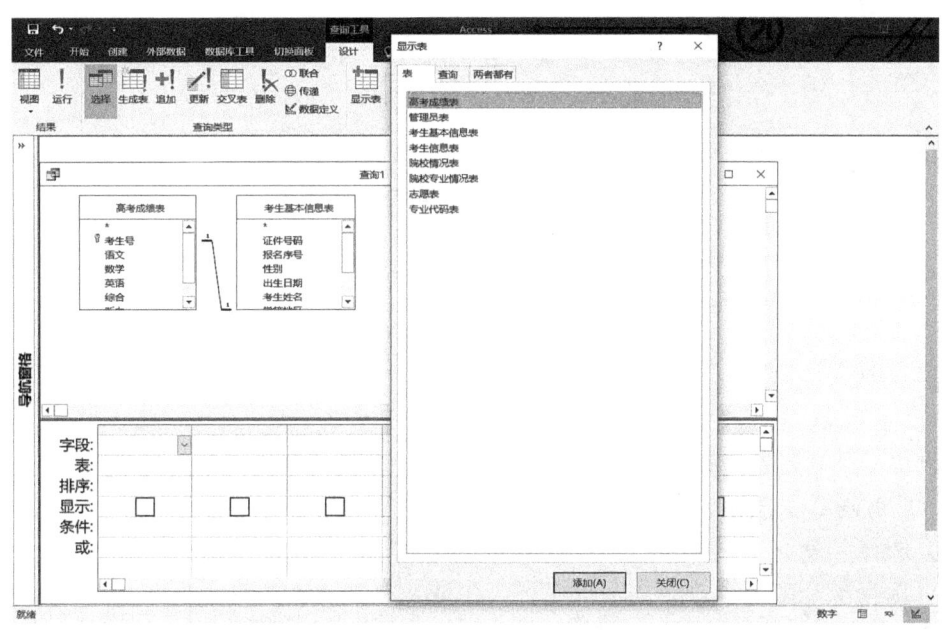

图3-4 查询设计视图和"显示表"对话框

② 依次双击"高考成绩表"的所有字段和"考生基本信息表"的证件号码字段,选择需要输出的字段。单击"考生号"对应的"条件"格,输入考生号"20130123112333",单击"证件号码"对应"条件"格,输入证件号码"1301232002090302××",设计结果如图3-5所示。

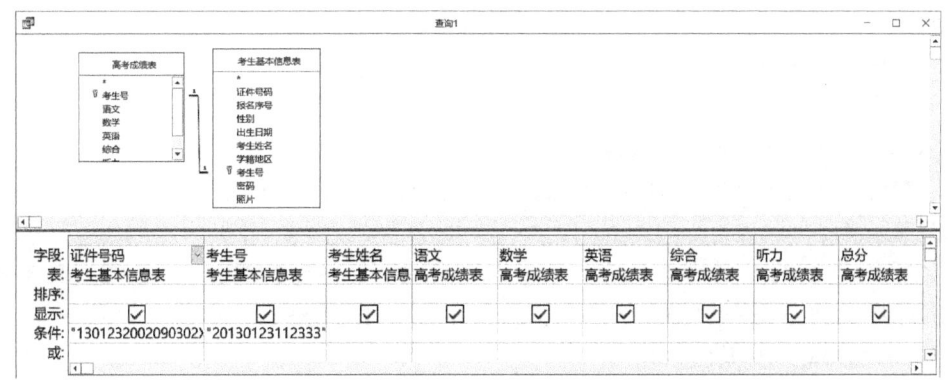

图3-5 【例3-1】查询设计视图设计

③ 单击"保存"按钮，出现"另存为"对话框，输入查询名称"高考成绩查询"，单击"确定"按钮。

④ 单击"视图"按钮或"运行"按钮，切换到数据表视图，显示查询结果，如图3-6所示。

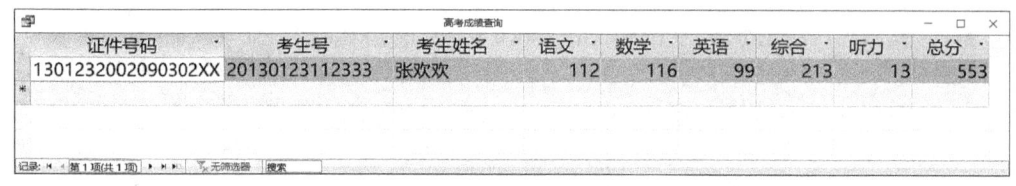

图3-6 【例3-1】查询结果

由【例3-1】可以看出，我们可以将多个表进行联接运算、筛选出满足条件的记录，那数据库还可以实现哪些功能呢？

3.1.1 查询概述

1. 查询功能

数据库中的查询非常灵活，你可以使用任何你能想象到的方式从数据表中获取有用信息，可以获取哪些信息呢？

（1）选择字段

可以选择一个或多个表中的需要字段，生成数据集。例如在【例3-1】中查询考生的高考成绩，选择两张表中与高考成绩相关的数据，输出给用户。

（2）选择记录

可以根据用户指定的查询条件，数据库系统返回满足条件的记录给用户。在【例3-1】中查询考生号为"201301231112333"和"身份证号"为"1301232002090302××"的考生的高考成绩。

（3）编辑记录

可以根据用户的需求，灵活地向表中添加记录、修改表中已有记录或删除不需要的记录。例如，考生在填报志愿的时候，会根据自己的高考成绩不停的修改填报的志愿信息，不需要的志愿信息要删除等。

（4）实现计算

可以对满足查询条件的记录建立各种计算。例如，统计2020年参加高考的男、女生的人数，统计各个省份或者全国高考成绩的最高分、最低分和平均分等。

（5）建立新表

可以根据查询的结果创建一个新表，只显示用户需要的数据。例如在"高招考试系统"数据库中，将某一考生填报的志愿信息显示在一张单独的表中。

（6）为窗体或报表提供数据

可以将窗体或报表的数据来源设置为基于查询创建的数据集，查询的结果是动态更新的，因此每次打开窗体或打印报表时，都可看到最新的数据。例如，查询某个考生的高考成绩，成绩结果就显示在一个窗体中。

（7）将某个查询用作其他查询的数据源

基于其他查询结果再创建查询，这样一个查询将基于前一个查询结果返回满足条件的数据。

2. 查询的类型

根据查询能够实现的功能，将查询分为以下 5 种类型。

（1）选择查询

选择查询是最简单的查询，它按照给定的条件，从一个或多个表中选择数据，并在指定的查询窗口中显示结果数据。在查询的执行过程中，不能修改源表中的数据，但可对记录做分组、排序、求平均值或汇总等分析操作。根据选择查询实现的功能可分为图 3-7 四种类型：

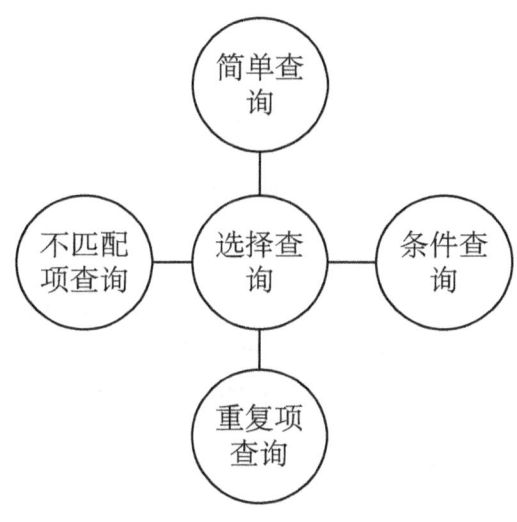

图3-7 选择查询分类

（2）参数查询

参数查询是通过设置查询参数实现查询，查询参数的个数可以是一个或多个。在执行参数查询时，会弹出一个或多个"输入参数"对话框，用户在"输入参数"对话框中输入想要查询数据的条件，系统根据输入的条件查询满足条件的记录。参数查询可根据用户的需求随时修改条件，提高了查询的灵活性。

（3）交叉表查询

交叉表查询可按某字段分组以重构表中的数据。表的左侧显示的字段称为行标题，表的顶端显示的字段称为列标题，行和列交叉的位置显示字段的总和、平均值、计数等汇总信息。

（4）操作查询

操作查询可以将满足条件的数据追加到已有表中、生成新表、更新表中数据和删除无效数据。使用操作查询，一次可以修改一个或多个记录，而选择查询在查询结果表中一次只能修改一条记录，在批量修改数据时，操作查询的效率更高。根据操作查询实现的功能又可分为图3-8四种：

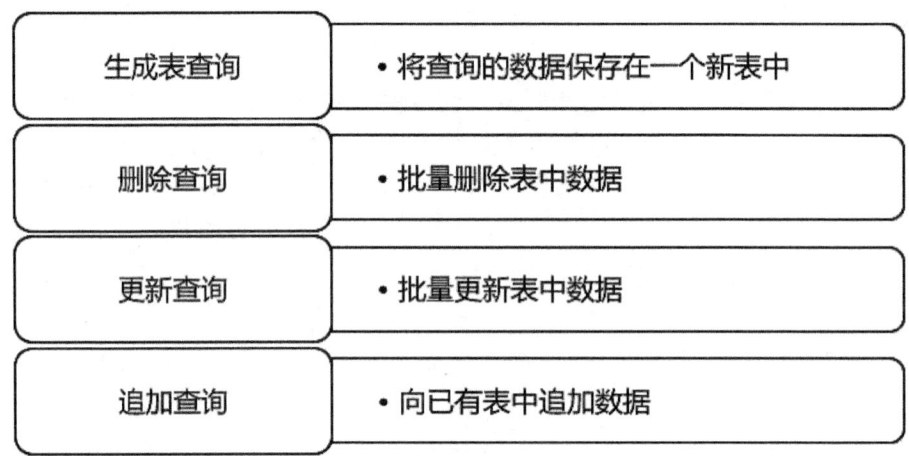

图3-8 操作查询

（5）SQL 查询

SQL（Structured Query Language），是一种通用且功能强大的结构化查询语言，具有数据查询、数据定义、数据操纵和数据控制功能，包括了对数据库的所有操作。根据 SQL 查询实现的功能又可分为联合查询、传递查询、数据定义查询和子查询。

原来查询可以实现这么多的功能啊，那我如何创建功能多样的查询呢？

3.1.2 查询条件

工欲善其事必先利其器，查询的类型较多、功能强大，如果要构建功能多样的查询，还需先修炼查询技能，即查询条件的设置。例如，例3-1中通过在查询设计视图设置条件将某一考生的高考成绩查询出来，而查询条件是通过输入表达式构造的，表达式的组成如图 3-9 所示。

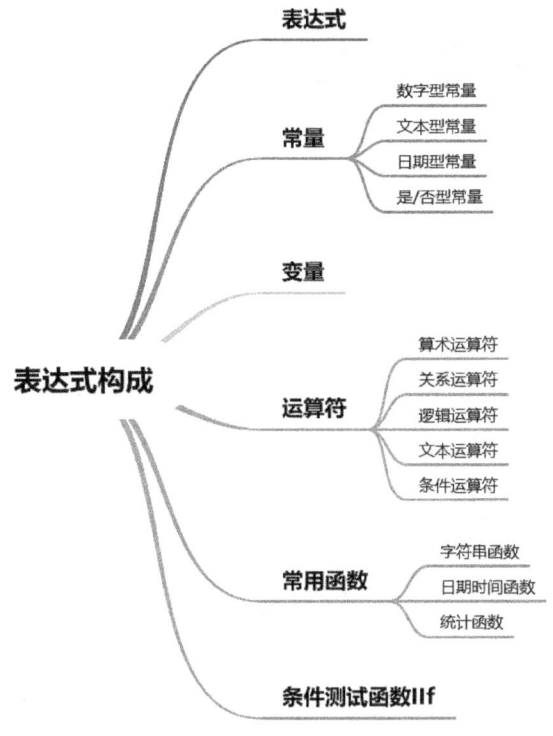

图3-9 表达式构成

接下来将具体介绍查询条件的表达式的构成。

1. 表达式

由运算符和操作数构成，可计算出结果的运算式，就称为表达式，而运算结果称为表达式的值。其中的运算符指可进行某种运算的符号，包括算术运算符、关系运算符、逻辑运算符、字符运算符等；操作数可以是常量、变量、函数，甚至是另一个表达式。

2. 常量和变量

常量指不会发生改变的值，按其类型不同有不同的表示方法，如表 3-1 所示。

表3–1 常量的用法

类型	表示方法	示例
数字型常量	直接输入数据	20，-20，20.21
文本型常量	直接输入或以西文的单/双引号为定界符	平语近人，"平语近人"
日期型常量	直接输入或者以"#"为定界符	2021-3-23，#2021-3-21#
是/否型常量	用系统定义的符号表示，只有两个可选项	Yes，No（或True，False或-1，0）

变量指运算过程中其值允许改变的量，而本章中用的变量一般都是字段变量，不论其类型如何，一般直接用字段名引用即可，如 [考生号]。如果需要指明该字段所属的数据表，则要在前面加上所在表的表名，如 [考生基本信息表].[考生号]。

3. 运算符

运算符可以用来进行数值运算、大小比较、文本字符串连接或创建复杂关系表达式，包括算术运算符、关系运算符、逻辑运算符、文本运算符和条件运算符。

（1）算术运算符

算术运算符用于执行数值型数据之间的加减乘除等运算，包括 7 种运算符，如表 3-2 所示。

表3–2　算术运算符

运算符	含义	示例
+	加法	8+3=11，-8+3=-5
-	减法	8-3=5，-8-3=-11
*	乘法	8*3=24，-8*3=-24
/	实数除法	8/3=2.7，-8/3=-2.7
\	整数除法	8\3=2，-8\3=-2
^	求幂	8^3=512，-8^3=-512
Mod	取模	8mod3=2，10mod3=1

（2）关系运算符

关系运算符用于比较两个同类型数据之间的大小关系，返回结果为逻辑值，即"真"和"假"（True 或 False），有 6 种基本的比较运算符，如表 3-3 所示。

表3–3　关系运算符

运算符	含义	示例	结果
>	大于	8>3	True
<	小于	8<3	False
>=	大于等于	"100" >= "99"	False
<=	小于等于	#2020-9-1#<=#2021-1-1#	True
=	等于	"the" = "then"	False
<>	不等于	"the" <> "then"	True

不同数据类型的比较遵循如下规则：

➢ 数值型数据按大小比较。

➢ 字符数据按照 ASCII 码比较大小，从第一个字符开始，自左向右逐个比较。若第一个字符相同，则比较第二个字符，依次类推，直到出现不同字符为止。

➢ 日期型数据的日期越早，其值就越小；日期越晚，其值越大。

（3）逻辑运算符

逻辑运算符（也称为布尔运算符），用于连接表达式中的多个条件，返回值也为逻辑值（True 或 False），常用的逻辑运算符有 Not（非）、And（与）、Or（或），其运算规则如

表 3-4 所示。

表3–4 逻辑运算符的运算规则

表达式A	表达式B	Not A	Not B	And	Or
T	T	F	F	T	T
T	F	F	T	F	T
F	T	T	F	F	T
F	F	T	T	F	F

例如，查找理科本科二批的上线记录，可将"总分"字段的条件设为：>=418And<=544。查找 700 分以上，300 以下的记录，可将"总分"字段的条件设为：>=700 Or <=300。

（4）文本运算符

Access2016 提供了三种字符串运算符 Like、Not Like 和 &，专门用于处理字符串数据类型，三种运算符的具体含义如表 3-5 所示。

表3–5 文本运算符说明

运算符	说明	举例
Like	用于将某字符串与指定的字符串比较，字符串可以使用通配符，通配符的具体用法请参照表2-6	在"考生基本信息表"中查找姓张的考生，可设置"考生姓名"字段的条件为：Like "张*"；查找姓张的考生，且名字为两个字符的考生，可设置"考生姓名"字段的条件为：Like "张?"；查找名字中带"宥"字的考生，可设置"考生姓名"字段的条件为：Like "*宥*"
Not Like	与Like运算符的用法相反，用于查找不匹配的字符串	查找不是姓张的考生，可设置"考生姓名"字段的条件为：Not Like "张*"
&	称为连接运算符，用于连接将两个字符串连接成一个字符串	"不忘" & "初心"结果为"不忘初心"，"20" & "20"结果为"2020"

（5）条件运算符

Access2016 提供了 3 个条件运算符 Between…And…、In 和 Is Null，具体含义如下所示：

Between…And…：用于确定某个字段的值是否在指定的数据范围内（包含边界值），这两个数据必须有相同的数据类型，返回结果为 True 或 False。例如查找理科本科二批的上线记录，也可将"总分"字段的条件设为：Between 418 And 544。又如，查找 2002 年出生的考生记录，可设置"出生日期"字段的条件为：Between #2002-1-1# And #2002-12-31#。

请注意：Between…And…运算符包含边界值，等价于 >= And <=。

In：用于判断某个字段的值是否与列表中的值相等。其格式为：In (值 1，值 2，值 3,…)，各值之间用西文逗号隔开。例如要查找高考省份为"河南""河北""湖南"的考生，可设置"高考省份"字段的条件为：In（"河南"，"河北"，"湖南"）。

Is Null：用于判断某个字段的值是否为空，Is Null 表示为空，Is Not Null 表示不为空。如，查找志愿表中，若要查找没有填报 5 个专业的记录，可将对应的专业字段如"专业5"的条件设置为：Is Null。

4. 常用函数

函数是用来实现某种特定操作或功能的一段程序，函数的返回值称为函数值。Access2016 提供了大量的标准函数，有字符串函数、日期时间函数和统计函数等，这些函数为更好地构造查询条件提供了方便。

函数调用的一般格式为：

函数名 ([参数 1]，[参数 2]，[参数 3]，…)

表3-6 常用字符串函数及功能

函数名	功能	示例	结果
Space(x)	返回包含x个空格的字符串	Space (30)	
Left(str，x)	返回字符串str的从左边第一个字符开始、长度为x字符串	Left ([考生姓名]，1) = "张"	查询考生姓名第一个字为"张"的记录
Right(str，x)	返回字符串str的从右边第一个字符开始、长度为x字符串	Right ([考生姓名]，1) = "阳"	查询考生姓名最后一个字为"阳"的记录
Len(str)	返回字符串str的字符个数	Len ([考生姓名])=2	查询考生姓名为2个字符的记录
Mid(str，x，y)	返回字符串str从x开始，长度为y的字符串	Mid ([证件号码]，7，4)=2001	查询2001年出生的考生信息
Ltrim(str)	删除字符串str左边的空格	Ltrim（"中国"）& "CHINA"	中国 CHINA
Rtrim(str)	删除字符串str右边的空格	Rtrim（"中国"）"CHINA"	中国CHINA
Trim(Str)	删除字符串str两边的空格	Trim（"中国"）"CHINA"	中国CHINA

表3-7 常用日期时间函数及功能

函数名	功能	示例	结果
Date( )	返回系统当前日期	Date()	2020-8-20
Now( )	返回系统当前日期和时间	Now()	2020-8-20 15:40:06
Time( )	返回系统当前时间	Time()	15:41:14
Year(date)	返回给定日期的年	Year(#2020-8-20#)	2020
Month(date)	返回给定日期的月	Month(#2020-8-20#)	8
Day(date)	返回给定日期的天	Day(#2020-8-20#)	20
Weekday(date)	返回给定日期是星期几	Weekday(2020-10-8)	7
Date Serial (year, month，day)	返回指定年、月和日的日期	DateSerial(2020,10,8)	2020-10-8

表3-8 常用统计函数

函数名	功能	参数	示例
Count(*)	统计记录个数	*	Count(*)
Count(表达式)	统计某列非空值个数	列名	Count([考生号])
Avg(表达式)	求某列（数字型）数据的平均值	列名	Avg([总分])
Sum(表达式)	求某列（数字型）数据的总和	列名	Sum([总分])
Min(表达式)	求某列数据中的最小值	列名	Min([总分])
Max(表达式)	求某列数据中的最大值	列名	Max([总分])

5. 条件测试函数 IIf

IIf 函数调用格式如下：

IIf（条件，表达式1，表达式2）

函数功能："条件"是一个逻辑表达式，当"条件"为 True 时，函数返回"表达式1"的值；当"条件"为 False 时，函数返回"表达式2"的值。"表达式1"和"表达式2"的数据类型可以相同，也可以不同。

上面介绍了常用运算符和函数在设置查询条件时的一些用法，运算符和函数组成的表达式在 Access 中非常有用，可以用于执行计算、操作字符等。表达式可以是以下全部或部分的组合：内置的或用户定义的函数、标识符、运算符和常量，每个表达式的计算结果均为确定值。

3.2 基础查询

3.2.1 选择查询

1. 简单查询

各省的招生办公室在高考前，会为每个考生制作准考证，准考证上只显示考生号、报名序号、姓名、性别、证件号码等信息，如何将这些信息批量筛选出来呢？可以用简单查询实现，具体如【例3-2】所示。

【例3-2】查询并显示"考生基本信息表"中考生的"考生号"、"报名序号"、"考生姓名"、"性别"、"证件号码"和"照片"信息。

① 打开"高招考试系统"数据库，单击"创建"选项卡中"查询"组中的"查询向导"按钮，弹出"新建查询"对话框，如图3-10所示。

② 单击选中"简单查询向导"，单击"确定"按钮，弹出"简单查询向导"第一个对话框。单击"表/查询"下拉列表框右边的下拉按钮，选择"考生基本信息表"，依次双

击"考生号"、"报名序号"、"考生姓名"、"性别"、"证件号码"和"照片",字段进入"选定字段"表,如图 3-11 所示。

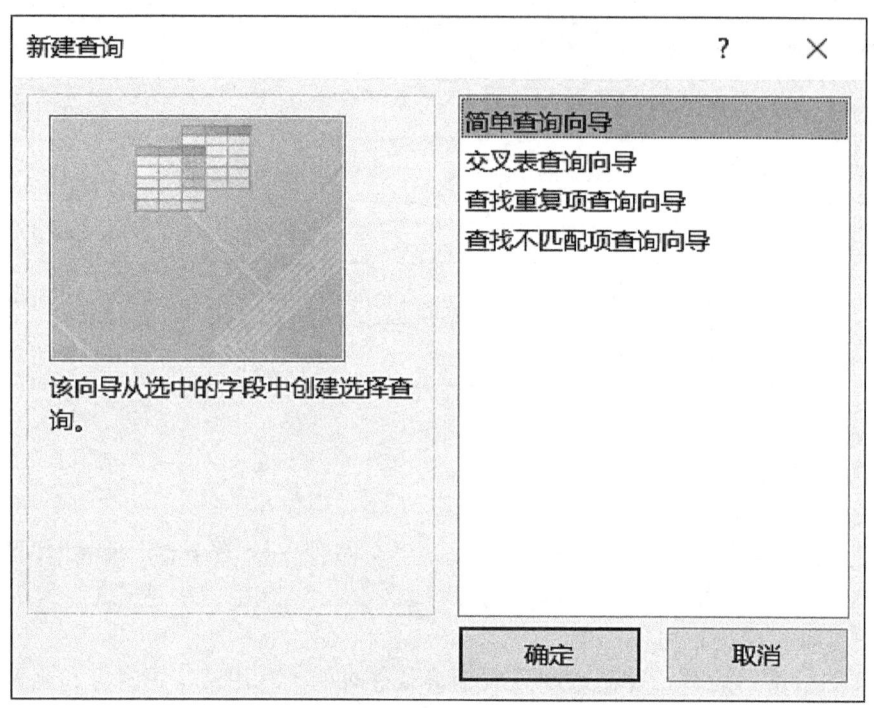

图3-10 "新建查询"对话框

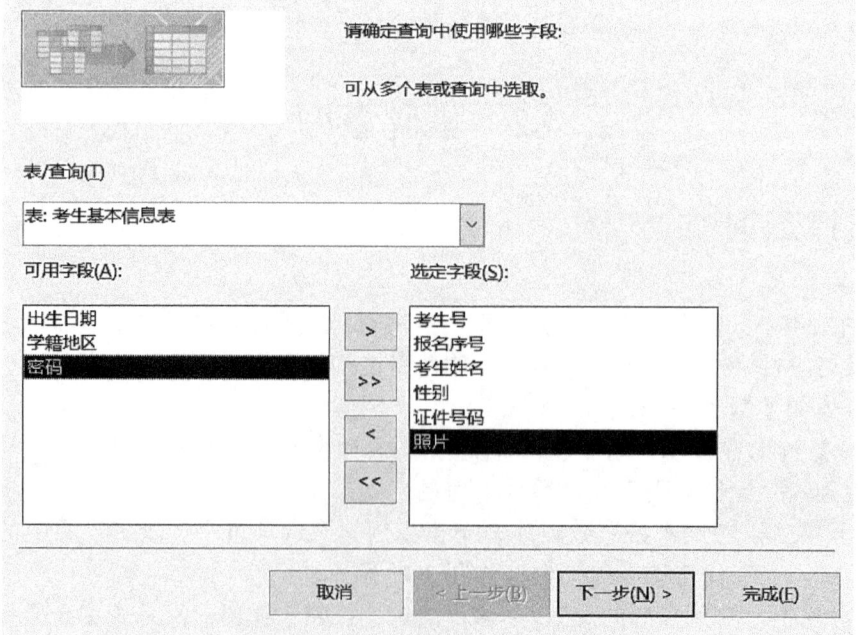

图3-11 "简单查询向导"对话框

在选择字段时，也可单击按钮 > ，一次选取一个字段；单击按钮 >> ，一次选取表中所有字段。单击按钮 < ，一次取消一个所选择的字段；单击按钮 << ，取消所选择的全部字段。

③ 单击"下一步"按钮，弹出"简单查询向导"的第二个对话框，选中"明细（显示每个记录的每个字段）"选项。

④ 单击"下一步"按钮，弹出"简单查询向导"的第三个对话框，在"请为查询指定标题"文本框中输入查询名称"准考证信息"。如果要打开查询查看结果，则选中"打开查询查看信息"选项；若要修改查询设计，则选择"修改查询设计"选项。本例选择"打开查询查看信息"选项。

需要注意，查询名称的命名规则与字段名称相同，不能使用前导空格、半角圆点、半角感叹号、半角方括号和重音符号，且不能与表名重名。

⑤ 单击"完成"按钮，开始创建查询，显示查询结果。

【例 3-2】采用"简单查询向导"的方法创建查询。

简单查询可从一个表或多个表中选择字段，如果是从多个表中选择字段的话，需要先建立表间关系。简单查询的功能简单，在查询的过程中不能设置任何条件，因此只作为建立查询的一般方法。

2. 查找重复项

中国文化博大精深，一字一文化，父母为了给孩子起个好听又吉利的名字绞尽脑汁、大费心思，但是重名率还是很高，你是不是也很好奇考生中有多少名字是相同的呢？

【例 3-3】查找"考生基本信息表"中重名的考生信息。

① 打开"高招考试系统"数据库，单击"创建"选项卡中"查询"组中的"查询向导"按钮，弹出"新建查询"对话框，选择"查找重复项查询向导"，单击"确定"按钮，打开"查找重复项查询向导"对话框。

② 在"查找重复项查询向导"对话框中选择"考生基本信息"表，如图 3-12 所示，单击"下一步"按钮。

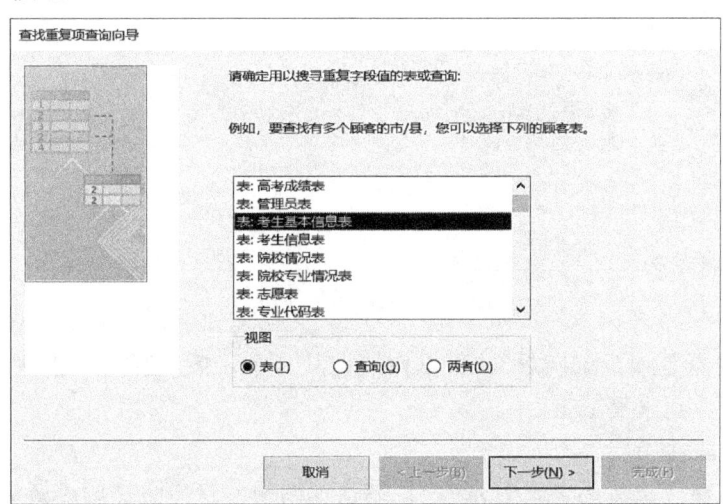

图3-12 "查找重复项查询向导"对话框一

③ 选择"考生姓名"字段为重复字段，数据库系统根据选择的字段对表中数据检索，如图 3-13 所示，单击"下一步"按钮。

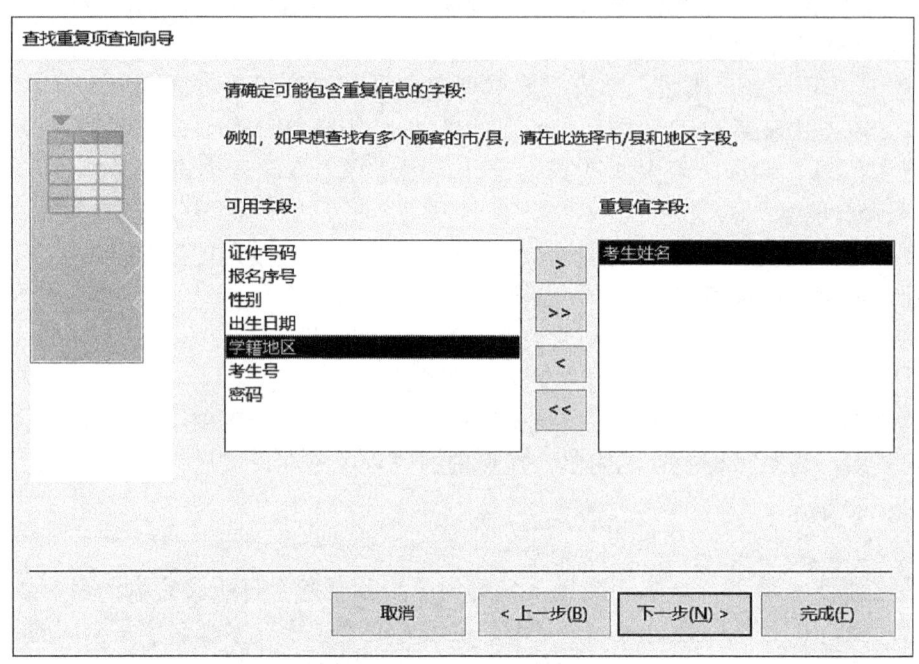

图3-13　"查找重复项查询向导"对话框二

④ 另外的查询字段，选择"考生号"、"报名序号"、"性别"和"证件号码"字段，单击"下一步"按钮。

⑤ 将查询命名为"重名学生名单"，保持系统默认的"查看结果"选项，单击"完成"，查询结果如图 3-14 所示。如果没有查询到同名的考生，会显示空的查询结果。

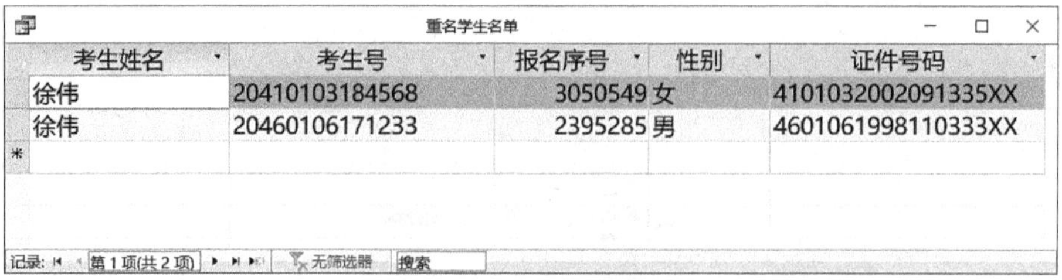

图3-14　查询重复项结果

利用"查找重复项查询向导"，可以快速地从一个表或者查询中查找到字段值重复的记录，方便用户检查重复数据。

3. 查找不匹配项

俗话说高考是"七分考，三分报"，根据自己的考分报考合适的志愿也是非常重要的。但是热门专业还是蜂拥而上，有一些专业却无人问津，因此为了补齐招生名额，还需二次补招，那如何查到哪些专业无人报考呢？

【例3-4】查找没有考生报考的专业信息。

① 打开"高招考试系统"数据库，单击"创建"选项卡中"查询"组中的"查询向导"按钮，弹出"新建查询"对话框，选择"查找不匹配项查询向导"，单击"确定"按钮，打开"查找不匹配项查询向导"对话框。

② 选择包含专业信息的表"专业代码表"，单击"下一步"按钮。

③ 选择"志愿表"，作为包含相关记录的表，单击"下一步"按钮。

④ 选择两个表的匹配字段，若两个表中的匹配字段为同名关系字段，系统会自动匹配。否则就要手动选择，选择"专业代码表"中的"专业代码"字段，选择"志愿表"中的"专业代码"字段，单击中间的匹配<=>按钮，在底部的"匹配字段"对话框中显示"专业代码 <=> 专业代码"，如图 3-15 所示，单击"下一步"按钮。

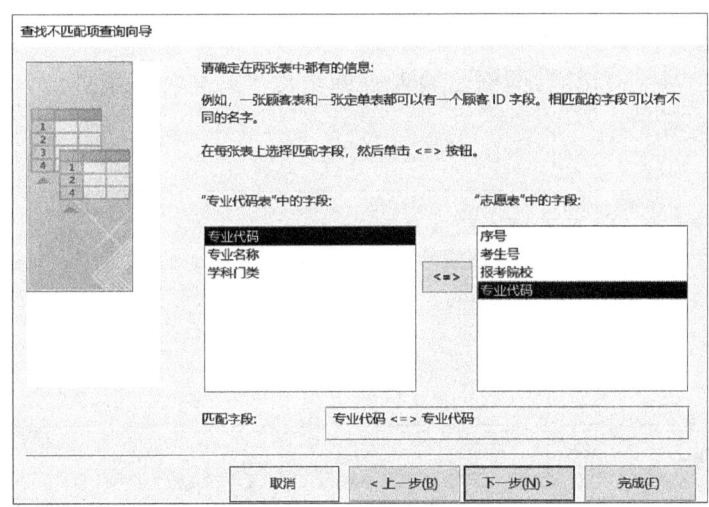

图3-15 查找不匹配项对话框

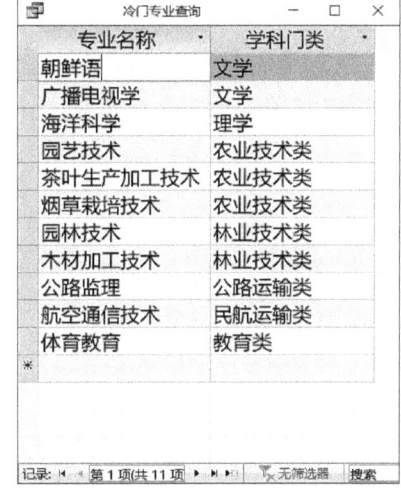

图3-16 【例3-4】查询结果

⑤ 选择在查询结果中显示的字段，本例选择"专业名称""学科门类"字段，单击"下一步"按钮。

⑥ 将查询命名为"未报考专业查询"，单击"完成"按钮，结果如图 3-16 所示。

利用"查找不匹配项查询向导"，通过对比两张具有关系的表的关联字段，查找一个表中有而另一个表中没有的记录，方便用户查漏补缺。

利用查询向导可以创建简单查询、查找重复项、查找不匹配项和交叉表查询。简单查询是指不包含查询条件的查询，可以从一张表或多张表中选择字段，若要从多张表中选择字段，需先建立表间关系。查找重复项用于筛选表中相同的记录或者是字段相同的值。查找不匹配项用于查找一个数据源对象和另一个数据源对象的某个字段值不匹配的记录，数据来源必须是两个。交叉表查询将在 3.4 节介绍。

利用查询向导创建查询简单方便，但是在查询的过程中不能设置查询条件，不能对其进行复杂的计算、汇总，比如查询 2020 年参加高考的考生中不满 18 岁的有多少人，超过 40 岁的又有多少人等。因此我们还需利用查询设计视图，在查询设计视图下能够创建复杂多变、功能更加强大的查询。

4. 设计视图创建查询

高考结束以后，各省招办的工作人员需要把所有考生的成绩查询出来，以方便宏观把控，制定各批次的分数线。

【例 3-5】利用设计视图，将所有考生的"证件号码"、"考生号"、"考生姓名"及各科成绩和总分查询出来，将此查询命名为"总高考成绩查询"。

① 打开"高招考试系统"数据库，单击"创建"选项卡下"查询"组中的"查询设计"按钮，打开查询设计视图和"显示表"对话框。选择"表"选项卡，双击"考生基本信息表"和"高考成绩表"，即可将表添加到表/查询显示窗口中，关闭显示表对话框。

② 依次双击"考生基本信息表"的"证件号码"、"考生号"、"考生姓名"和"高考成绩表"的所有字段，选择需要输出的字段。

③ 单击"保存"按钮，出现"另存为"对话框，输入查询名称"总高考成绩查询"，单击"确定"按钮，结果如图 3-17 所示。

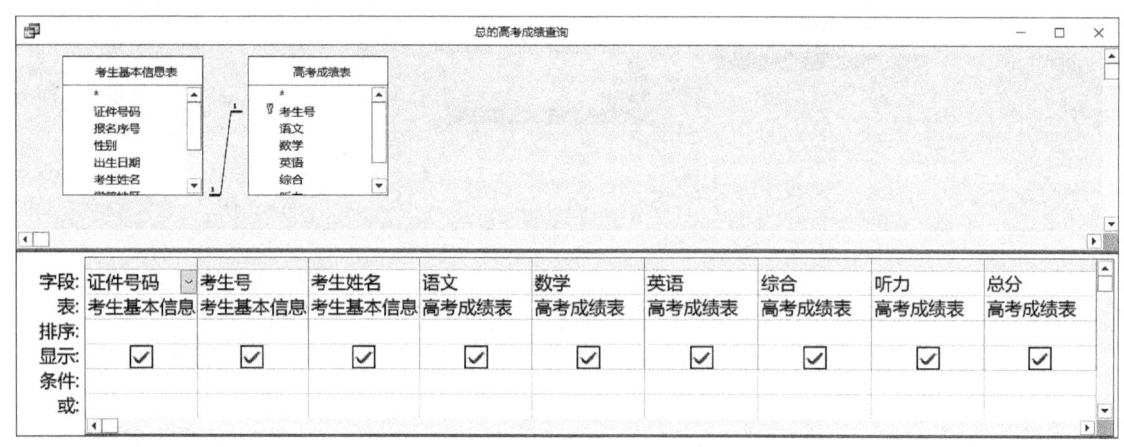

图3-17 查询设计视图

④ 单击"视图"按钮或"运行"按钮，在数据表视图中查看查询结果。

由例 3-5 可知，在 Access 中，单击"创建"选项下"查询"组中的"查询设计"按钮，打开如图 3-17 所示的查询设计器，显示两个窗口。下面的窗口是查询设计器，悬浮在上面的是"显示表"对话框，"显示表"对话框是模式化的，不可修改大小。以下对查询设计视图各部分功能做简要介绍。

（1）"显示表"对话框

"显示表"对话框包含三个选项"表"、"查询"和"两者都有"，用于显示数据库中的表和查询。添加表或查询的方法有两个：一是双击表名即可添加；二是选择需要添加的表名，单击对话框的"添加"按钮也可以添加。添加完成关闭"显示表"对话框即可。

若要向查询中添加其他表,需要再次打开"显示表"对话框,打开的方法有三种:一是可在查询设计器上半部分的任意位置右击,在打开的快捷菜单中选择"显示表";二是直接从"导航窗格"用左键单击不松开拖动到查询设计器的上半部分;三是单击功能区的"设计"选项卡"查询设置"组的"显示表"按钮。

从查询设计器中删除表有两种方法:一是左键选择相应的表,按"Delete"键删除;二是右击相应的表,从弹出的快捷菜单中选择"删除表"。

(2) 查询工具的设计选项卡

在查询设计视图下创建查询,会打开查询设计选项卡,很多用于生成和使用查询的按钮,表 3-9 对主要的按钮进行简单介绍,其余查询按钮用于创建更高级的查询。

表3-9 查询按钮功能介绍

按钮	功能
视图	用于在查询设计窗口中切换数据表视图和设计图,也可以显示查询之后的SQL语句
运行	用于显示选择查询的数据表,与从"视图"按钮中选择"数据表视图"具有相同的功能。但在使用动作查询时,"单击运行"按钮会执行查询指定的操作,如追加、生成表等
选择	查询默认为选择查询,在执行其他查询时,若单击"选择"按钮会将查询转换为选择查询
生成表、追加、更新、交叉表和删除	用于指定要创建操作查询的类型
显示表	打开"显示表"对话框
汇总	用于创建计算查询,单击"汇总"按钮,查询设计网格增加"总计"行
属性表	用于设置查询或字段属性。先单击表/查询显示窗口的空白区域,再单击"属性"按钮,显示"查询属性"对话框。先单击查询设计网格中的字段,再单击"属性",显示"字段属性"对话框,可设置字段属性

(3) 查询设计器

查询设计器由两部分组成,如下所述。

上半部分为表/查询显示窗口,主要用来添加或删除数据源对象,包括表或查询及其对应的字段列表。若表或查询的字段太多不能完全显示时,可将鼠标移动到边缘当变成白色的双向箭头 ⇔ 左键单击不松开,拖动可调整其大小。

下半部分为查询设计网格窗口,又称为 QBE 网格(Query By Example),主要用来保存查询所涉及的字段名以及用于选择记录的条件。QBE 网格由若干行组成,每行包含一个查询字段的相关信息,列时查询的字段列表。QBE 网格行的功能见表 3-10。

表3-10　查询设计网格功能

行名称	作用
字段	显示添加的字段或计算字段
表	字段所在的表名或查询名称
排序	指定输出记录的排序方式，可指定一个字段，也可指定多个字段
显示	指定该列字段是否在查询结果中显示，选中则显示，否则不显示
条件	设置查询条件，满足条件的记录才会在查询结果中显示
或	设置查询条件为"或"关系的条件，不同行设置的条件为或关系
空行	用于放置更多的查询条件

（4）字段操作

① 添加字段

可通过多种方式向查询中添加字段，可以一次添加一个字段，也可以一次添加多个字段，或者将所有字段添加到查询中。

添加单个字段的方法有三种：一是双击单个字段，按照双击次序，字段在 QBE 窗格中从左至右排列；二是单击"字段"行中的设计网格，再单击设计网格右边的下拉按钮，从下拉列表中选择"表名字段名称"，字段名称出现在"字段"行，表名出现在"表"行；三是按住鼠标左键拖动字段，可将单个字段放在"字段"行的设计网格。

添加多个字段的方法有三种：一是拖动星号标记"*"，可将表或查询中的所有字段放在"字段"行的设计网格；二是双击表或查询的标题栏，选择所有字段，按住鼠标左键拖动，也可将所有字段放在"字段"行的设计网格；三是按住"Ctrl 键"单击选择字段，再按住鼠标左键拖动，可将部分字段放在"字段"行的设计网格。

② 删除字段

在 QBE 窗格中，将鼠标指针指向"字段"行上面的字段选定器，待指针形状变为向下箭头↓时，单击鼠标左键选择一个字段；按住鼠标左键水平拖动，可选择多个字段。选择字段后按"Delete"键，或选择"开始"菜单中"记录"组的"删除"，或选择"设计"选项卡下"查询设置"组"删除列"命令，可从设计网格中删除一个或多个字段。

③ 移动字段

字段在 QBE 窗格中从左到右的显示顺序决定了它们在数据表视图中的显示顺序，直接影响记录的排序和分组，因此可以根据需要改变其在查询设计视图中的先后顺序。具体操作方法是选择一个字段，将鼠标指针指向字段选定器，待指针形状变为"✥"时，按住鼠标左键水平拖动，可以移动字段，改变字段的排列顺序。

④ 改变列宽

在查询设计视图中，如果因设计网格中的内容过长而无法完全显示，可以改变列宽。改变列宽的方法是将鼠标指针指向字段选定器的列分隔线，待指针形状变为水平双向箭头时，按住左键水平拖动，可以改变字段的列宽。

对查询设计视图有了深入的了解之后，你是不是已经跃跃欲试啦，接下来我们就来学习如何根据学到的知识，创建各种复杂的查询，方便日后的工作和学习吧！

3.2.2 条件查询

高考成绩出来以后，各省招办就该划定高考各个批次的录取分数线了，录取分数线是如何划定的呢？首先想到的当然是先把不同批次的考生记录找出来，因此我们接下来学习如何根据不同的条件筛选符合用户需求的记录。

【例 3-6】查询 600 分以上的考生记录，包括"证件号码"、"考生号"、"考生姓名"及各科成绩和总分信息，查询命名为"600 分以上考生"。

① 打开"高招考试系统"数据库，单击"创建"选项卡下"查询"组的"查询设计"按钮，打开查询设计视图和"显示表"对话框。选择"表"选项卡，双击"考生基本信息表"和"高考成绩表"，即可将表添加到表/查询显示窗口中，关闭显示表对话框。

② 依次双击"考生基本信息表"的"证件号码"、"考生号"、"考生姓名"和"高考成绩表"的所有字段，选择需要输出的字段。

③ 在"条件"行中的"总分"字段的设计网格中，输入条件">600"。

④ 单击"保存"按钮，出现"另存为"对话框，输入查询名称"600 分以上考生"，单击"确定"按钮，如图 3-18 所示。

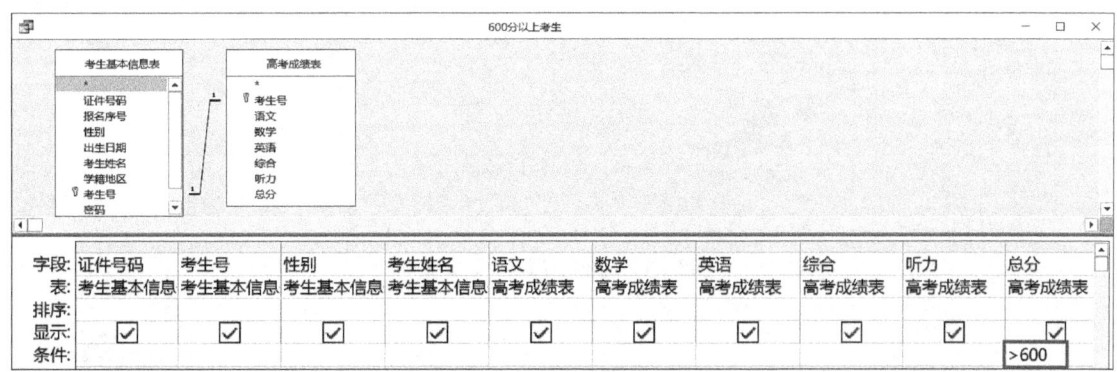

图3-18　【例3-6】查询设计视图

⑤ 单击"视图"按钮或"运行"按钮，在数据表视图中查看查询结果，如图 3-19 所示。

96 Access 数据库基础与应用

证件号码	考生号	性别	考生姓名	语文	数学	英语	综合	听力	总分
230421200101933XX	20230421151233	女	赵子涵	121	129	109	257	21	637
410302200109613XX	20410302144568	女	闫乃雪	123	129	108	253	21	634
411002200103812XX	20411002154568	女	王梦欣	135	146	117	279	27	704
411402000061812XX	20411402114568	女	陈笑雨	129	133	115	259	25	661
412724200107823XX	20411414111233	女	张文嫣	137	142	118	263	26	686
610111200204143XX	20610111154568	男	张展	126	139	111	271	24	671

图3-19 【例3-6】查询结果

【例 3-7】查询 500~600 分之间（包含 500 和 600）的考生记录，包括"证件号码"、"考生号"、"考生姓名"及各科成绩和总分信息，记录按总分降序排列，查询命名为"500~600 分考生"。

① 打开"高招考试系统"数据库，单击"创建"选项卡下"查询"组的"查询设计"按钮，打开查询设计视图和"显示表"对话框。选择"表"选项卡，双击"考生基本信息表"和"高考成绩表"，即可将表添加到表/查询显示窗口中，关闭显示表对话框。

② 依次双击"考生基本信息表"的"证件号码"、"考生号"、"考生姓名"和"高考成绩表"的所有字段，选择需要输出的字段。

③ 单击"排序"行中的"总分"字段的设计网格，选择"降序"排列，在"条件"行中的"总分"字段的设计网格中，输入条件"Between 500 And 600"。

④ 单击"视图"按钮或"运行"按钮，在数据表视图中查看查询结果如图 3-20 所示。

证件号码	考生号	考生姓名	语文	数学	英语	综合	听力	总分
130123200209030XX	20130123112333	张欢欢	112	116	99	213	13	553
210103200106063XX	20210103112899	胡达	105	107	91	196	12	511
330122200105062XX	20330122114568	石鹏飞	119	113	104	226	19	581
335012220026015XX	20350122154568	严烨	116	123	102	212	18	571
411303200106293XX	20411303174568	王婧	110	116	98	197	16	537

图3-20 【例3-7】查询结果

思考：例 3-7 中，条件 500~600 之间（包括 500 和 600），除了例题中给的表达方式，还有别的表达方式吗？

【例3-8】根据"总的高考成绩查询",查询700分以上、300分以下的考生记录。

① 单击"创建"选项卡下"查询"组的"查询设计"按钮,打开查询设计视图和"显示表"对话框。选择"查询"选项卡,双击"总的高考成绩查询",即可将表添加到表/查询显示窗口中,关闭显示表对话框。

② 依次双击"高考成绩查询"的所有字段,选择需要输出的字段。

③ 在"条件"行中的"总分"字段的设计网格中,输入条件"<300 Or >700"。

④ 单击"视图"按钮或"运行"按钮,在数据表视图中查看查询结果,如图3-21所示。

证件号码	考生号	性别	考生姓名	语文	数学	英语	综合	听力	总分
4102041999070601XX	20410204182336	女	莫智豪	68	59	53	98	7	285
4110022001031812XX	20411002154568	女	王梦欣	135	146	117	279	27	704
4301112001121805XX	20430111137891	男	朱墨莎	58	61	63	88	7	277

图3-21 【例3-8】查询结果

请大家对以上例子总结一下,创建查询时都需要设置哪些内容呢?
数据来源(添加表或查询)
输出字段(设计网格显示字段)
查询条件(满足用户需求的数据输出)
还有一点要记住,查询结果是动态的,我们再来看一个例子吧!

【例3-9】查询2001年出生的、成绩在500~600之间(包括500和600)的女生的"考生号"、"考生姓名"和"总分"信息,总分按降序排列。

① 单击"创建"选项卡下"查询"组的"查询设计"按钮,打开查询设计视图和"显示表"对话框。选择"表"选项卡,双击"考生基本信息表"和"高考成绩表",将表添加到表/查询显示窗口中,关闭显示表对话框。

② 依次双击"考生基本信息表"的"考生号"、"考生姓名"、"性别"、"出生日期"和"高考成绩表"的"总分"字段,选择需要输出的字段。

③ 单击"排序"行中的"总分"字段的设计网格,选择"降序"排列;在"条件"行中的"总分"字段的设计网格中,输入条件">=500 And <=600";在"条件"行中的"出生日期"字段的设计网格中,输入下面其中一个条件:

Between #2001/1/1# And #2001/12/31#

>=#2001/1/1# And <=#2001/12/31#

Year([出生日期])=2001

Left([出生日期],4)=2001

Mid([出生日期],4)=2001

Like"2001*"

④ 取消"显示"行中的"性别"和"出生日期"字段的显示复选框,设计结果如图3-22所示。

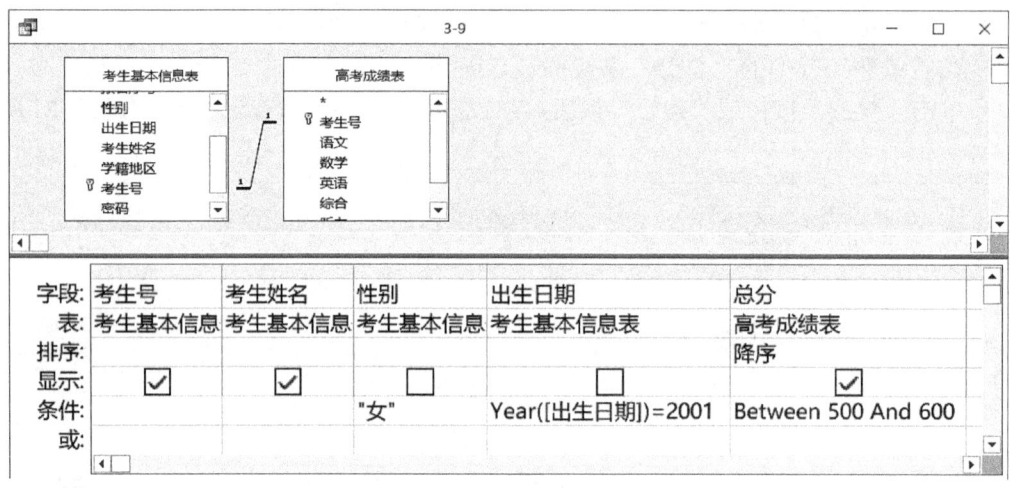

图3-22　【例3-9】查询设计视图

⑤ 单击"视图"按钮或"运行"按钮,在数据表视图中查看查询结果,如图3-23所示。

通过以上的查询,可以看到通过设置各种各样的查询条件,能从一个或多个表,甚至是查询中筛选出符合用户需求的记录,而其中的条件用于从数据库中提取数据时的筛选规则。

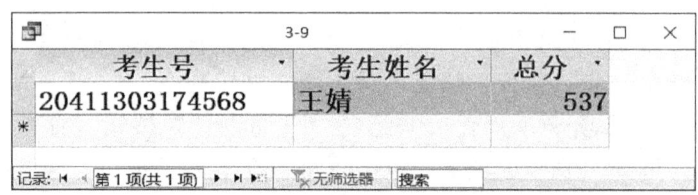

图3-23　【例3-9】查询结果

我已经学会了如何从数据库中将各分数段的考生筛选出来,但是我还是无法确定各批次的分数线啊!

3.2.3 计算查询

学会了条件查询以后，我们就可以基于各种条件查询对获得的数据进行统计分析了。在统计分析的过程中，我们需要的数据可能需要经过计算才能得到，甚至是数据库中没有我们需要的数据，因此我们就需要增加一个新字段，保存这个数据。

1. 增加字段

【例 3-10】计算参加高考的考生年龄，输出"考生号"、"考生姓名"和"年龄"字段。

在此例中，数据库中没有"年龄"字段，怎么办呢？可以增加计算字段，计算字段是在查询中定义的字段，用于显示表达式的结果而不是存储的数据，因此当表达式中的值改变时，重新计算该字段的值。

创建计算字段的方法是在 QBE 窗格的"字段行中直接输入计算字段及其计算表达式"规则为："计算字段名：表达式"，计算字段名和表达式间用英文半角的"："分割，表达式可以使用常量、变量、运算符和函数等。此例的创建步骤如下：

① 单击"创建"选项卡下"查询"组的"查询设计"按钮，打开查询设计视图和"显示表"对话框。选择"表"选项卡，双击"考生基本信息"，将表添加到表/查询显示窗口中，关闭显示表对话框。

② 依次双击"考生基本信息表"的"考生号""考生姓名"字段。

③ 单击"字段"行"考生姓名"后的设计网格，输入"年龄:Year(Date())-Year([出生日期])"，添加一个计算年龄的字段，如图 3-24 所示。

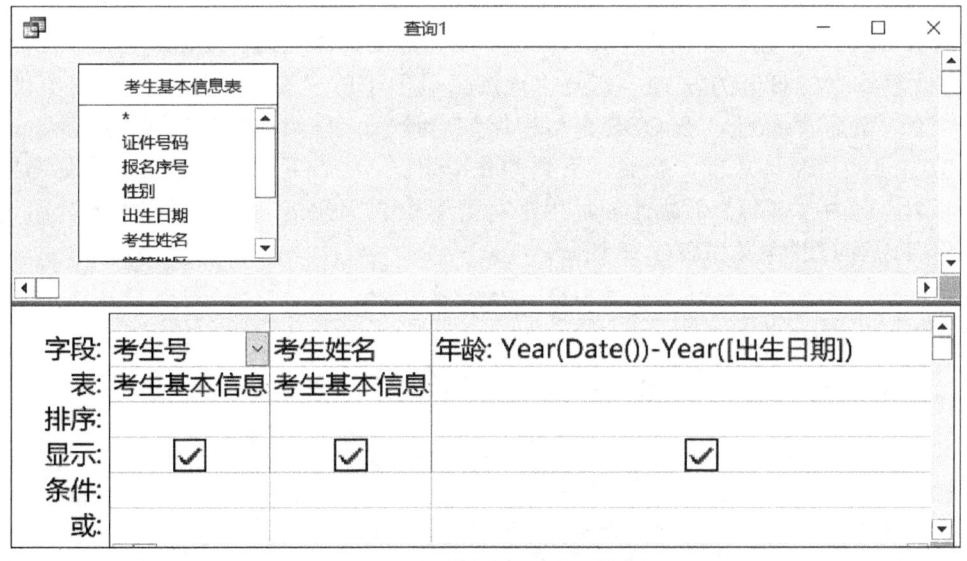

图3-24 【例3-10】查询设计视图

④ 单击"视图"按钮或"运行"按钮，在数据表视图中查看查询结果，如图 3-25 所示。

100　Access 数据库基础与应用

考生号	考生姓名	年龄
20130123112333	张欢欢	19
20140223134568	崔星阳	21
20210103112899	胡达	20
20230421151233	赵子涵	21
20330122114568	石鹏飞	20
20350122154568	严烨	19
20410103184568	徐伟	19
20410204182336	莫智豪	22
20410302144568	闫乃雪	20
20410505154568	李豫琪	22
20411002154568	王梦欣	20
20411303174568	王婧	20
20411402114568	陈笑雨	21
20411414111233	张文嫣	20
20411523154568	岳洋	20
20420117114568	吴超凡	19
20430111137891	朱墨莎	20
20460106171233	徐伟	23
20610111154568	张展	19
20632224114568	常浩天	20

图 3-25　【例 3-10】查询结果

学会了在输出结果中增加字段，我们就可以对数据进行各种计算了。Access 2016 提供的"总计查询"功能，在分组的情况下，完成一定的计算查询。

"总计查询"的打开方法为，打开"查询工具"下的"设计"选项卡，单击"显示/隐藏"组的"汇总"按钮，在 QBE 窗格中增加总计行。总计行默认选项是"Group By"，选择对应字段的"总计"行，会显示下列列表按钮 ，单击下拉列表可根据实际需要总计选项。下拉列表中共有 12 个总计项，用来对查询中的全部记录、一条或多条分组记录进行计算，各总计行的含义如表 3-11 所示。

表 3-11　总计选项的含义

选项名称	选项含义
Group By	设置分组字段，并按分组执行计算
合计	计算指定字段或分组中所有记录的合计值
平均值	计算指定字段或分组中所有记录的平均值
最小值	计算指定字段或分组中所有记录的最小值
最大值	计算指定字段或分组中所有记录的最大值
计数	计算指定字段或分组中所有记录的个数
StDev（标准差）	计算指定字段或分组中所有记录的标准偏差
变量	计算指定字段或分组中所有值与组平均值的差量

选项名称	选项含义
First	返回指定字段或分组中的第一条记录的值
Last	返回指定字段或分组中的最后一条记录的值
Expression	创建表达式中包含统计函数的计算字段
Where	设置查询要满足的条件

2. 基本计算

基本计算包括合计、计数、求平均值、最小值和最大值等常用计算。

【例 3-11】计算 2020 年参加高考的人数及总分的平均分、最低分和最高分。

① 单击"创建"选项卡下"查询"组的"查询设计"按钮,打开查询设计视图,添加"高考成绩表"。

② 在设计网格中添加"考生号"、添加三次"总分"字段。

③ 打开"查询工具"下的"设计"选项卡,单击"显示/隐藏"组的"汇总"按钮,在设计窗格中增加"总计"行。在"总计"行,将"考生号"的总计行选项设置为"计数",同样操作,分别设置"总分"字段为"平均值"、"最小值"和"最大值"。

④ 在"字段"行中,分别单击"考生号"和"总分"字段的设计网格,修改列名。"考生号"网格修改为"人数:考生号",三个"总分"网格分别修改为"平均分:总分"、"最低分:总分"、"最高分:总分",如图 3-26 所示。

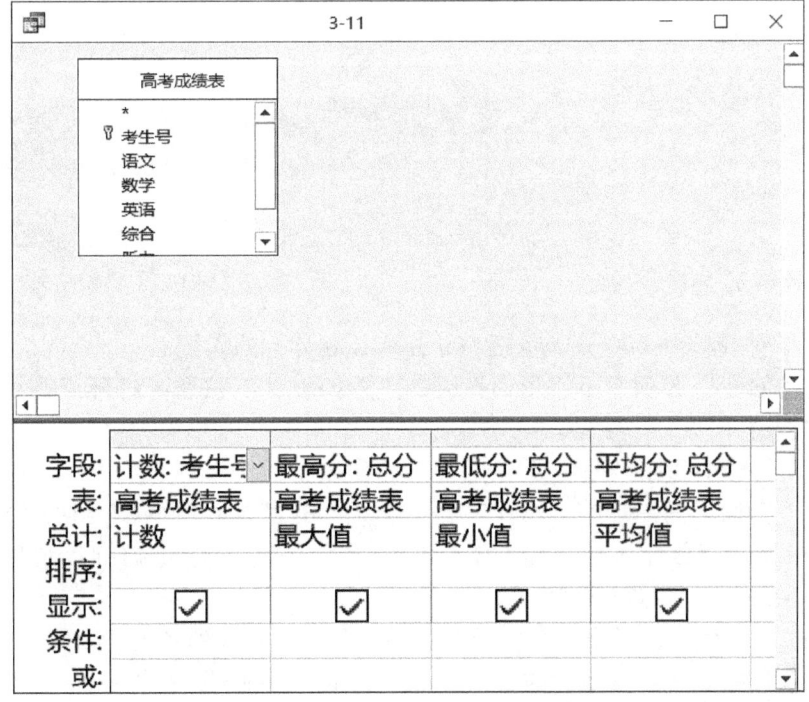

图3-26　【例3-11】查询设计视图

⑤ 选择"平均分"字段，单击"设计"选项卡"显示/隐藏"组的"属性表"，打开"属性表"对话框，将"格式"设置为"固定"，"小数位数"设置为"2"，平均分将保留2位小数，设置结果如图3-27所示。

⑥ 保存查询，单击"运行"或"视图"按钮，显示查询结果，查询结果如图3-28所示。

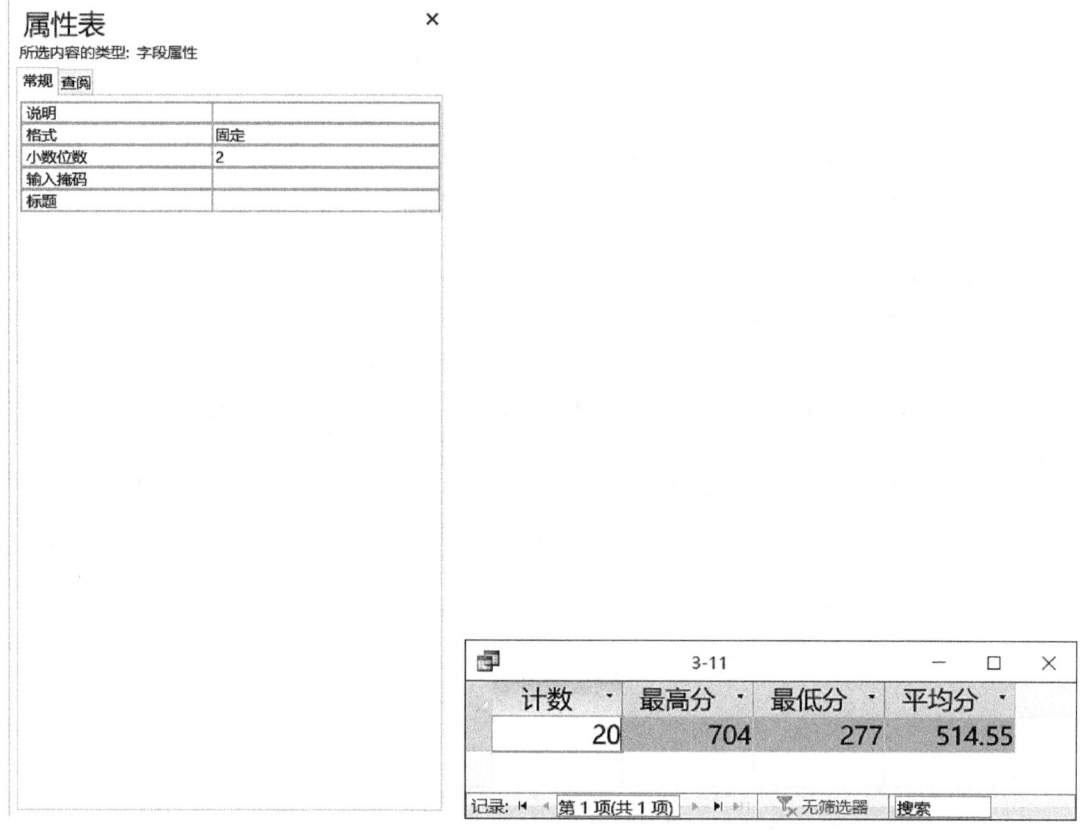

图3-27　属性表　　　　　　　　图3-28　【例3-11】查询结果

【例3-12】计算500~600分（包括500分和600分）的人数。

① 单击"创建"选项卡下"查询"组的"查询设计"按钮，打开查询设计视图，添加"高考成绩表"。

② 在设计网格中添加"考生号""总分"字段。

③ 打开"查询工具"下的"设计"选项卡，单击"显示/隐藏"组的"汇总"按钮，在设计窗格中增加"总计"行。在"总计"行，将"考生号"的总计行选项设置为"计数"，"总分"的总计行设置为"Where"。

④ 在"字段"行中，单击"考生号"的设计网格，修改列名为"人数：考生号"。

⑤ 在"条件"行中，单击"总分"的设计网格，条件设为">=500 And <=600"。结果如图3-29所示。

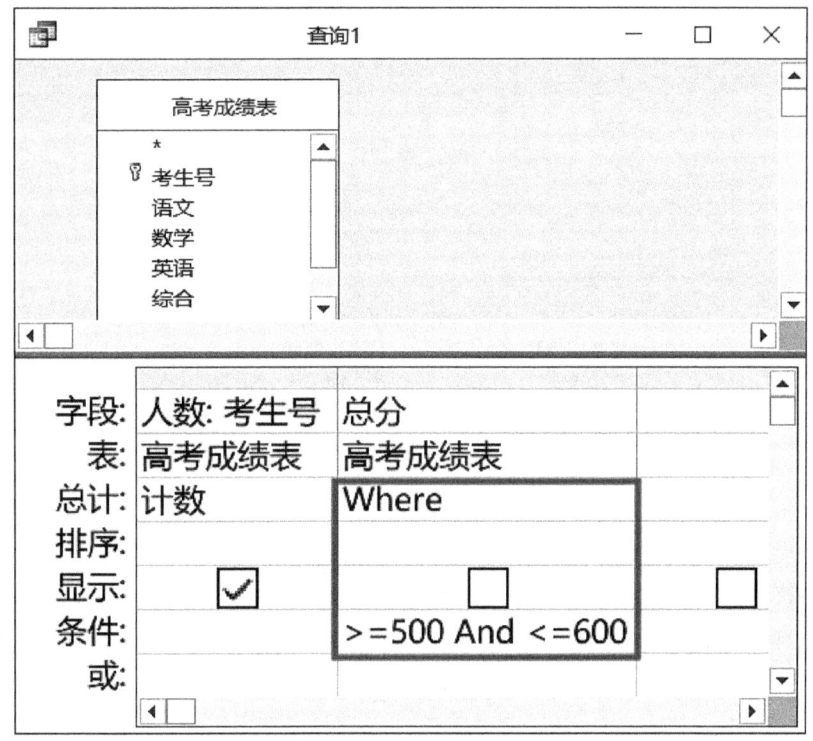

图3-29 【例3-12】查询设计视图

⑥ 保存查询,单击"运行"或"视图"按钮,显示查询结果。

通过例 3-12 的方法,我们可以统计各个分数段的人数,以此确定各批次的分数线。如果我们想要了解参加高考男女生的人数及成绩情况,就要用到分组计算。

3. 分组计算

【例 3-13】统计参加高考的男女生人数及平均成绩。

① 单击"创建"选项卡下"查询"组的"查询设计"按钮,打开查询设计视图,添加"考生基本信息表"和"高考成绩表"。

② 在设计网格中添加"性别"、"考生号"和"总分"字段,修改"考生号"字段的设计网格列名为"人数:考生号",修改"总分"字段的设计网格列名为"平均分:总分"。

③ 打开"查询工具"下的"设计"选项卡,单击"显示/隐藏"组的"汇总"按钮,在设计窗格中增加"总计"行。在"总计"行,将"性别"的总计行选项设置为"Group By","考生号"的总计行设置为"计数","总分"的总计行设置为"平均值",设计结果如图 3-30 所示。

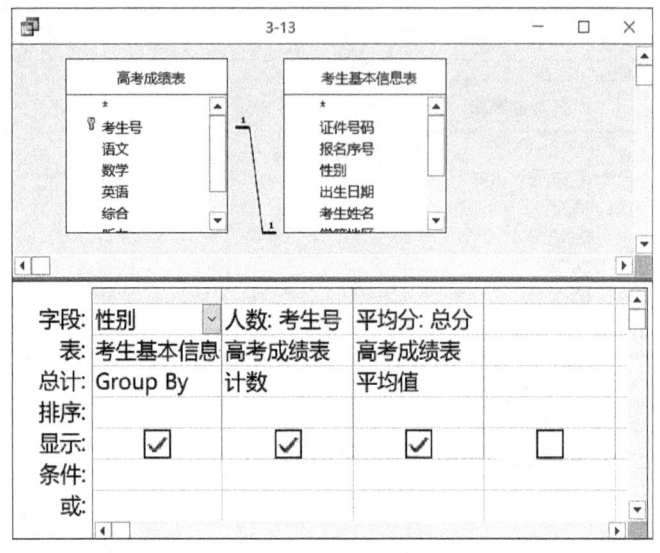

图3-30　【例3-12】查询设计视图

④ 保存查询，单击"运行"或"视图"按钮，显示查询结果，如图3-31所示。

图3-31　【例3-12】查询结果

通过以上学习，发现计算查询可以新增字段、计算平均值、最大值和最小值，以及对结果分组统计等，根据其功能计算查询分为增加字段、基本计算和分组计算三种类型。

老师，我已经领略到了查询功能的强大，以后我就可以利用查询查找到自己想要的数据啦！但是有一点比较麻烦，我每次修改查询条件时，都要进入查询设计视图，有没有一劳永逸的设置方法啊？

3.3　参数查询

假期出去旅游、逢年过节回家，你可能需要在"中国铁路12306"查找车票信息，如图3-32所示，输入"出发地"、"到达地"和"出发日期"，系统就能根据这些条件筛选满足需求的车票信息。如果改变出行日期，只需修改"出发日期"便可，可与用户实现交互,方便智能,这是如何实现的呢?

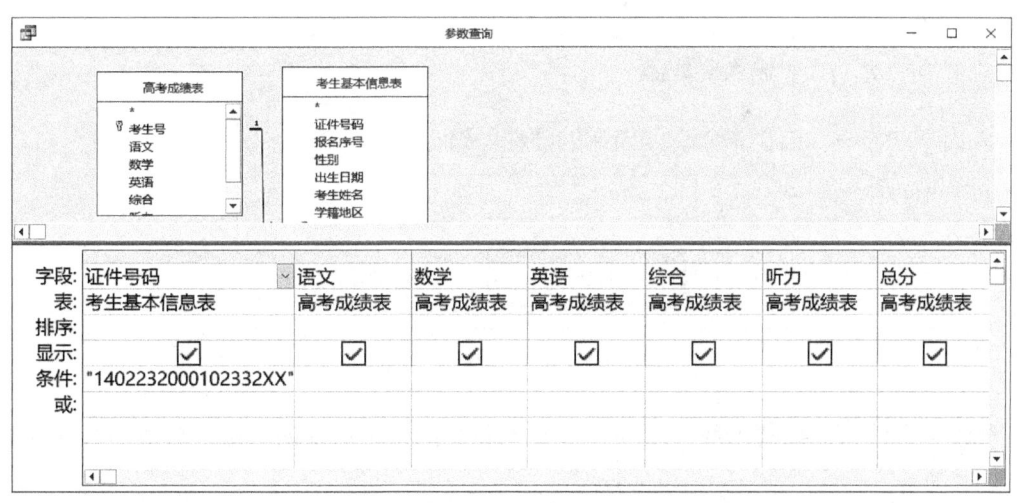

图3-32 车票查询

参数查询就是一种交互查询,在运行查询时提示输入查询条件,系统根据输入的条件返回查询结果。并且每次运行时,可以输入不同的查询条件。为了充分理解参数查询,我们来看一个例子。

如果要查询证件号码为"1402232000102332XX"的考生的成绩信息,你需要在图3-33所示的条件行输入查询条件。

图3-33 查询某考生的信息

尽管上述查询可以查询到证件号码为"1402232000102332XX"的考生信息,但是查询条件被固定为"1402232000102332XX",如果我想要查询其他考生的成绩信息,我就需要重新构建查询。而使用图 3-34 所示的参数查询（条件行的条件用 [ ] 括起来），在运行查询时系统会将你输入的条件替换为方括号中的内容。

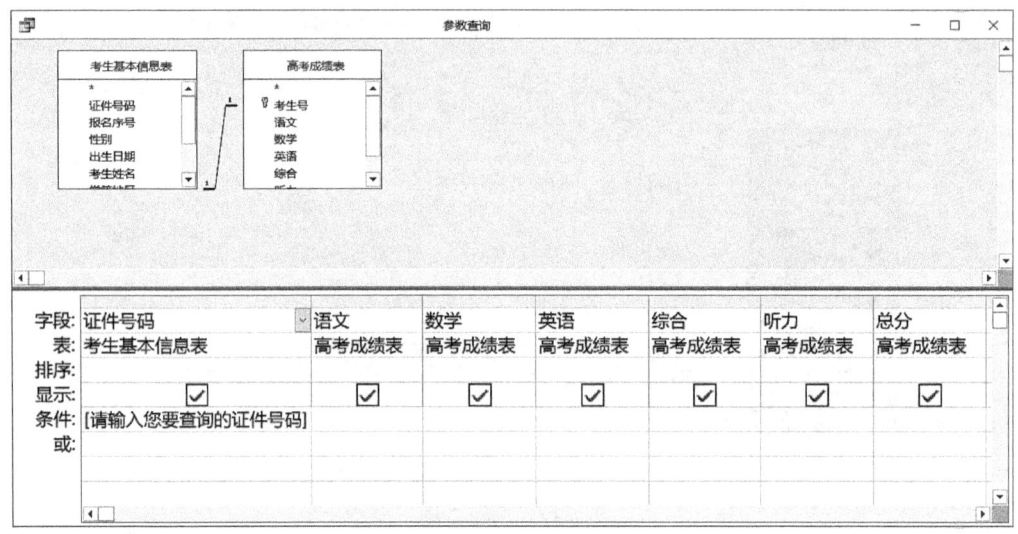

图3-34　查询多个考生信息

运行参数查询时，会弹出一个"输入参数值"对话框，如图 3-35 所示。在其中的文本框中输入查询的条件，单击"确定"按钮，即可返回查询结果。注意，弹出的"输入参数值"对话框中的文本内容为输入的方括号中的文本，用于提示用户要输入的信息。

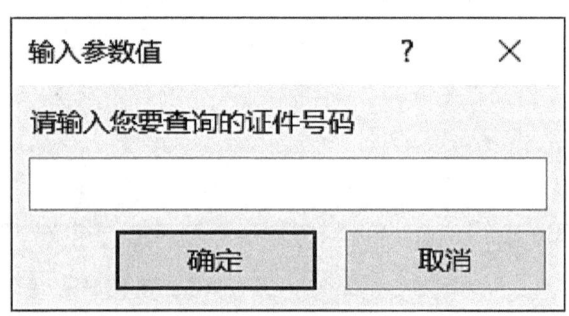

图3-35　"输入参数值"对话框

参数查询根据参数的个数，即弹出"输入参数值"对话框的个数，分为单参数查询和多参数查询。

3.3.1 单参数查询

填报志愿时，各个学校在系统中输入所在学校的名字就可以查询到报考本校的学生信息和专业信息，如何根据输入的学校名称返回报考信息呢？

【例 3-14】根据输入的学校名称,查询各个学校的报考信息,显示"考生号"和"专业名称"。

① 在查询设计视图中,添加"院校情况表"、"志愿表"和"专业代码表",依次双击"院校名称"、"考生号"和"专业名称"字段。

② 在"条件"行的"院校名称"设计网格中,输入参数条件"请输入学校名称",设计结果如图 3-36 所示。

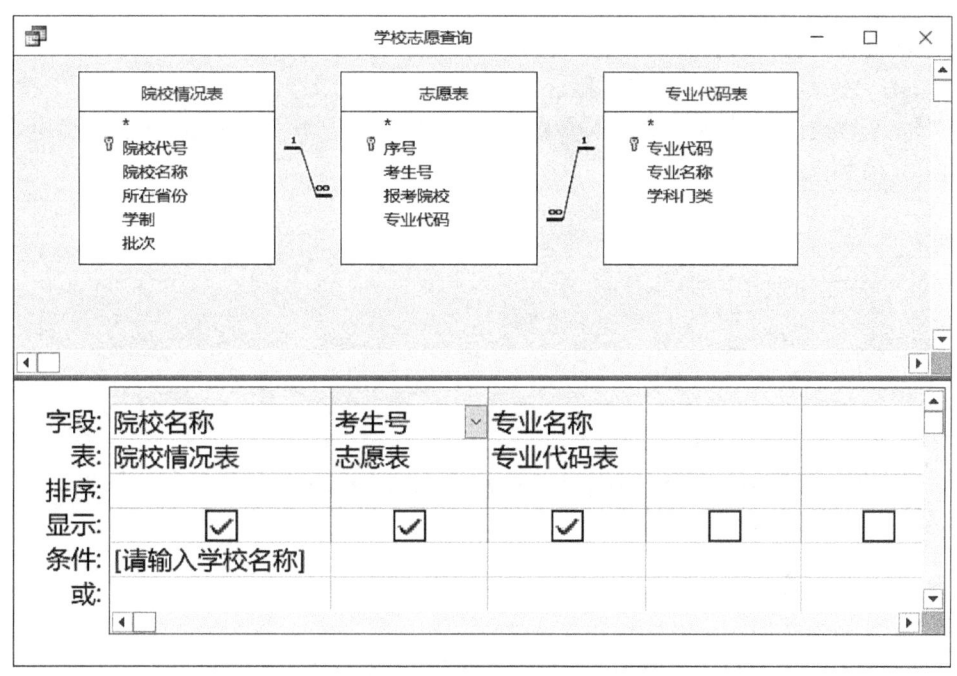

图3-36 【例3-14】查询设计视图

③ 单击"保存"按钮,查询名称保存为"学校志愿查询"。单击"运行"按钮,出现图 3-37 所示的"输入参数值"对话框,在文本框中输入参数值,如"清华大学",按回车键或单击"确定"按钮,显示图 3-38 所示的查询结果。

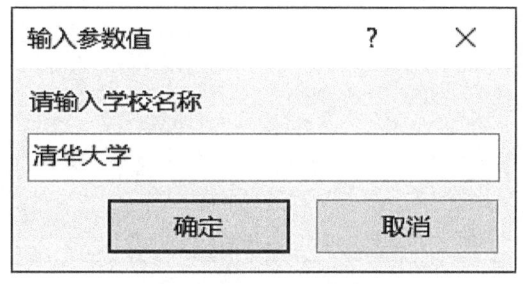

图3-37 【例3-14】参数对话框

图3-38 【例3-14】查询结果

成绩出来以后,各个省份最关心的可能就是前几名学生的高考成绩了,如何根据输入的省份条件返回这个省份的考生成绩信息呢？

【例3-15】根据输入的省份，查询各个省份的高考成绩信息，并按"总分"降序输出。

① 在查询设计视图中，添加"考生基本信息表"和"高考成绩表"。依次双击"考生基本信息表"的"报名序号"和"学籍地区"，"高考成绩表"的"语文"、"数学"、"英语"、"综合"、"听力"和"总分"字段。

② 在"条件"行的"学籍地区"设计网格中，输入参数条件"Like [请输入要查询的省份] & "*""。将"排序"行的"总分"设计网格设为"降序"，将"显示"行的"学籍地区"复选框取消，设计结果如图3-39所示。

③ 单击"保存"按钮，查询名称保存为"各省份成绩查询"。单击"运行"按钮，在弹出的"输入参数值"对话框中输入参数值，如"河南"，按回车键或单击"确定"按钮，显示如图3-40所示的查询结果。

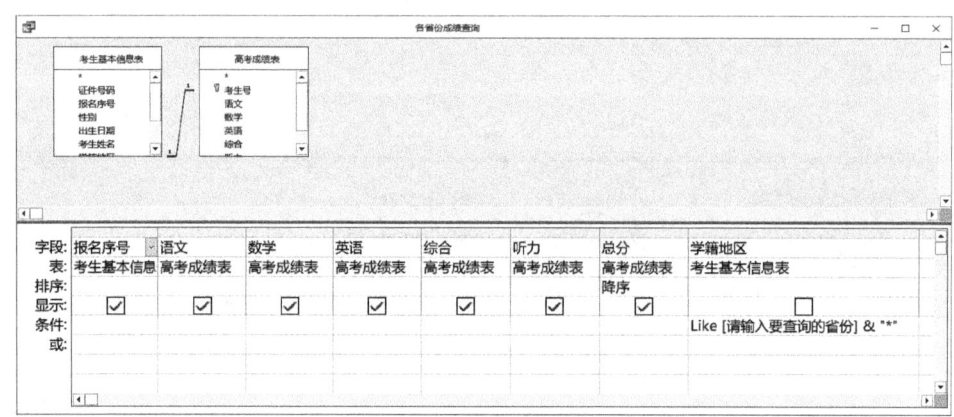

图3-39 【例3-15】查询设计视图

报名序号	语文	数学	英语	综合	听力	总分
2770830	135	146	117	279	27	704
6882745	137	142	118	263	26	686
8050747	129	133	115	259	25	661
9386923	123	129	108	253	21	634
9223920	110	116	98	197	16	537
6359462	101	93	91	187	14	486
2950951	98	91	85	157	12	443
3050549	82	79	76	147	9	393
2265021	68	59	53	98	7	285

图3-40 【例3-15】查询结果

注意：符号&的作用是将两个表达式连接在一起，通配符"*"表示0个或多个字符串。

> 思考：例 3-15 中，参数条件各个省份的表示方法中，除了例题中给出的表达方式，还有别的表达方式吗？

单参数查询，每次运行查询时弹出一个"输入参数值"对话框，根据用户输入的查询条件返回满足需求的结果。那如果我想查询的是不同分值区间的考生信息呢？如在【例 3-7】中查询了 500~600 分之间（包含 500 和 600）的考生记录，如果分数可以随意输入又该如何设置呢？

3.3.2 多参数查询

【例 3-16】根据不同的分数区间，输出考生记录，包括"证件号码"、"考生号"、"考生姓名"及各科成绩和总分信息，记录按总分降序排列，查询命名为"300~500 分考生"。

① 打开查询设计视图和"显示表"对话框，添加"考生基本信息表"和"高考成绩表"。依次双击"考生基本信息表"的"考生号"和"高考成绩表"的所有字段，选择需要输出的字段。

② 单击"排序"行中的"总分"字段的设计网格，选择"降序"排列，在"条件"行中的"总分"字段的设计网格中，输入条件">=[分数下限] And<=[分数上限]"。

③ 单击"保存"按钮，查询名称保存为"不同分数区间考生"。单击"运行"按钮，在弹出的"输入参数值"对话框中分别输入 300 和 500，显示如图 3-41 所示的查询结果。

证件号码	考生号	考生姓名	语文	数学	英语	综合	听力	总分
4115232001030678XX	20411523154568	岳洋	101	93	91	187	14	486
4201172002080669XX	20420117114568	吴超凡	91	85	89	201	11	477
4105051999062833XX	20410505154568	李豫琪	98	91	85	157	12	443
6322242001021845XX	20632224114568	常浩天	83	86	93	166	9	437
4601061998110333XX	20460106171233	徐伟	79	76	82	148	10	395
4101032002091335XX	20410103184568	徐伟	82	79	76	147	9	393
1402232000102332XX	20140223134568	崔星阳	67	49	71	156	9	352

图3-41　【例3-16】查询结果

参数查询在查询字段的"条件"行中输入用方括号 [ ] 引用的"参数"，方括号中的内容是提示用户输入信息的，不能和字段名相同，运行参数查询在弹出的对话框输入不同的条件就可以得到不同的结果。

老师，我已经学会了参数查询。但是在日常生活中，统计分析数据比较多，比如火车站统计每天的客流量，超市统计每天的销售额等，Access 可以做吗？

计算查询是根据数据或查询中的一个字段值进行分组，并对分组后的数据进行统计计算。如果查询中涉及两个或多个字段，仅通过计算查询就无法实现，这时就需要通过交叉表查询来实现。

3.4 交叉表查询

交叉表查询用于对某个字段汇总，并以二维表的形式显示给用户，如图 3-42 所示，用于统计参加高考的考生中各个年份男女生的人数，即按年份、性别分组，分别统计人数。

交叉表查询的结果非常简单、易理解，观察图 3-42，如果要创建交叉表查询需要几个字段呢？第一个字段"性别"的值，在二维表的最左边，作为交叉表查询的行标题。第二个字段"出生日期"的值在顶部，作为交叉表查询的列表题。行和列交叉的位置，显示的是对某一非空字段的统计结果，可以是求和、求平均、计数等。另外，"总计"中的数据是后面各年份数据的和，也属于行标题。

性别	总计	1998	1999	2000	2001	2002
男	10	1		1	5	3
女	10		2	2	4	2

图3-42 各年份男女生人数

Access 提供了两种创建交叉表查询的方法，交叉表查询向导和查询设计视图。

1. 使用交叉表查询向导创建查询

【例 3-17】统计参加高考的考生中各个年份男女生的人数。

① 打开"新建查询"对话框，选择"交叉表查询向导"，单击"确定"，打开"交叉表查询向导"第一个对话框。

② 选择"考生基本信息表"作为查询的数据源，单击"下一步"按钮，打开"交叉表查询向导"第二个对话框。

③ 指定"性别"作为行标题，预览框左边出现"性别1""性别2"等，如图 3-43 所示。单击"下一步"按钮，打开"交叉表查询向导"第三个对话框。

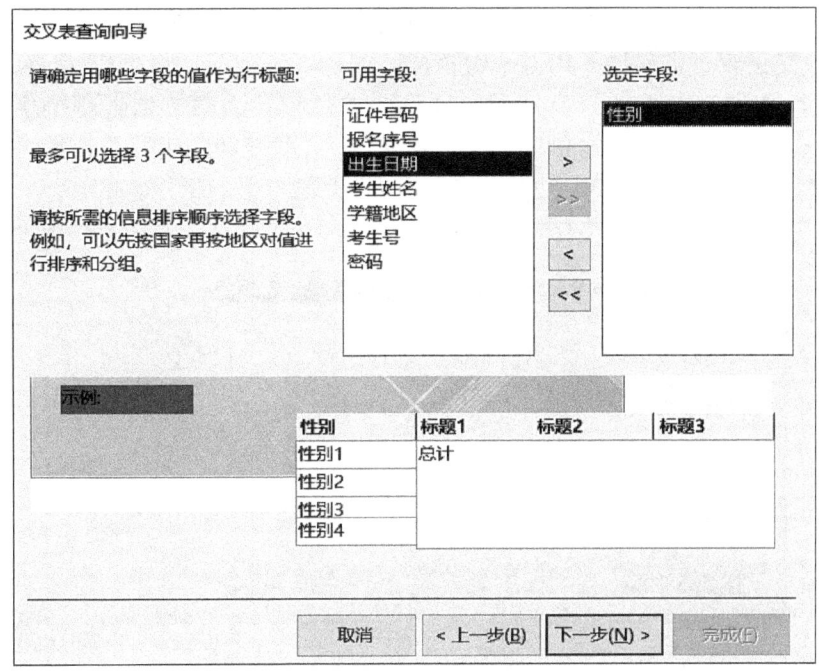

图3-43 "交叉表查询向导"第二个对话框

④ 指定"出生日期"作为列标题,预览框顶部出现"出生日期1""出生日期2"等,如图3-44所示。单击"下一步"按钮,打开"交叉表查询向导"第四个对话框。

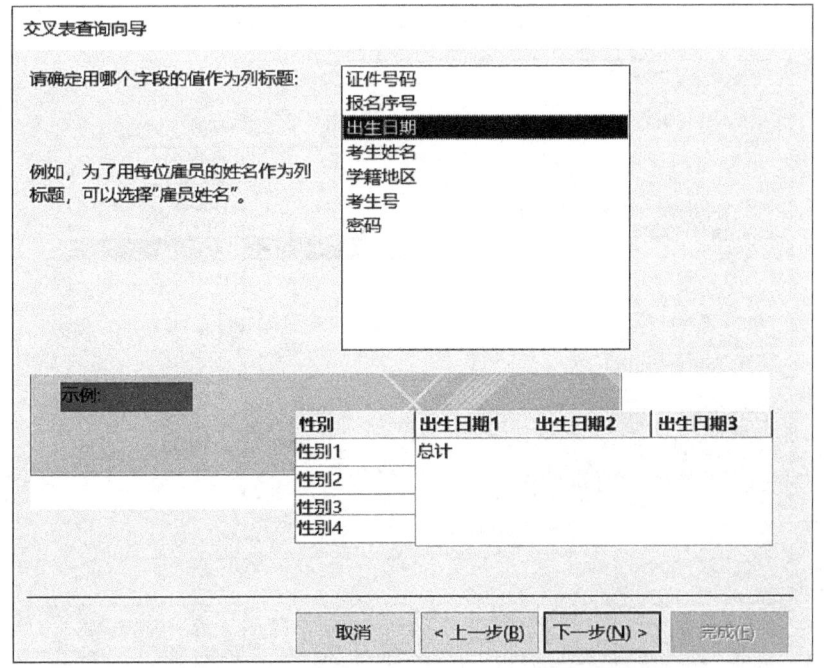

图3-44 "交叉表查询向导"第三个对话框

⑤ 指定"日期/时间"的划分间隔，本例选择"年"，如图3-45所示。单击"下一步"按钮，打开"交叉表查询向导"第五个对话框。

⑥ 指定行和列交叉点的计算字段，题目要求是统计人数，依据哪个字段统计人数呢？选择任一非空字段即可，本例选择"考生号"；人数统计的函数是计数，如图3-46所示。单击"下一步"按钮，打开"交叉表查询向导"第六个对话框。

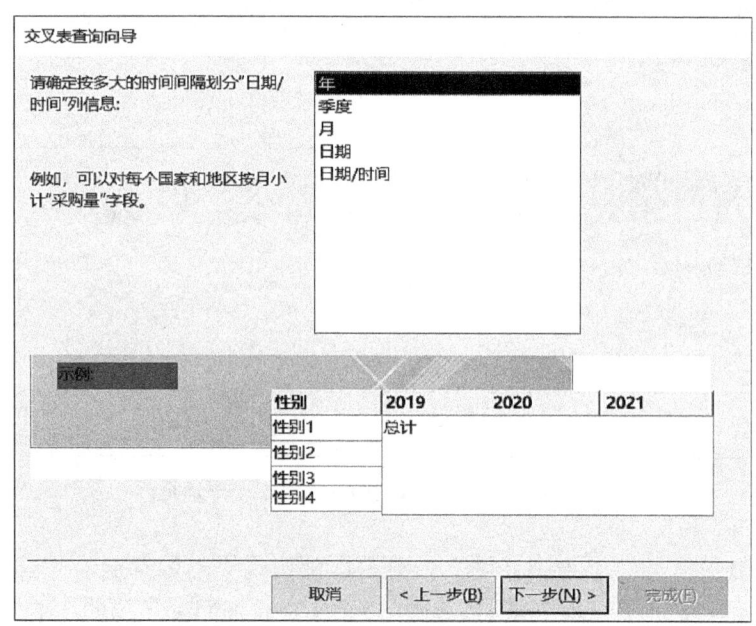

图3-45 "交叉表查询向导"第四个对话框

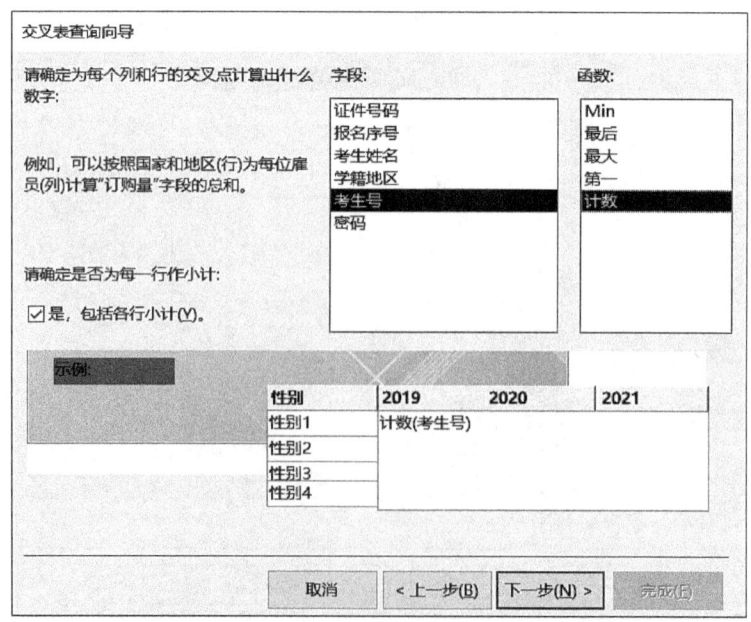

图3-46 "交叉表查询向导"第五个对话框

⑦ 输入查询名称"各年份男女生人数统计",选择"查看查询"选项,单击"完成",查看查询结果,如图 3-47 所示。

性别	总计 考生号	1998	1999	2000	2001	2002
男	10	1		1	5	3
女	10		2	2	4	2

图3-47　【例3-17】查询结果

2. 使用设计视图创建交叉表查询

【例 3-18】使用设计视图创建【例 3-17】的交叉表查询

① 打开查询设计视图,添加"考生基本信息表"。选择"查询类型"组的"交叉表"查询,在设计网格出现"总计"和"交叉表"行,显示行消失。

② 依次双击"性别"、"考生号"、"出生日期"和"考生号",修改第一个"考生号"的"字段"行的值为"总计:考生号","出生日期"字段行的值为"年份:Year([出生日期])"。

③ 分别将各字段的"总计"行设置为"Group By"、"计数"、"Group by"和"计数"。在"交叉表"行,将"性别"字段的值设为"行标题",第一个"考生号"设为行标题,"出生日期"设为"列表题",第二个"考生号"设为值,设计结果如图 3-48 所示。

图3-48　【例3-18】查询设计视图

④ 保存查询,单击运行,查看查询结果。

交叉表查询将输出字段分成了 2 组:一组是行标题,显示在左边,行标题可以是一个或者是多个字段；一组是列表题，显示在顶部，列标题只能指定一个字段。行和列交叉的位置显示统计结果，用于求合计、求平均、计数等。因此交叉表查询常用于分析随时间变化的趋势，或者是快速识别数据中的异常情况。

我学会了创建各种查询，但是每次看结果都要运行一次查询，能不能将查询结果保存呢？如果要修改数据的话是不是也像 Excel 中要逐个修改呢？

3.5 操作查询

选择查询，是根据设置的条件筛选满足用户需求的记录，查询过程中不修改源表中的数据，查询结果是动态数据集。操作查询，顾名思义就是对查询的结果进行操作，包括将查询的结果保存在一个新表中——生成表查询；向已有数据的表中添加新记录——追加查询；批量的修改表中的数据——更新查询；批量删除表中的数据——删除查询。因此根据操作查询实现的功能，我们将其分为生成表查询、追加查询、更新查询和删除查询。选择查询和操作查询功能不同，对比如下表 3-12 所示。

表3-12 选择查询和操作查询对比

	选择查询	操作查询
作用	返回满足用户需求的记录	修改和删除满足条件数据
分类	条件查询、计算查询、分组查询等	生成表、追加、更新和删除查询
需备份源表吗？	否	是
保存结果吗？	否，动态数据集	是
保存查询准则吗？	是	是
修改源表数据吗？	否	是，且不能撤销
运行能看到结果吗？	能	否，打开表才能看到结果

由于操作查询会修改或删除源表中的数据，因此在做操作查询时，要先对数据库或表备份。

3.5.1 生成表查询

志愿报完以后，各地招生办根据考生分数、志愿填报情况和各大学在该地的有效招生计划调档比例，把考生档案投放给招生学校。那如何把这些志愿信息筛选出来呢？这就需要先把这个学校的志愿信息筛选出来。

【例 3-19】将报考清华大学的志愿信息保存到"清华大学报考名单"中，输出信息包括"院校名称"、"专业名称"和"考生号"。

① 打开查询设计视图，添加"志愿表"、"院校情况表"和"专业代码表"。

② 选择"查询工具"选项卡中的"生成表"命令，打开图 3-49 所示的"生成表"对话框。在"表名称"文本框中，输入表名"清华大学报考名单"；选中"当前数据库"按钮，生成的新表存放在当前数据库；选中"另一数据库"按钮，生成的新表存放在其他数据库。

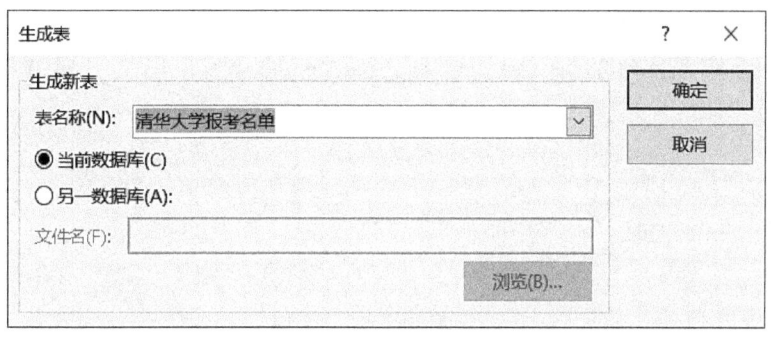

图3-49　生成表对话框

③ 添加"院校名称"、"专业名称"和"考生号"字段。设置设计网格的"条件"行，"院校名称"的值为"清华大学"。

④ 单击"视图"按钮或选择"视图→数据表视图"命令，预览生成的新表；单击"视图"按钮或选择"视图→设计视图"命令，返回查询设计视图。

⑤ 保存查询，单击"运行"按钮 ，出现如图 3-50 信息提示框。单击"是"按钮，生成新表；单击"否"按钮，撤消生成新表的操作。

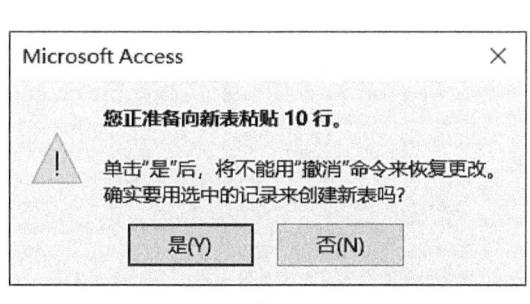

图3-50　【例3-19】生成表查询结果

图3-51　【例3-19】信息提示对话框

在数据库系统的表导航窗口中，双击"清华大学报考名单"表名，打开并查看表中记录，如图 3-51 所示。生成表查询创建的新表将继承源表字段的数据类型，但不继承源表字段的属性及主键设置，因此，往往需要为新生成的表设置主键。

【例 3-20】利用"考生基本信息表"生成一个新表，名称为"考生信息表"，"性别"

字段名称更改为“考生性别”，字段取值若原值为“男”则显示 1，否则显示 2，输出“证件号码”、“考生性别”、“考生姓名”和“年龄”字段。

① 打开查询设计视图，添加“考生基本信息表”。

② 选择“查询工具”选项卡中的“生成表”命令，打开“生成表”对话框。在“表名称”文本框中，输入表名“考生信息表”；选中“当前数据库”按钮，生成的新表存放在当前数据库。

③ 添加输出字段，将“性别”字段的内容修改为：“考生性别 : IIf([性别]= " 男 " ，1，2)”；增加新字段“年龄”，表达式为：Year(Date())-Year(出生日期])，设计结果如图 3-52 所示。

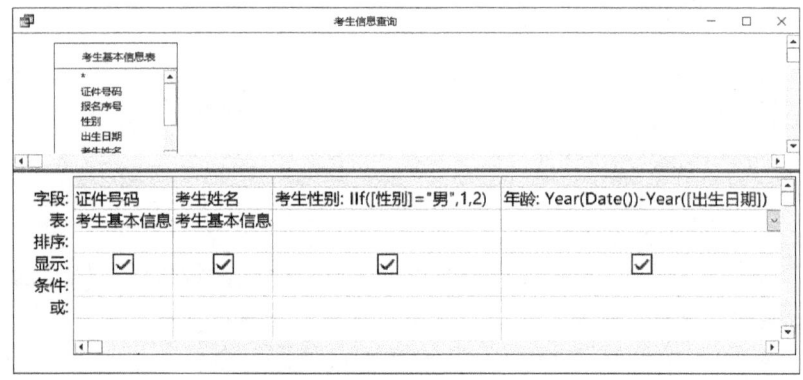

图3-52 【例3-20】查询设计视图

④ 单击“视图”按钮或选择“视图→数据表视图”命令，预览生成的新表；返回设计视图，单击“运行”按钮，生成新表，保存查询。

⑤ 在表对象列表中，可以看到其中新生成了“考生信息表”，且其数据表视图中已经添加了 20 条数据，如图 3-53 所示。

考生信息表

证件号码	考生姓名	考生性别	年龄
2101032001060633XX	胡达	1	20
4127242001070823XX	张文嫣	2	20
4301112001121805XX	朱墨莎	1	20
2304212000101933XX	赵子涵	2	21
1301232002090302XX	张欢欢	1	19
4102041999070601XX	莫智豪	2	22
4601061998110333XX	徐伟	1	23
4103022001090613XX	闫乃雪	2	20
3301222001050624XX	石鹏飞	1	20
4101032002091335XX	徐伟	2	19
4201172002080669XX	吴超凡	2	19
4115232001030678XX	岳洋	1	20
3501222002020615XX	严烨	1	19
4114020000618312XX	陈笑雨	2	21
6322242001021845XX	常浩天	1	20
4110022001031812XX	王梦欣	2	20
6101112002041433XX	张展	1	19
4113032001062933XX	王婧	2	20
1402232000102332XX	崔星阳	1	21

记录: 第 1 项(共 20 项) 无筛选器 搜索

图3-53 【例3-20】查询结果

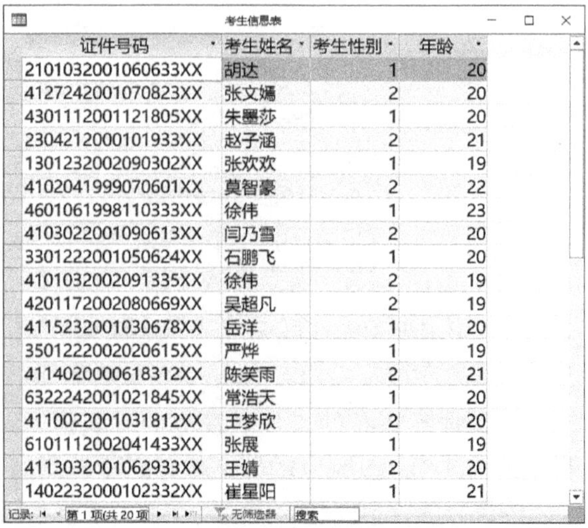

3.5.2 追加查询

在实际生活中，经常需要批量地将一组数据追加到另一个表的尾部，比如 2021 年的销售记录需要追加到总的销售数据表中，二次报考的志愿信息需要追加到志愿表中等。Access 提供了追加查询，可以批量地将数据从一个表复制到另一个表的尾部。追加时，只追加匹配字段，忽略不匹配字段。

【例 3-21】生成一个包含"证件号码"、"考生姓名"、"性别"、"学籍地区"及"院校名称"信息的新表,并将"河南"和"河北"省的信息追加到此表。

① 打开查询设计视图,添加"考生基本信息表"、"志愿表"和"院校情况表"。

② 选择"查询工具"选项卡中的"生成表"命令,打开"生成表"对话框。在"表名称"文本框中,输入表名"报考信息表";选中"当前数据库"按钮,生成的新表存放在当前数据库。

③ 双击,逐个添加字段"证件号码"、"考生姓名"、"性别"、"学籍地区"及"院校名称",在"证件号码"的条件行输入"Is Null",如图 3-54 所示。单击"运行",生成一个新表,将查询命名为"生成报考信息表"。

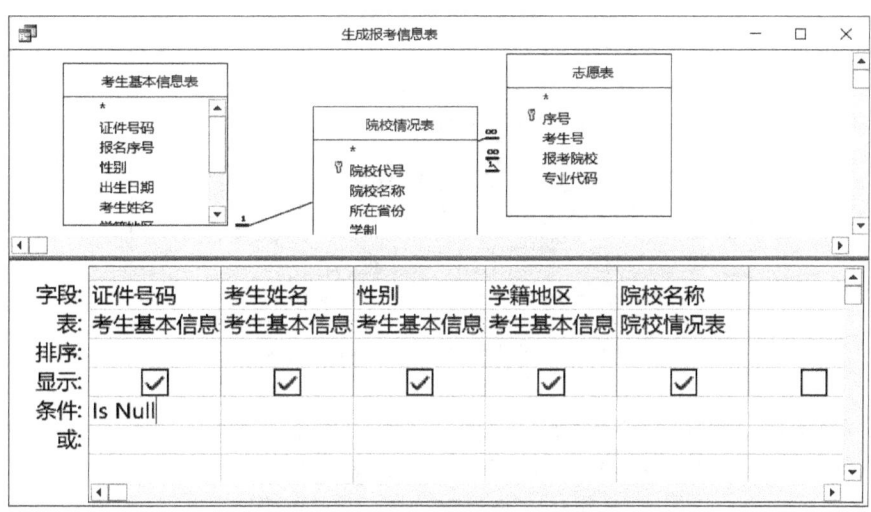

图3-54　【例3-21】查询设计视图1

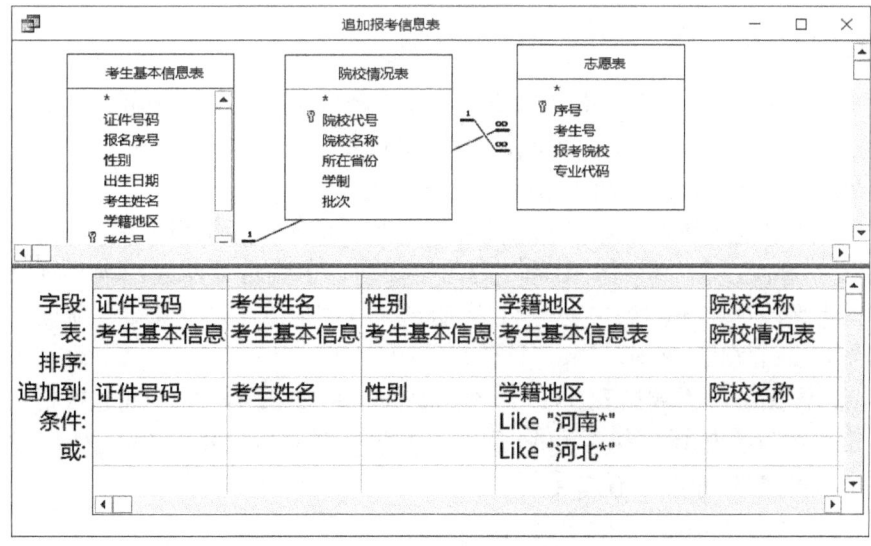

图3-55　【例3-21】查询设计视图2

④ 再新建一个查询，添加"考生基本信息表"、"志愿表"和"院校情况表"，选择"查询工具"选项卡中的"追加"命令，打开"追加"对话框，在"表名称"文本框中，选择"报考信息表"。

⑤ 添加字段，在"学籍地区"的"条件"行和"或"行分别输入"Like " 河南 *""和"Like " 河北 *""，如图 3-54 所示；单击"视图"按钮或选择"视图→数据表视图"命令，预览要追加的数据，返回查询设计视图。

⑥ 单击运行，出现如图 3-56 所示的提示框，选择"是"，向"考生信息表"中追加信息成功。

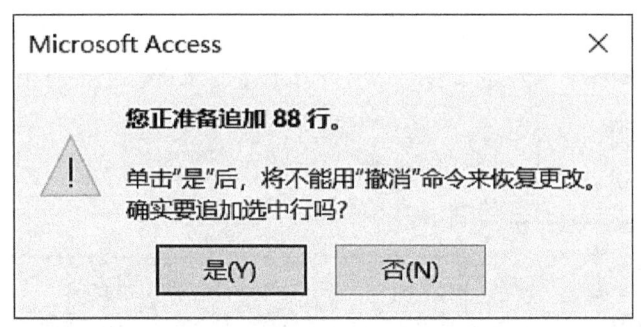

图3-56　【例3-21】信息提示对话框

注意：生成表查询生成一个新表，生成表查询可以多次运行，每次运行时会删除原有的表生成一个新表。而追加查询，是向已有表的尾部追加记录，只追加匹配的字段，忽略不匹配的字段。如果设置了追加条件，则追加满足条件的记录，如果不设置追加条件则追加所有的记录。

3.5.3 删除查询

省招办根据招生比例将考生名单提交给各个学校以后，各学校根据自己的实际情况筛选学生，将不需要的学生从提交的报考名单中删除。

【例 3-22】删除清华大学名单中成绩小于 650 分的记录。

① 打开查询设计视图，添加"高考成绩表"和"清华大学报考名单"。

② 选择"查询工具"选项卡中的"删除"按钮，查询设计网格出现"删除"行。将"清华大学报考名单"字段列表中的"*"拖动到字段栏中；添加"总分"字段，并输入条件："<650"，如下图 3-57 所示。

③ 单击"视图"→"数据表视图"，预览要被删除的记录，如下图 3-58 所示。

④ 单击"运行"按钮，执行删除查询。保存查询对象，将其命名为"3-22"，打开"清华大学报考名单"，查看运行结果。

第 3 章 查询设计 119

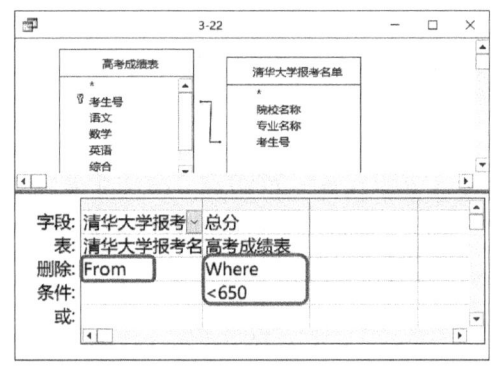

图3-57 【例3-22】查询设计视图

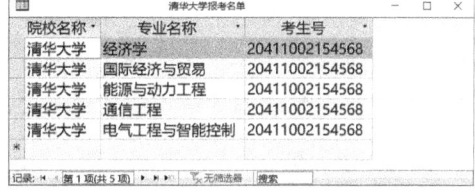

图3-58 【例3-22】"删除查询"预览

注意：
1. 图 3-52 中矩形框标记位置，From 表示要删除记录的表（"*"代表所有字段），Where 表示要删除的满足条件的记录。
2. 删除查询将永久删除记录，一旦删除，不能恢复，因此在运行删除前，建议先备份数据。
3. 如果删除的记录来自多个表，多个表之间要先建关系，同时选中"实施参照完整性"和"级联删除相关记录"复选框。

【例 3-23】删除"考生基本信息情况表"中"张欢欢"的信息，并同时删除"志愿情况表"中相关的信息。

① 复制"考生基本信息表"为"考生基本信息情况表"，复制"志愿表"为"志愿情况表"，并为两张表创建关系，同时选中"实施参照完整性"和"级联删除相关记录"复选框。

② 打开查询设计视图，添加"考生基本信息情况表"，单击"删除"按钮，查询设计网格出现"删除"行。双击"志愿情况表"字段列表中的"*"和"姓名"字段，在"姓名"字段处输入条件："张欢欢"，如图 3-59 所示。

图3-59 【例3-23】查询设计视图

③ 单击"视图"→"数据表视图",预览要被删除的记录,返回设计视图。

④ 单击"运行"按钮,执行删除查询。保存查询对象,将其命名为"3-23",打开"考生基本信息情况表"和"志愿情况表",查看运行结果。

观察结果可以发现,删除查询将删除整个记录,而不是记录中的某一个字段。如果指定删除条件,将删除满足条件的记录,如果不指定删除条件,将删除表中的所有记录,只保留表结构。如果数据库中多张表之间建立了关系,并选中了"级联删除相关记录"复选框,则若删除主表中的记录,子表中的相关记录也会被删除。

3.5.4 更新查询

我们处在一个瞬息万变的时代,环境、数据都在不停地变化,数据库必须能实时、批量更新数据库中的数据。Access 提供了更新查询,用于更新一个或多个符合条件的记录,一次可以更新一个或多个字段的值。

【例 3-24】将"考生信息表"中所有考生的年龄加 1。

① 打开查询设计视图,添加"考生信息表",单击"更新"按钮,查询设计网格出现"更新到"行。双击"年龄"字段,在"更新到"行输入"[年龄]+1"。

② 单击"视图"→"数据表视图",预览要被更新的记录,返回设计视图。

③ 单击"运行"按钮,执行更新查询。保存查询对象,将其命名为"3-23",打开"考生信息表",查看运行结果,如图 3-60 所示。

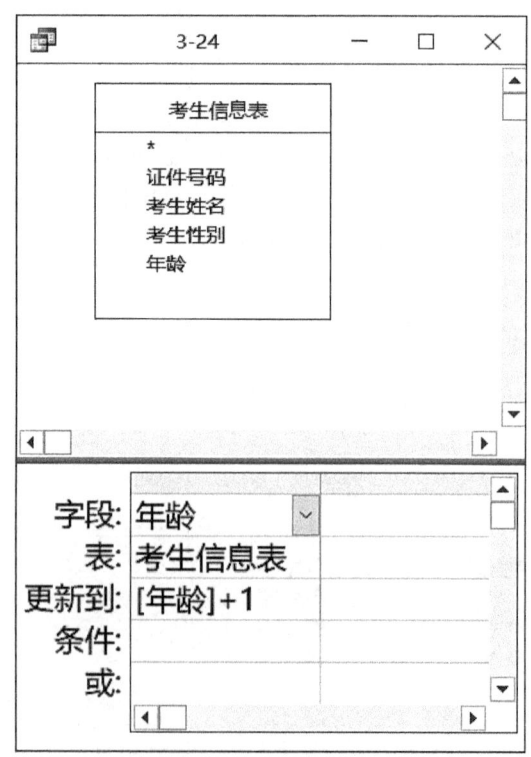

图3-60 【例3-24】查询设计视图

根据教育部要求，2020年达到条件的独立学院要完成转设，河南就有四所独立院校转设成功，校名也变得更大气了。那如何在数据库中修改这些学校的名字呢？

【例3-25】将院校名称"河南大学民生学院"更改为"河南开封科技传媒学院"。

① 打开查询设计视图，添加"院校情况表"，单击"更新"按钮，查询设计网格出现"更新到"行。双击"院校名称"字段，在"更新到"行输入"河南开封科技传媒学院"，在条件行输入"河南大学民生学院"。

② 单击"视图"→"数据表视图"，预览要被更新的记录，返回设计视图。

③ 单击"运行"按钮，执行更新查询。保存查询对象，将其命名为"校名更新"，打开"院校情况表"，查看运行结果，如图3-61所示。

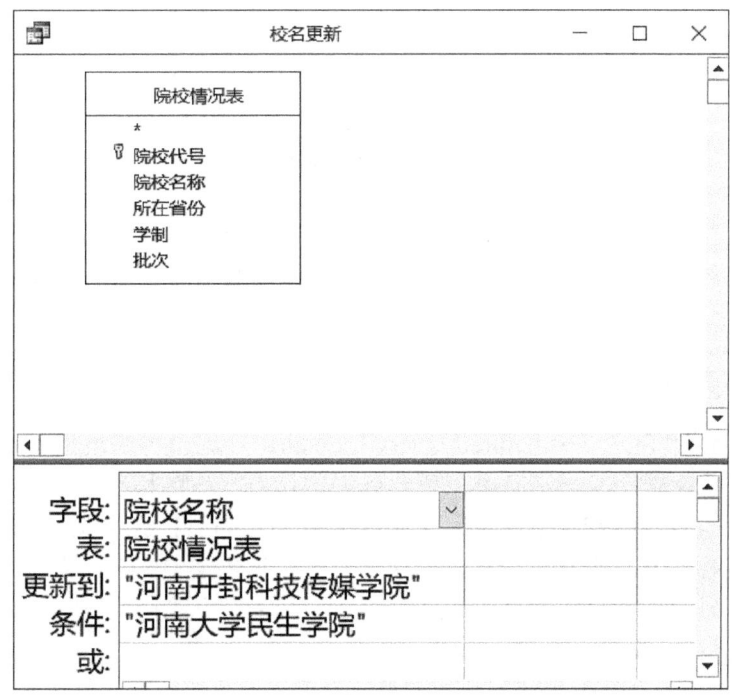

图3-61 【例3-25】查询设计视图

更新查询，如果设置更新条件，则更新满足条件的记录，如果不设置更新条件，则更新所有记录。更新查询和删除查询一样，属于永久更新，一旦更新不能撤销，因此在执行更新查询前要进行数据的备份。如果数据库中多张表之间建立了关系，并选中了"级联更新相关记录"复选框，则若更新主表中的记录，子表中的相关记录也会更新。

老师，我已经学会了选择查询、参数查询、交叉表查询和操作查询，现在是不是可以徜徉在数据的大海里，随心所欲地得到我想要的数据啦？

还是不行哦，你还差一项最重要的技能——理解查询底层的代码，比如我想要查询高出今年平均分的学生记录，应该用哪种查询实现呢？

3.6 SQL查询

在查询设计视图中，可以创建多数的查询，如选择查询、参数查询和交叉表查询等，但是特定的查询只能用 SQL 语句才能实现，如前问查询所有高于平均成绩的考生，因此我们要学习如何用 SQL 查询实现此功能。

3.6.1 SQL 概述

结构化查询语言 SQL（Structured Query Language）是一种通用的且功能强大的关系数据库语言，其设计精妙、语法简单，现已成为关系数据库的标准语言。它集成了数据定义语言（DDL）、数据操纵语言（DML）和数据控制语言（DCL），具有很强的数据查询功能。SQL 的核心功能语句有以下 9 个，包括了对数据的所有操作，如图 3-62 所示：

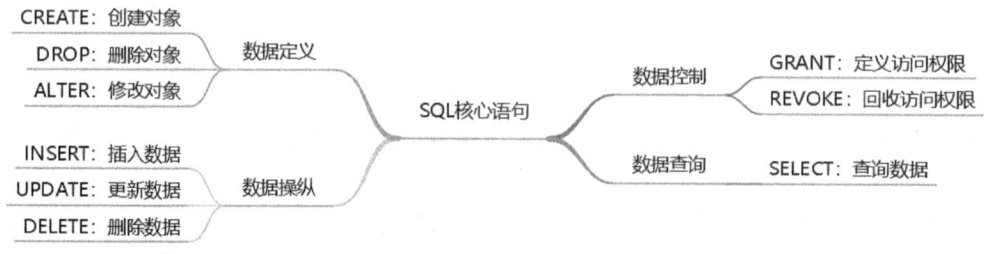

图3-62　SQL核心语句

SQL 的核心语句只有 9 个，却可实现数据库、表的创建、查询等所有的操作，这与其特点是分不开的。

① 综合统一。SQL 集数据定义、数据操纵、数据查询和数据控制功能于一体，风格统一。

可独立完成数据库操作和管理中的全部活动，为数据库应用系统的开发提供了良好的环境。

② 高度非过程化。SQL 是一种非过程化的语言，进行数据操作，不必告诉计算机怎么做，只需说明做什么，不但大大减轻了用户负担，而且有利于提高数据独立性。

③ 面向集合的操作方式。SQL 采用集合操作方式，操作对象和操作结果都是集合。

④ 简洁易学。完成核心功能只用 9 个命令动词，接近英语的自然语法，易学易用。

⑤ 用法灵活。SQL 可以独立使用，也可以嵌入到高级语言中使用，且其语法结构也基本一致。

数据查询是数据库的核心操作，使用 SQL 的 SELECT 命令可以实现数据查询功能。本节主要介绍数据查询的 SELECT 语句使用方法。

若要查询高于平均分的考生，首先要将平均分查询出来，然后将考生的总分与平均分比较，高于平均分的考生记录输出即可，那如何快速考生的平均分呢？ SQL 代码及运行结果如图 3-63、3-64 所示。

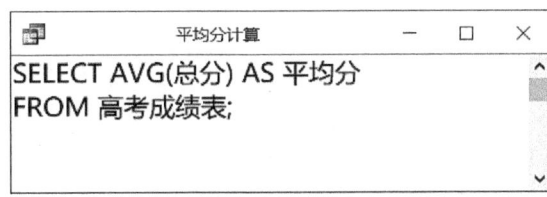

图3-63　查询平均分

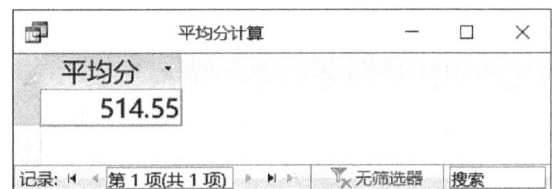

图3-64　查询平均分结果

图 3-63 中的代码功能就是计算高考成绩表中总分的平均分，那么比平均分高的记录只需将每位考生的总分与此平均分比较即可，代码如图 3-65 所示，运行结果如图 3-66 所示。

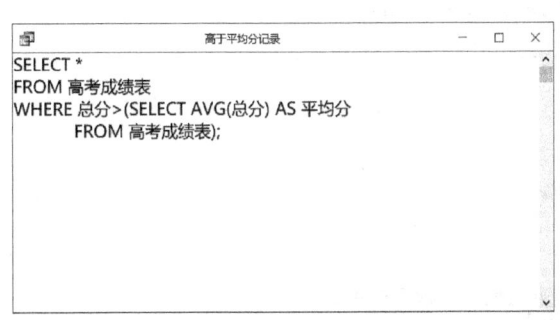

图3-65　高于平均分查询

考生号	语文	数学	英语	综合	听力	总分
20130123112333	112	116	99	213	13	553
20230421151233	121	129	109	257	21	637
20330122114568	119	113	104	226	19	581
20350122154568	116	123	102	212	18	571
20410302144568	123	129	108	253	21	634
20411002154568	135	146	117	279	27	704
20411303174568	110	116	98	197	16	537
20411402114568	129	133	115	259	25	661
20411414111233	137	142	118	263	26	686
20610111154568	126	139	111	271	24	671

图3-66　高于平均分查询结果

图 3-63、3-65 中的代码是什么意思，为什么要如此写呢？通过接下来的学习你也可以轻松实现这些功能，首先需要学习 SELECT 语句的用法。

3.6.2 SELECT 语句

SELECT 语句是 SQL 的核心语句，可以用来实现数据的各种查询功能，如选择查询、条件查询和操作查询等。SELECT 具有灵活的使用方式和丰富的功能，在 Access 中，查询的数据来源可以是表，也可以是另一个查询的结果。

1. SELECT 基本语法格式

根据图 3-63、3-65 中的代码，分析 SELECT 语句的语法结构如下：
SELECT [ALL|DISTINCT] [TOP <数值> [PERCENT]] <输出选项> [AS <输出标题>] [, …]
FROM <表名或查询>
[WHERE] <条件>
[GROUP BY] <字段名称> [, <字段名称>] [HAVING <条件>]
[ORDER BY] <字段名称> [ASC|DESC] [, <字段名称> [ASC|DESC]]

2. 参数说明

SELECT 语句中有很多的参数，这些参数的作用如图 3-67 所示。

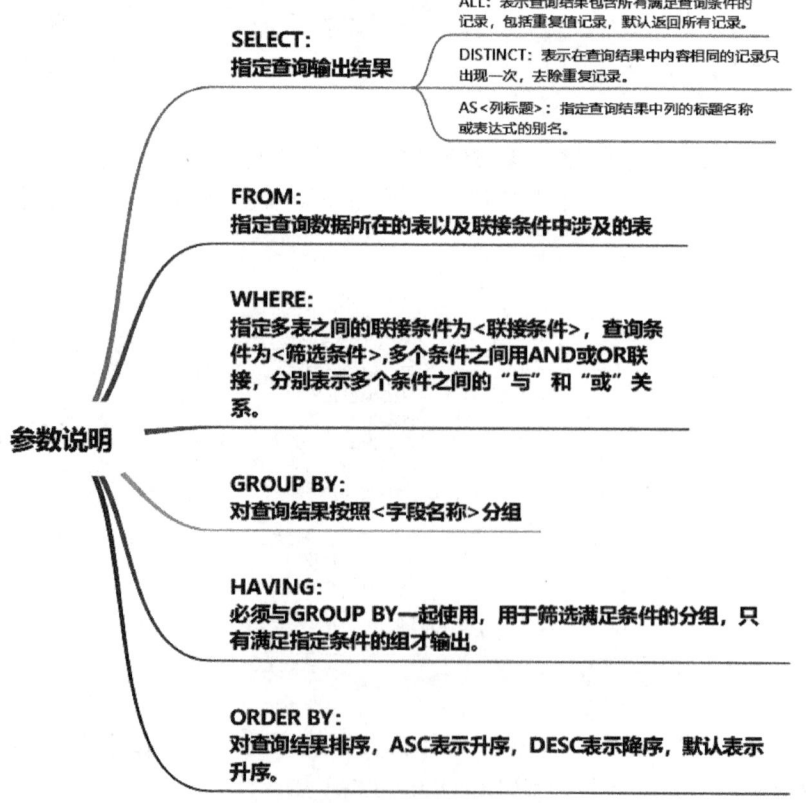

图3-67　参数说明

3. SELECT 命令与查询设计器中各项对应的关系

实际上，利用查询向导和查询设计器创建的查询，Access 都要将其转换成与之相对应的 SQL 语句，查询设计器与 SELECT 语句的对应关系如图 3-68 所示。

4. SELECT 语句的书写规则

① 在"查询"窗口中一次只能输入一条 SQL 语句，语句要以英文半角"；"结束。

② 动词必须书写完整，不能简写，如"SELECT"，不能写成"SEL"。

③ 当 SQL 语句比较长时，可分行书写，分行是只用按"Enter"键换行即可，无需加任何符号。

④ 书写 SQL 语句要注意格式，应当尽量做到一行一子句。

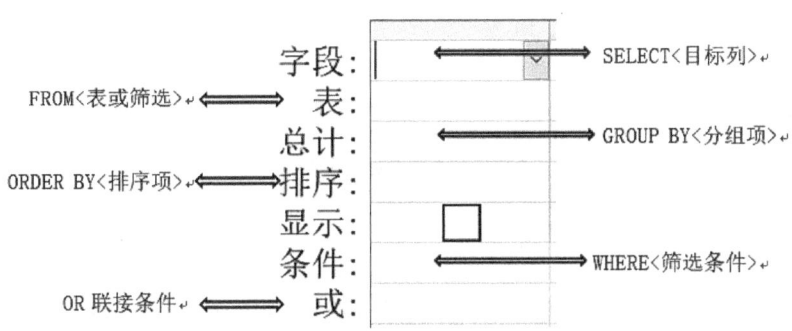

图3-68　查询设计网格与SELECT语句对应关系

3.6.3 SQL 视图基本操作

1. SQL 视图

单击"创建"选项卡"查询"组的"查询设计"按钮，将会打开"显示表"对话框，在此直接将其关闭即可。单击功能区的"SQL 视图"按钮，选择"SQL 视图"命令，切换到 SQL 视图，如图 3-69 所示。在不选择任何数据源的状态下，"视图"按钮组只有"SQL 视图"和"设计视图"两个选项，通过这两个选项可以实现 SELECT 命令编辑窗口和查询窗口之间的切换。

在窗口中输入 SQL 语句，输入完毕以后，单击"运行"按钮可执行 SQL 语句，预览查询的效果。若需保存 SQL 语句，可通过单击"快速访问工具栏"中的"保存"按钮，或按"CTRL+S"组合键，将 SQL 语句保存为一个查询对象。

2. SQL 语句的修改

若需修改已建立的 SQL 语句，选定该查询，选择"视图"按钮下拉列表中的"SQL 视图"选项，或者主窗口右下角的"SQL"按钮，可再次打开 SQL 命令编辑窗口进行修改。

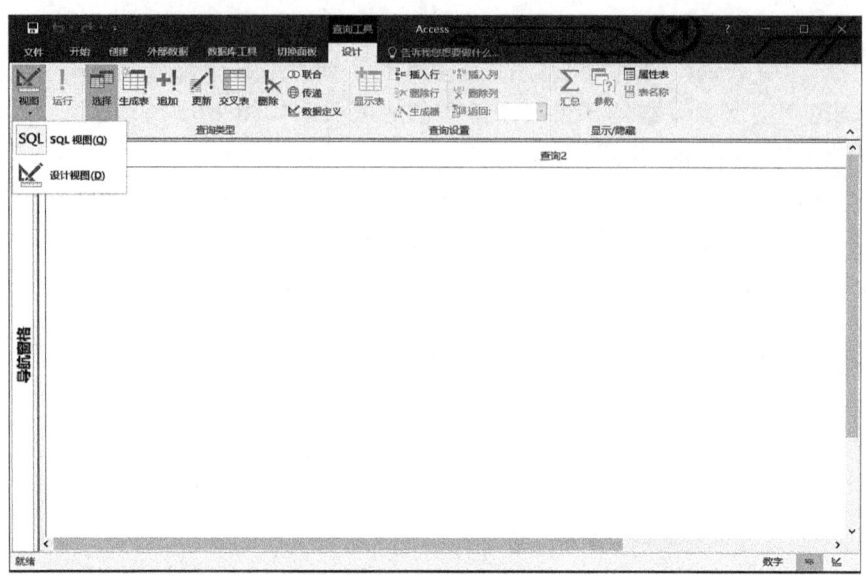

图3-69　SQL视图

3.6.4 SELECT 查询

根据 SELECT 子句的功能，SELECT 查询可分为图 3-70 所示几种，下面简单介绍几种查询的实现方法。

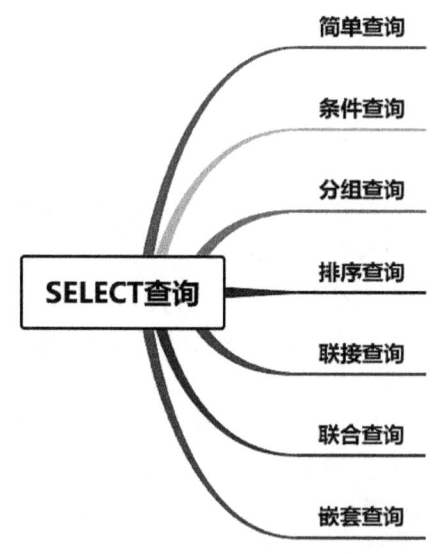

图3-70　SELECT查询的分类

1. 简单查询

简单查询是指不包含任何条件的查询，若需查询输出表中所有字段时，在目标列中使用"*"；若需输出某些字段时，目标列中依次列出各输出字段名称，字段的罗列次序为查询结果的输出顺序。其格式为：

> SELECT < 目标列 1>[,[目标列 2],…] FROM < 表或查询 >

【例 3-26】查询"考生基本信息表"的所有记录。
SELECT *
FROM 考生基本信息表；

【例 3-27】查询"考生基本信息表"中所有考生的"证件号码"、"考生姓名"和"考生号"信息。
SELECT 证件号码，考生姓名，考生号
FROM 考生基本信息表；

2. 条件查询

条件查询用来从表中查询出满足条件的记录，条件查询的关键是如何构造满足条件的查询，可以使用 3.1 节介绍的运算符、通配符和函数构造查询条件，其格式为：

> SELECT < 目标列 1>[,[目标列 2],…] FROM < 表或查询 > WHERE < 条件 >

WHERE 子句中的条件是一个逻辑表达式，常由多个关系表达式通过逻辑运算符连接而成。

【例 3-28】查询"考生基本信息表"中所有"河南省"的考生信息。
SELECT *
FROM 考生基本信息表
WHERE 学籍地区 Like " 河南省 *"；

当 WHERE 后的条件书写错误时会出现如下图 3-71 所示的错误提示，此时需检查查询条件的书写格式。

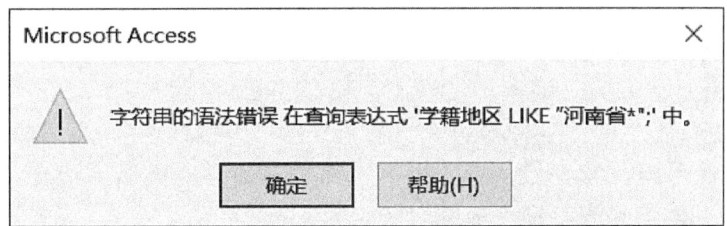

图3-71　条件书写错误提示

【例 3-29】查询"考生基本信息表"中姓"王"的考生的"证件号码"、"考生姓名"和"考生号"信息。
SELECT 证件号码，考生姓名，考生号
FROM 考生基本信息表
WHERE LEFT(考生姓名，1)=" 王 "；

> 此处的姓"王"考生条件的表达还可以有别的方式：
> 考生姓名 Like "王 *"
> MID(考生姓名 ,1,1)=" 王 "

【例 3-30】查询"考生基本信息表"中 2000 年出生的女生，输出考生的"证件号码"、"考生姓名"和"学籍地区"信息。

　　SELECT 证件号码，考生姓名，学籍地区
　　FROM 考生基本信息表
　　WHERE YEAR(出生日期)=2000 AND 性别 =" 女 ";

【例 3-31】根据输入的考生号，查询考生的高考成绩信息。

　　SELECT *
　　FROM 高考成绩表
　　WHERE 考生号 =[请输入考生号];

【例 3-32】查询考生的"考生姓名"、"学籍地区"和"年龄"。

　　SELECT 考生姓名，学籍地区，YEAR(DATE())-YEAR(出生日期) AS 年龄
　　FROM 考生基本信息表;

【例 3-33】查询 2000 年 6 月 1 日到 2001 年 6 月 6 日出生的考生的"证件号码"、"考生姓名"和"学籍地区"信息。

　　SELECT 证件号码，考生姓名，学籍地区
　　FROM 考生基本信息表
　　WHERE 出生日期 BETWEEN #2000/6/1# AND #2001/6/6#;

【例 3-34】查询河南和河北考生的基本信息。

　　SELECT *
　　FROM 考生基本信息表
　　WHERE 学籍地区 Like " 河南 *" Or 学籍地区 Like " 河北 *";

【例 3-35】查询考生的"证件号码"、"考生号"、"考生姓名"、各科成绩和总分信息。

　　SELECT 证件号码，考生号，考生姓名，语文，数学，英语，综合，总分
　　FROM 考生基本信息表，高考成绩表
　　WHERE 考生基本信息表 . 考生号 = 高考成绩表 . 考生号；

　　若一个查询同时涉及两个或两个以上的表，则称之为联接查询，联接查询需要 WHERE 子句将多个表用某个相关字段连接起来。如果参与查询的表中存在同名字段，并且这些字段要参与查询，必须在字段前加表名，否则会出现"该特定字段'考生号'可以参考 SQL 语句中 FROM 子句列表中的多个表"错误，如图 3-72 所示。

图3-72 多表同名字段错误

3. 分组查询

分组查询就是按照分组依据，将记录划分为多个组，在 SELECT 语句中使用 GROUP BY 子句对查询结果按照某个或多个字段的值分组。分组查询通常与 SQL 聚合函数一起使用，对分组结果进行计数（COUNT）、求和（SUM）、求平均值（AVERAGE）、最大值（MAX）和最小值（MIN）统计计算。其一般格式为：

> SELECT <输出选项> FROM <表名或查询> WHERE <条件>
> GROUP BY <字段名称> HAVING <条件>

【例3-36】查询"考生信息表"中男女生的人数。
SELECT 性别，COUNT(*) AS 人数
FROM 考生基本信息表
GROUP BY 性别；

【例3-37】查询男女生总分的平均分、最高分和最低分，查询结果按平均分降序输出。
SELECT 性别，AVG(总分) AS 平均分，MAX(总分) AS 最高分，MIN(总分) AS 最低分
FROM 考生基本信息表，高考成绩表
WHERE 考生基本信息表.考生号 = 高考成绩表.考生号
GROUP BY 性别
ORDER BY AVG(总分) DESC；

ORDER BY 子句用于按照某一个或多个字段对查询结果升序（ASC）或降序（DESC）输出，默认为升序。ORDER BY 子句在所有子句的最后面，此处若放在 GROUPBY 子句的前面就会出现如下图 3-73 所示错误：

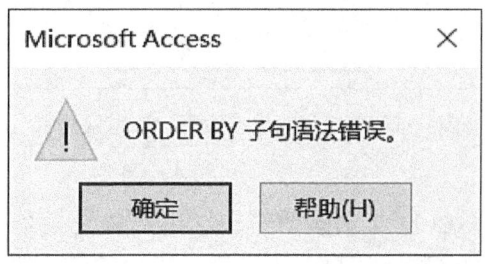

图3-73 ORDER BY子句错误提示

【例3-38】查询报考人数大于 10 人的院校，并按报考人数降序输出。

下面的语句是不对的：
SELECT 院校名称，COUNT(考生号) AS 人数
FROM 志愿表，院校情况表
WHERE 志愿表 . 报考院校 = 院校情况表 . 院校代号，COUNT(考生号)>=10
GROUP BY 院校名称
ORDER BY COUNT(考生号) DESC；

此语句运行时会出现如下图 3-74 所示错误，这是因为聚合函数不能作为 WHERE 子句的条件表达式。

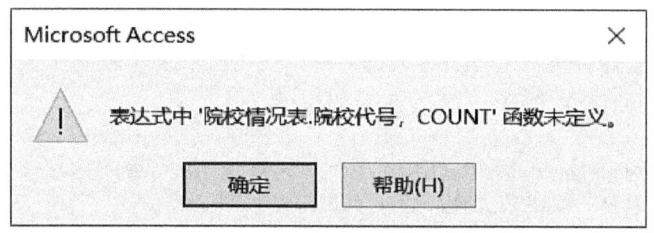

图3-74　聚合函数作为WHERE条件错误提示

正确的查询语句为：
SELECT 院校名称，COUNT(考生号) AS 人数
FROM 志愿表，院校情况表
WHERE 志愿表 . 报考院校 = 院校情况表 . 院校代号
GROUP BY 院校名称
HAVING COUNT(考生号)>=10
ORDER BY COUNT(考生号) DESC；

HAVING 子句用于限制分组结果的，只有满足条件的分组才会被输出。在进行分组查询时，分组字段必须出现在 SELECT 语句后，比如此例若按报考院校分组，则会出现如下图 3-75 所示错误。

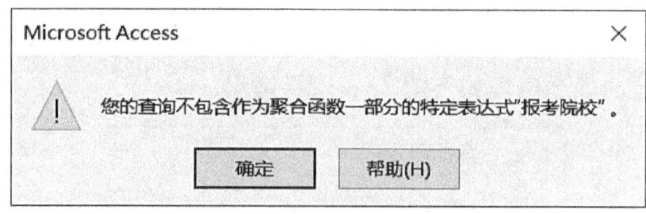

图3-75　分组与输出字段不一致错误提示

4. 联合查询

联合查询用来将两个 SELECT 语句的查询结果合并为一个查询结果。两个查询结果中的字段必须匹配，即字段个数、字段排列顺序、字段的数据类型和字段大小相同。联合查询的语句格式如下：

<SELECT 语句 1> UNION [ALL] <SELECT 语句 2>

使用 ALL 选项，合并两个查询结果中的所有记录，否则去除重复记录。

【例 3-39】查询 8 月出生和性别为女的记录。

SELECT 证件号码，考生姓名，出生日期，性别 FROM 考生基本信息表 WHERE Month(出生日期)=8

UNION

SELECT 证件号码，考生姓名，出生日期，性别 FROM 考生基本信息表 WHERE 性别 =' 女 ';

5. 嵌套查询

嵌套查询是将一个 SELECT 语句嵌套在另一个 SELECT 语句的 WHERE 子句中，嵌套在内层的 SELECT 查询成为子查询。嵌套查询在执行时会先执行内层子查询，子查询的结果作为外层 SELECT 语句的查询条件，然后执行外层 SELECT 语句，输出查询结果，因此子查询的查询结果必须具有确定的值，能够构造出符合查询要求的条件。

利用嵌套查询可以将几个简单查询构造成一个复杂查询，增强 SQL 查询的能力。

【例 3-40】查询已填写报考志愿的考生姓名。

SELECT 考生姓名

FROM 考生基本信息表

WHERE 考生号 IN (SELECT 考生号 FROM 志愿表);

【例 3-41】查询报考北京大学的考生姓名。

SELECT 考生姓名

FROM 考生基本信息表

WHERE 考生号 IN(SELECT 考生号

　　FROM 志愿表

　　WHERE 报考院校 IN(SELECT 院校代号

　　　　FROM 院校情况表

　　　　WHERE 院校名称 =" 北京大学 "));

至此，我们将 SQL 查询的用法已经讲完了，回到本节开始，将所有高于平均成绩的考生输出的代码，你现在能理解了吗？

学会了所有的查询方法，你就可以在自己的数据库上大显身手啦。但是在做查询时，还有一点需要注意，即查询性能。

3.7 优化查询性能

你有没有一点疑问,为什么"高招考试系统"数据库中设计这么多的表?在进行查询设计的时候,你是否注意到,构建查询时,你设置的条件和表达式如图 3-76 所示。当你再次打开时,却变成了图 3-77 所示的效果了呢?Access 为什么要自动变换条件和表达式呢?这些都是查询性能优化的表现。

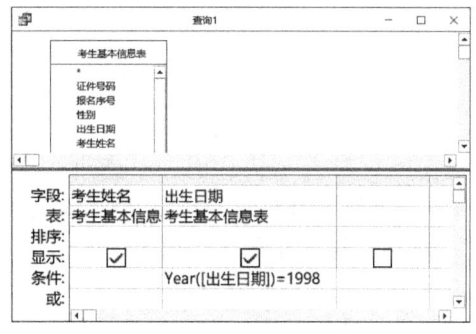

图3-76　查询设计视图1　　　　　图3-77　查询设计视图2

3.7.1 规范化数据库设计

如果将"考生基本信息表"、"高考成绩表"和"志愿表"中的数据放在一张表中会出现什么样的结果呢?你可以试着做一个查询,将这三张表联接后导出为 Excel 表格,结果如下图 3-78 所示。

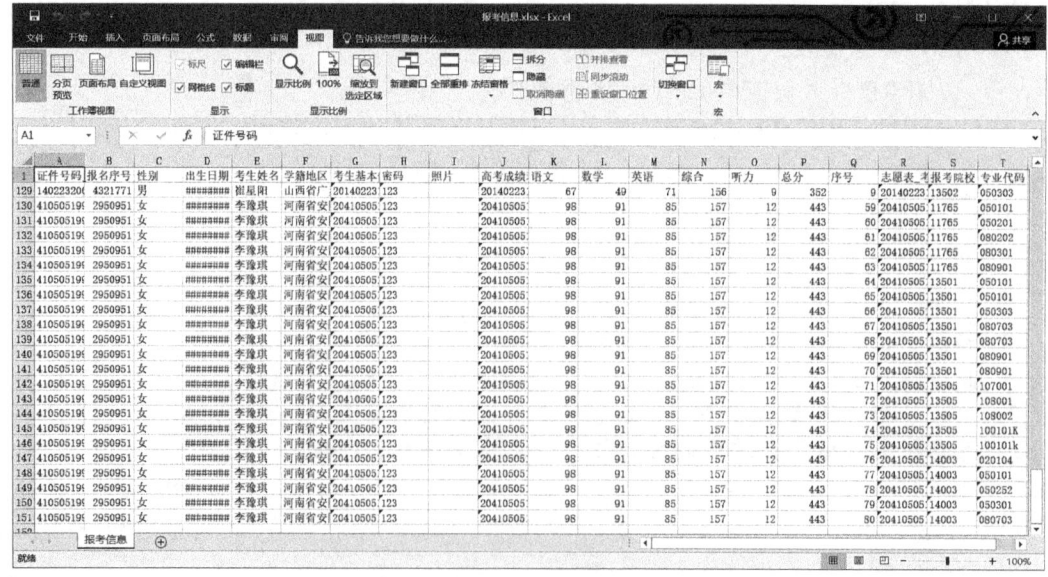

图3-78　三张表联接结果

你会发现 Excel 表格中有 20 列 150 行数据，也就是有 20 个字段名，150 个记录，实际考生是 20 条记录。如果按照 2021 年全国高考报名人数 1078 万计算，那么三张表联接的数据量将有 8000 多万，这个数据量是非常大的，用户要从中查询一组数据要等待较长的时间。

许多的数据库初学者喜欢构建类似的扁平大表，将其称为数据库。他们认为这种结构很方便，如果想要查找某个数据只需在一张表中查询，不必处理多张表的联接。但是随着数据量的增加，查询性能会急剧下降。

因此需规范化数据库的设计，即根据数据及数据间的关系将其拆分成多个小表，这样做的优点是：

➢ 在图 3-78 中，考生"李豫琪"的信息重复出现了多次，拆分后可将考生"李豫琪"的信息在数据库中出现一次，自动删除了表中的冗余数据，查询时也只需扫描少量数据。

➢ 在查询考生"李豫琪"的个人信息时，只需查"考生基本信息表"，而不需要查询整个数据库，节约查询时间。

为了确保处理大量数据时具有高效的性能，Access 数据库中内置了一个查询优化器，这就是为什么会出现构建查询时输入的条件表达式再打开出现不一致的效果。查询优化器负责建立查询的执行策略，并将建立的执行策略发送给 Access 数据库引擎，告诉它如何运行才能更快、更高效地得到查询结果。执行策略基于以下因素构建：

➢ 查询数据所在表的大小
➢ 查询数据所在表有无索引
➢ 查询数据是否在多个表中，联接表的数量
➢ 查询数据条件表达式的作用范围

3.7.2 在适当的字段中使用索引

中国第一部现代汉语字典——《新华字典》，共 689 页，收单字有 8500 个左右，在单字训解之下连带加出的复音词和词组有 3200 多个，这么多的汉字和词语如何快速查找呢？在字典的前面有汉语拼音音节索引，可帮助我们快速找到生字和词语。

图3-79　新华字典

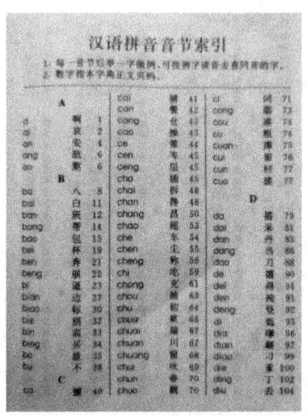

图3-80　汉语拼音音节索引

数据库中存储的数据量比《新华字典》要多很多，如果表中的数据也能像字典中的数据那样，按拼音排序，那么在查询的时候效率就会提高很多。其实 Access 表中的字段也需要编制索引，比如某字段若设置为主键，其索引项一定是"有索引"。索引是可对表中的一列或多列数据进行排序的一种结构。

如果在执行查询时，查询的字段是无索引字段，Access 需要扫描整个数据集，找到需要的结果，这可能需要花费较长的时间。如果针对有索引字段进行查询，Access 可以使用索引来检查数据所在位置，提高查询效率。

你是不是觉得应该为表中每个字段创建索引？其实不是，适当的建立索引可以提高查询的效率，但是对建立索引的字段进行更新、删除查询时，Access 除了要更新表中的数据还要更新每个索引，而更新索引比更新数据需要耗费更多的时间。因此在设计索引时可以参考以下原则：

➢ 经常用作条件筛选数据的字段。
➢ 可能用作多个表之间建立连接的字段。
➢ 可能经常用作对表中数据排序的字段。

3.7.3 改进查询设计

在构建查询时，一些查询细节的调整，也可明显提高查询的性能，甚至会有令人吃惊的效果。下面简单介绍一些可以提高查询执行速度的一些操作。

➢ 减少对未建立索引的字段进行排序或查询。
➢ 在对表中数据查询时，尽量不要用"*"做选择查询。例如，SELECT * FROM 考生基本信息表，此查询每次会对"考生基本信息表"中的所有字段进行查询。
➢ 在进行总计查询时，尽量只包含查询目标所需的字段，如果在 GROUP BY 子句中包含的字段越多，查询的时间就会越长。
➢ 在设计查询时，只包含需要设置条件的字段，在最终返回查询结果时，将不需要字段的"显示"复选框标记取消。
➢ 尽量缩小查询的范围，避免使用没有限定范围的条件，如 > 或 <，而应该尽量使用 Between…And…语句。

3.7.4 定期压缩和修复数据库

随着时间的推移，由于大量的日常操作数据库会发生更改。比如表中数据的增加或删除，有一些表不再需要或需要新增加一些表等；再如数据库操作过程中可能由于特殊情况如突然断电，导致数据库异常关闭等。所有这些操作可能会导致表统计数据的修改，使之前已编译的查询具有不准确的查询执行计划。

而压缩和修复数据库功能，会强制 Access 重新生成表的统计数据，并重新优化查询，以便在下次执行查询时会重新编译数据库中数据。这样可以确保使用最准确有效的查询执行计划执行查询。若要压缩和修复数据库，只需选择功能区上的"数据库"选项卡"工具"组的"压缩和修复数据库"命令，即可完成数据库的压缩和修复。

也可设置每次关闭数据库时,自动压缩和修复数据库,方法如下:
① 单击功能区的"文件"选项卡,选择"选项",打开"Access 选项"对话框。
② 选择"当前数据库"选项,显示当前数据库的配置选项。
③ 选择"关闭时压缩"复选框,如图 3-81 所示,并单击"确定"确认更改。

这样在每次关闭数据库时,Access 会自动压缩和修复数据库,提高数据库的查询效率。

图3-81 Access选项

3.8 本章知识点梳理

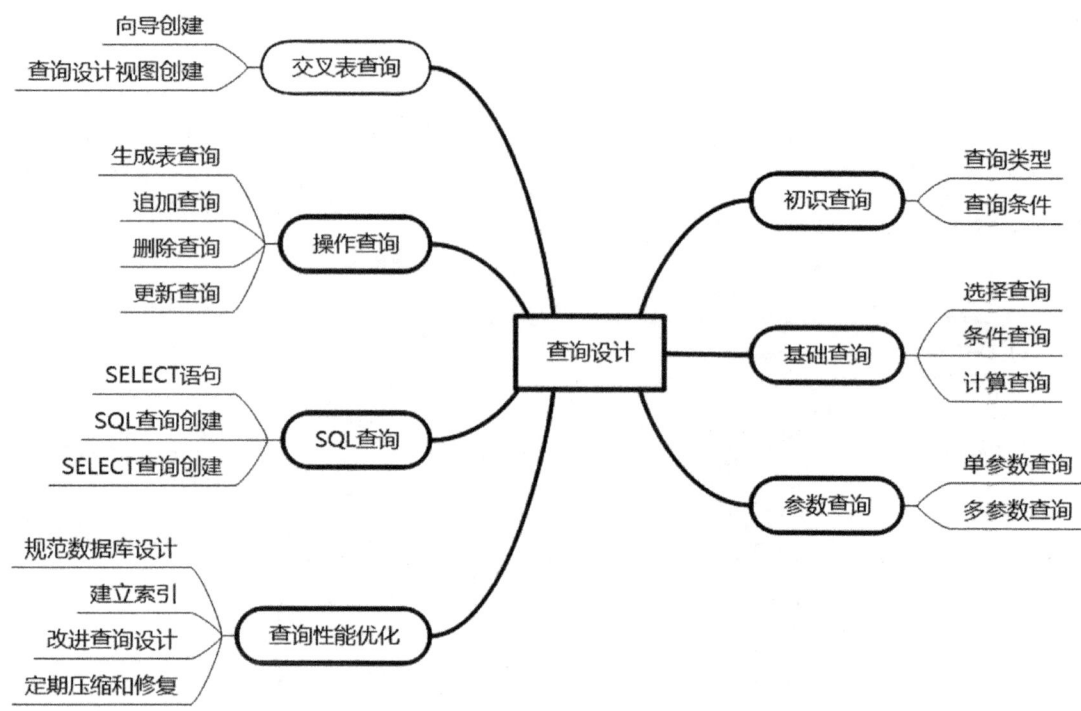

习题三

一、单选题

1. 不属于查询三要素的是（　　）。
   A. 数据来源　　　B. 输出字段　　　C. 输出条件　　　D. 表间关系

2. 在 Access2016 数据库中使用向导创建查询时，其数据不能来自（　　）。
   A. 记录　　　B. 多个表　　　C. 表或查询　　　D. 一个表的一部分

3. 在疫情数据表中有每个省份每天的新冠病毒确诊人数，若要查询各省份 2021 年确诊人数，需要按省份（　　），求确诊人数的（　　）。
   A. 合计(Sum)，分组(Group By)　　　B. 分组(Group By)，合计(Sum)
   C. 计数(Count)，分组(Group By)　　　D. 分组(Group By)，计数(Count)

4. 2021 年河南春晚出圈刷屏，惊艳全国，其中最火的两个节目就是《唐宫盛宴》和《天地之中》，如果要查询这两个视频，则查询条件应设置为（　　）。
   A.In("《唐宫盛宴》"Or"《天地之中》")　　B. "《唐宫盛宴》" And "《天地之中》"
   C. In("《唐宫盛宴》", "《天地之中》")　　D. In("《唐宫盛宴》" And "《天地之中》")

5. 创建参数查询时，在查询设计试图条件行中应将参数提示文本放置在（　　）。
   A.{}中　　　B. []中　　　C. ()中　　　D. <>中

6. 在设计视图中，若没有设置条件，但对某一字段的"总计"行选择了"计数"选项，则含义是（　　）。
   A. 统计全部记录的个数，包括Null（空）值
   B. 统计符合条件的记录个数，包括Null（空）值
   C. 统计符合条件的记录个数，不包括Null（空）值
   D. 统计全部记录的个数，不包括Null（空）值

7. 在"学生表"中有"姓名"字段，若要根据输入的学生姓氏，显示查询结果，在条件行应该输入（　　）。
   A. Left([姓名], 1, 1)=[请输入学生姓氏]　　　B. Mid([姓名], 1, 1)=(请输入学生姓氏)
   C. Left([姓名], 1)=[请输入学生姓氏]　　　D. Mid([姓名], 1, 1)={请输入学生姓氏}

8. 若要统计班级中 2020 年每个学生各个月份的网购消费情况，则下列说法中错误的是（　　）。
   A. 行标题可以为学生姓名　　　B. 列表题可以为各个月份
   C. 值可以是消费金额求和　　　D. 值可以是消费金额计数

9. 数据表"学生"包括学生姓名、科目和成绩三个字段，要创建一个交叉表查询在行上汇总每名同学的成绩，则应该作为列标题的是（　　）。
   A. 科目　　　B. 学生姓名　　　C. 成绩　　　D. 任意字段都可以

10. 生成表查询必须单击（　　）按钮才能生成新表。

A. 联合　　　　　B. 编辑　　　　　C. 视图　　　　　D. 运行
　11. 假设创建一个"逛街采购表"，表中有字段：顺序编号、品牌和可接受单价等，现要将表中"品牌"字段内的"H&M"有关内容全部清空，应使用的查询是（　　）。
　　A. 追加查询　　B. 删除查询　　C. 生成表查询　　D. 更新查询
　12. 假使将最新发掘的三星堆黄金面具相关数据记录添加到"三星堆遗址文物发掘表"中，要求保持"三星堆遗址文物发掘表"中原有的记录，可以使用的查询是（　　）。
　　A. 追加查询　　B. 选择查询　　C. 更新查询　　D. 生成表查询
　13. 若要上调淘宝中相应商品价格，最方便的方法是使用（　　）。
　　A. 追加查询　　B. 选择查询　　C. 更新查询　　D. 生成表查询
　14. SQL 查询语句中，用于对指定字段分组的子句时（　　）。
　　A. ORDER BY　　B. FROM　　C. WHERE　　D. HAVING
　15. 下列关于 SQL 语句的说法中，错误的是（　　）。
　　A. 若要从多个表中查询数据，需要使用同名字段，将多个表关联起来
　　B. 若在 SQL 查询语句中，出现同名字段，需要在同名字段前加表名前缀
　　C. HAVING 子句可在 GROUP BY 子句后面出现，也可单独使用
　　D. 嵌套查询先执行内层的 SELECT 语句，构造外层 SELECT 语句的查询条件

二、填空题

　1. 在执行参数查询时，＿＿＿＿会弹出一个或多个对话框。
　2. 在创建交叉表查询时，在左侧显示的字段称为＿＿＿＿，在顶端显示的字段称为＿＿＿＿，行和列交叉位置显示汇总信息。
　3. ＿＿＿＿是一种通用且功能强大的结构化查询数据。
　4. 具有定界符的常量类型有＿＿＿＿、＿＿＿＿；其定界符分别为＿＿＿＿和＿＿＿＿。
　5. 逻辑运算和关系运算的结果均为＿＿＿＿型数据。
　6. 创建计算查询时，输入计算字段或计算表达式的规则是：＿＿＿＿。
　7. 若要将最近去过高风险地区的人员信息筛选出来存储在一个新表中，需要用到＿＿＿＿查询。
　8. 若要将某一高风险地区调整为低风险地区，需要用到＿＿＿＿查询。
　9. 在 SQL 的查询语句中，＿＿＿＿子句用于设置查询条件，＿＿＿＿子句用于对记录进行分组。
　10. 在"双十一"的销售表（商品编号，商品名，商品类别，销售金额）中，若要统计每种商品的销售金额，应按＿＿＿＿字段分组，对＿＿＿＿字段求和。

第4章 窗 体

窗体是什么？学了以后，在我们生活中都可以干嘛呀？

简单来说，就是人能操作数据的界面，比如饭店的自助点餐界面、ATM机存取款界面、微信/QQ界面等。我们学习窗体可以更好地完善数据库功能，提升用户体验感。

说到"窗体"这两个字，我们可能最先想到的是 Windows 系统，Windows 系统就是它革命性地创造了可视化图形界面，可以让大家用鼠标和键盘轻松地通过一个一个窗体完成你想要做的任务，由于窗体是其系统特色所以命名为 Windows 系统。而在没有 Windows 系统之前大家只能一行一行地去敲代码完成任务，没有任何可视化过程的系统对用户的使用体验感是极其糟糕的，所以 Windows 系统一经推出便逐渐淘汰掉其他无窗体操作系统而风靡世界，如图4-1所示。由此可见，可视化操作界面——窗体，对于用户的便利性和对于一个系统的重要性，而本章我们就来学习如何创建 Access 数据库系统的窗体。

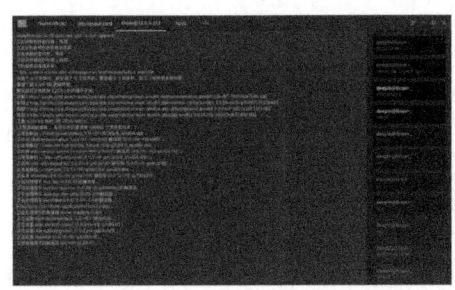 

图4-1 早期操作系统和有了窗体的操作系统

4.1 初识窗体

前面章节讲过，Access 数据库是一款面向对象的数据库，那么窗体就是其中一种基本且重要的对象。窗体通过给用户提供一个友好的操作界面来达到让用户更加方便、高效、直观地管理数据库的目的，用户可以通过窗体实现对数据库中数据的输入、编辑、查询、显示、筛选等操作。

如图 4-2 所示,随着心心念念的寒暑假将至,如果放假坐火车回家,很多同学都会需要用到火车站的自动售票机,根据界面提示信息,简单操作几下票就出来了,非常方便好用。自助售票机的界面都是由一个个窗体组成,因此好的窗体设计会直接影响到用户的使用体验,如果你学完本章,设计了一个需要操作几十次才能取票的窗体界面,用户取票时将会变成一种折磨。

图4-2 火车站自助售票机

4.1.1 窗体概述

窗体是用户和数据库"沟通"的桥梁,窗体本身并不存储数据,窗体只是一个交互界面。创建窗体后,用户可以通过窗体中的多种组成控件,直观且方便地对数据库中的相关数据进行操作,如图 4-2 我们可以操作自助售票界面来查看相应列车是否有余票,能否购买。

我们为什么要设计窗体呢?

举个例子,国内高考人数已经多次破千万,最后查分时如何能准确找到自己的分数呢?是因为你的高考分数在人潮中多看了你一眼吗?还是因为你合理地运用了高考查分窗体呢?

窗体为用户提供数据库的操作接口,避免用户直接对底层数据进行不当操作,不同作用的窗体可以让用户更加方便快捷地达到目的,如高考查分界面,这是 Access 数据库面向对象思想的重要体现。

用户去操作窗体时,都会阅读并理解窗体中传递出来的信息,那么窗体中都会含有那些信息呢?

一般窗体中都包含有两种信息。

1. 静态信息

静态信息是窗体中与数据库数据无关的附加元素信息,此类信息一般对于用户没有直接的用处。如美化窗体的边框花纹样式,最小化、最大化、关闭等功能按钮的图片样式等,如图4-3所示。

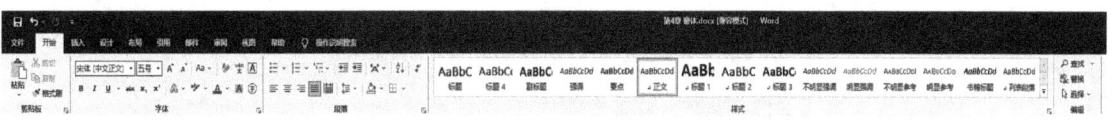

图4-3　窗体的静态信息

2. 动态信息

动态信息是窗体中与数据库数据有关的附加元素信息,是会随着用户增、删、改、查操作而时刻变化的,此类信息一般为用户的有用信息。如教材中附带的高招考试系统中填报志愿窗体,在现实生活中录入的报考院校及专业信息可能会在报名截止前,随着用户自身原因进行多次修改,这些信息即为动态信息,如图4-4所示。

图4-4　填报志愿窗体

我们现在知道了为什么要设计窗体和窗体所能包含的信息,那我们设计窗体是为了完成什么样的功能呢?或者说在什么样的需求环境下,我们才会设计窗体呢?

下面我们来介绍窗体具备的三个功能,方便同学们在需要的时候想到去设计窗体。

1. 数据的输入、显示与编辑

这是窗体最基本的功能,用户可以通过窗体这个交互界面非常方便地输入数据,并且窗体也可以根据用户需求对数据库中指定的数据进行显示和编辑。

如图4-5所示,大家最常用到的浏览器搜索功能,就为我们提供了清晰明了的输入数据和显示数据的功能。

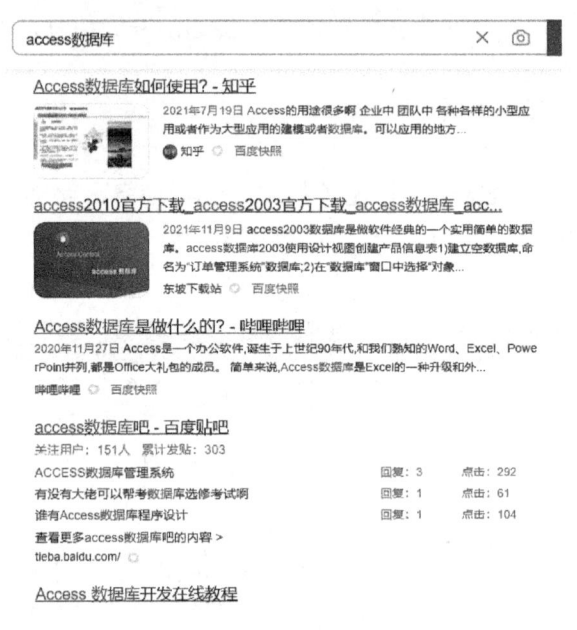

图4-5 交互界面窗体

2. 消息的显示

这是窗体的附加功能，完善的数据库应用系统都会拥有一系列完整的信息窗体功能，用警告、提示、说明、报错等消息窗口来引导用户进行数据库的相关操作。在第六章宏设计中，将专门学到"MessageBox"这一不可或缺的宏命令来设计消息窗口的相关操作。

如图4-6所示，平时在进行一些窗体操作时，会根据逻辑进程提供一些消息显示提醒内容，用于更好地服务用户。

图4-6 填报志愿窗体

3. 控制应用程序的执行

窗体作为Access数据库的基本对象之一，负责为用户提供相应数据库的操作接口，窗体与函数、子程序、宏命令、VBA 代码等手段相结合，通过窗体中的各个按钮控件，让用户根据自身需求点击控件进入相应的应用程序，以达到控制程序流程的目的。

如图 4-7 所示，平时在进行手机操作时，手机界面就相当于一个窗体，上面的 APP 按钮会随着用户的点击按某种顺序打开，连接到各个 APP 对应的数据库中，更好地服务用户。

图4-7　控制应用程序窗体

4.1.2 窗体类型

我们现实生活中见到的窗体一般有两类：绑定型窗体和未绑定型窗体。而我们可以根据外观，还有窗体本身的逻辑来区分，主要判断的是窗体有/无数据来源。

那么如何来判断有/无数据源呢？我们下面结合着窗体类型，进行详细介绍。

1. 绑定型窗体

绑定型窗体又叫有源窗体，窗体中的数据是通过数据表、查询语句、VBA 等方式拥有数据源。此类窗体主要用于让用户根据自身需要，对数据库中的数据进行编辑、显示等操作。简单点说，就是可以和数据库产生呼应的窗体，在外观上会主动或者被动地显示一些数据库中的数据信息。

如图 4-8 所示，我们可以先根据外观和窗体具备的逻辑元素进行判定，用户需要输入考生号，点击查询按钮后窗体会根据正确的考生号显示考生分数。此时本窗体的数据源一定是绑定数据库中的高考成绩表，所以此窗体为绑定型窗体。

图4-8 高考成绩查询窗体

2. 未绑定型窗体

未绑定型窗体是无源窗体,此类窗体不绑定数据源,所有的显示内容都不能与数据库产生呼应,需要用户自己输入或计算得出,从外观的逻辑性上就可以判断是否绑定数据源。

如图4-9所示,当用户自行输入身高、体重并选择性别后,上限、下限和最后胖瘦的判断是直接通过国际通用的身材健康计算公式带入用户输入的数据信息得出,窗体本身并没有绑定任何数据源,此类窗体叫未绑定型窗体。

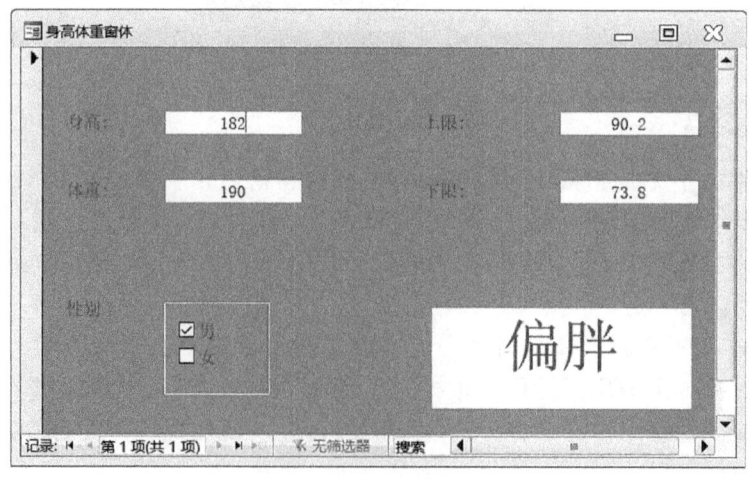

图4-9 身高体重窗体

4.1.3 窗体视图

老师，窗体为什么有不同的视图形式呢？用一种视图不行吗？要不然多麻烦！

你站在桥上看风景，看风景的人在楼上看你；明月装饰了你的窗子，你装饰了别人的梦。对同一个事物，不同视角会有不同表述，窗体的视图就相当于对窗体不同视角的表达，用以满足用户的不同需求。所以，窗体多视图是很有必要的。

在 Access 数据库当中，窗体可以直接使用 4 种不同的视图方式进行显示，窗体视图间是可以进行相互切换的。下面我们就以"高考成绩查询系统"为例，详细介绍窗体视图的作用，学会后我们可以根据不同的需求场景来选择不同的视图角度呈现窗体内容。

小提示：如图 4-10 所示，窗体视图在窗体设计工具栏下设计选项卡中的视图按钮中呈现，一般需要先创建一个窗体，随即就可以切换不同的视图形式了，同学在学过 4.2 创建窗体后，尝试一下视图功能吧。

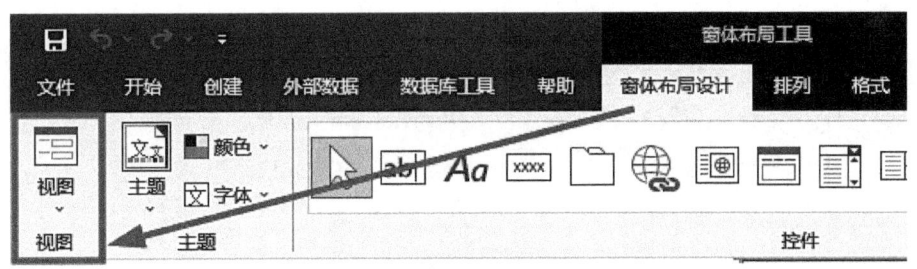

图4-10　窗体视图按钮展示

如图 4-11 所示，Access 数据库为窗体提供了四种视图模式：窗体视图、数据表视图、布局视图和设计视图，每个视图都有各自不同的功能属性，都是我们在接触窗体和设计窗体时必须要用到的，下面我们将分别进行讲解。

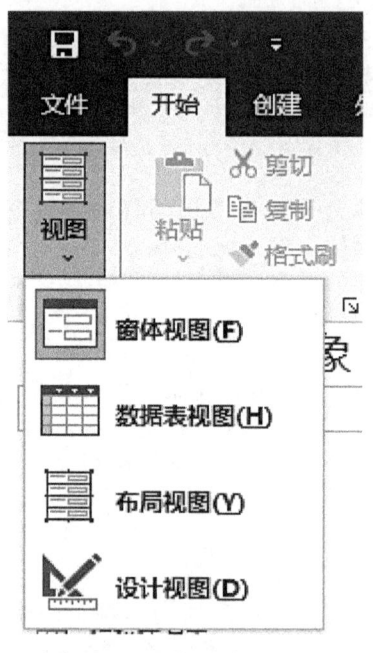

图4-11　窗体视图展示

1. 窗体视图

此视角为在设计完成后，运行窗体时的最终呈现画面，与用户最终看到和使用的界面样式一致。由于窗体视图是用户的最终操作界面，所以可以在此视图中编辑和显示数据、查看各个相关的消息提醒、对应用程序进行流程控制，如图4-12所示。

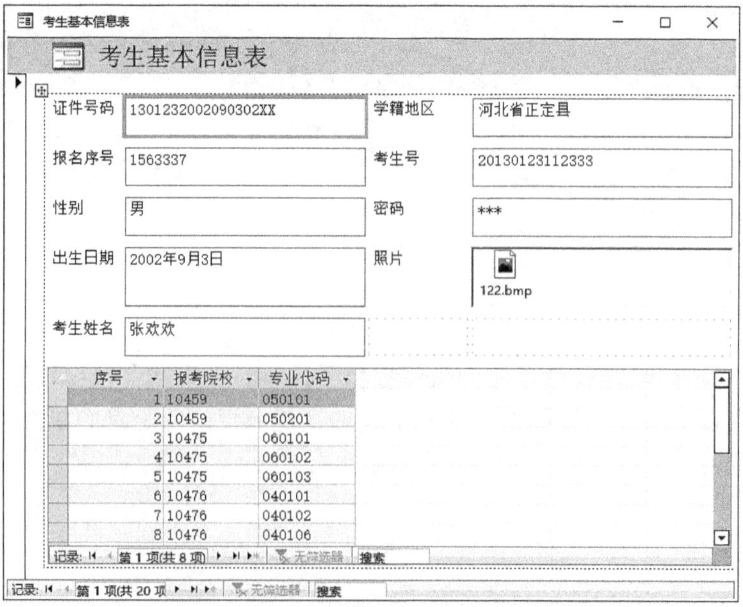

图4-12　考生基本信息窗体

小提示：在窗体设计完成后，为了查看最终的设计效果是否符合预期，可以把视图切换为窗体视图进行判断。

2. 数据表视图

只呈现窗体中涉及到的数据，并以数据表的形式表现出来。此视图可以利用有限空间给用户展示尽量多的数据信息，使得用户可以方便直观地进行大量数据的快速浏览，批量处理数据等操作，比如同学们的聊天记录或高考成绩等的整理公布页面，多为此种形式呈现，如图 4-13 所示。

图4-13　高考成绩查询窗体

3. 布局视图

布局视图是从 Access2010 版本开始新增加的视图形式，显示效果与窗体视图一致，但是可以根据用户需求对窗体和窗体中控件进行大小、形状、位置等属性的调整，目的是为了方便用户可以直观即时地看到修改后的运行结果，如用户对结果不满意可以按 Ctrl+Z 组合键进行撤回操作。

如图 4-14 所示，在布局视图下，窗体中的控件都可以被选中并灵活地移动位置、编辑内容，橙色边框即为选中状态。

4. 设计视图

此视图可以实现用户对窗体进行更加灵活的设计操作，不管是创建新窗体还是修改已存在的窗体，都可以用此视图来完成，如图 4-15 所示。此视图模式是设计者进行窗体设计时运用最多的，其中默认遍布均匀网格线，可以让设计者清晰地看到控件的相对位置，便于调整完善设计内容。

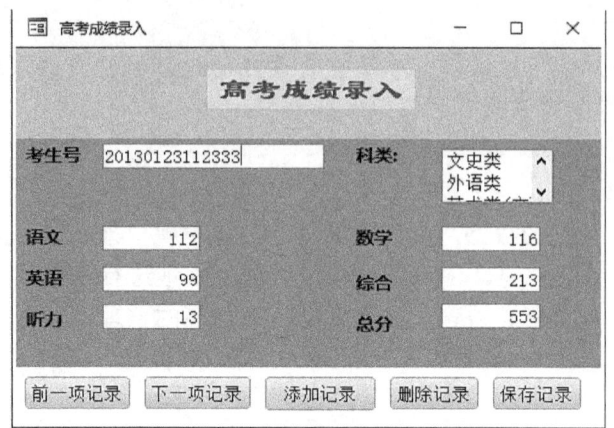

图4-14 填报志愿窗体

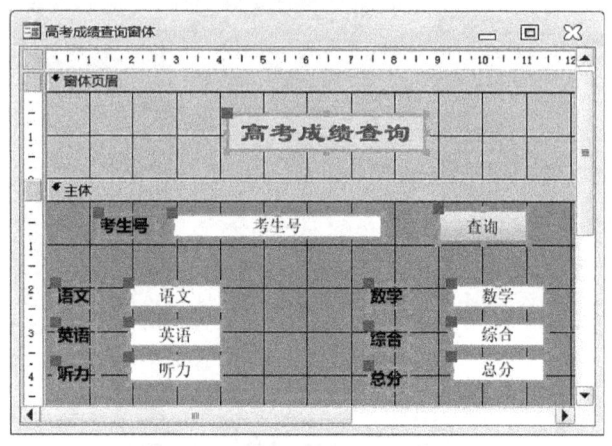

图4-15 高考查询窗体设计视图界面

4.2 快速创建窗体

同学学了以上知识后,已经迫不及待地想要创建自己的第一个Access数据库窗体了吧?接下来,我们就介绍一下创建流程。

Access2016为用户提供了两种创建窗体的方式,第一种是自动或向导式快速创建窗体,第二种是以设计视图为基础进行窗体的设计创建。我们先介绍第一种方式。快速创建窗体的优点是方便快捷,对用户的操作要求简单,甚至可以一键式操作创建,节省用户时间,缺点是创建出来的窗体轮廓版式单一,不能完全满足用户的细节需求,一般还需要再次进行调整。

小提示:同学们快速创建有源窗体时需要注意,首先一定要选中窗体数据源(如表、查询语句、VBA语句等),然后再点击相应的功能按钮进行快速创建。如果不选择数据源,创建出来的窗体会是一个空白窗体的呈现方式,没有具体的内容展示。

4.2.1 自动创建窗体

在 Access2016 中，一般以两种方法自动创建窗体。

1. 使用"窗体"命令按钮

"窗体"命令按钮位于"创建"选项卡中的"窗体"区域，如果想使用"窗体"命令按钮，一定要先选择数据源，否则"窗体"命令按钮为灰色不可选中状态，如图 4-16 所示。

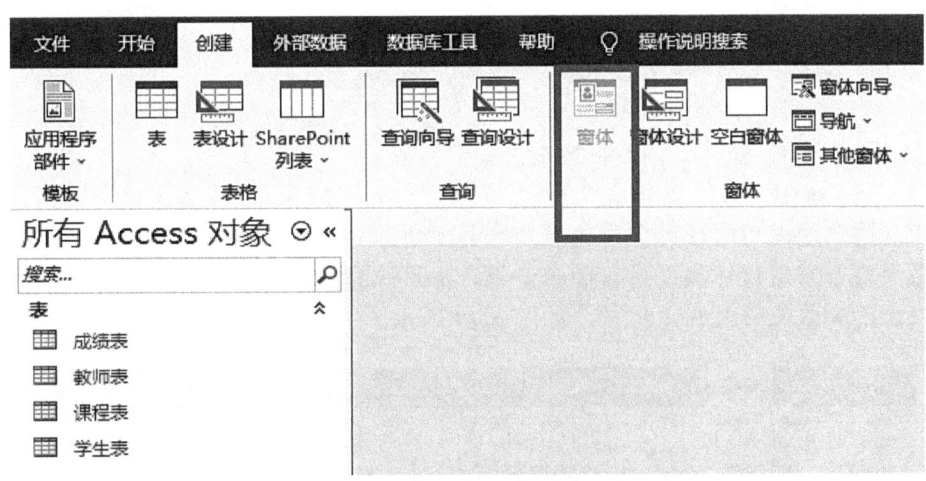

4-16 窗体命令按钮不可选定展示

【例 4-1】加载教务管理系统数据库，使用"窗体"命令按钮自动创建窗体，窗体显示内容为考生基本信息。

① 单击选中在"导航"窗格中的考生基本信息表，这样创建出来的窗体为有源窗体，可以直观展示学生表中的相关数据信息，如图 4-17 所示。

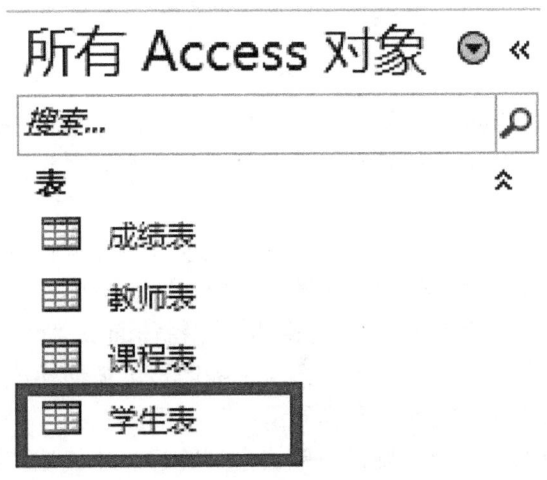

图4-17 数据源选定

② 单击"创建"选项卡。
③ 单击"窗体"区域的"窗体"命令按钮，如图 4-18 所示。

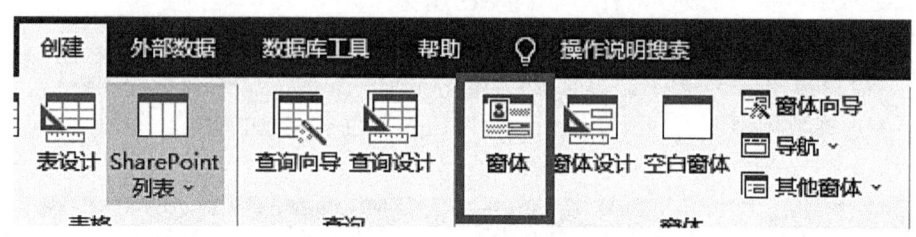

图4-18 "窗体"命令按钮

2. 使用"其他窗体"命令按钮

"窗体"区域中"其他窗体"命令按钮为一个下拉箭头，"其他窗体"其实为一个小型窗体库，用户通过单击该箭头可将其内容显示出来，库中包含多种其他窗体类型以供选择。下面对几个常用窗体类型进行简单介绍，如不选择数据源，其他窗体下拉框中除了模式对话框，均为灰色不可选定状态，如图 4-19 所示。

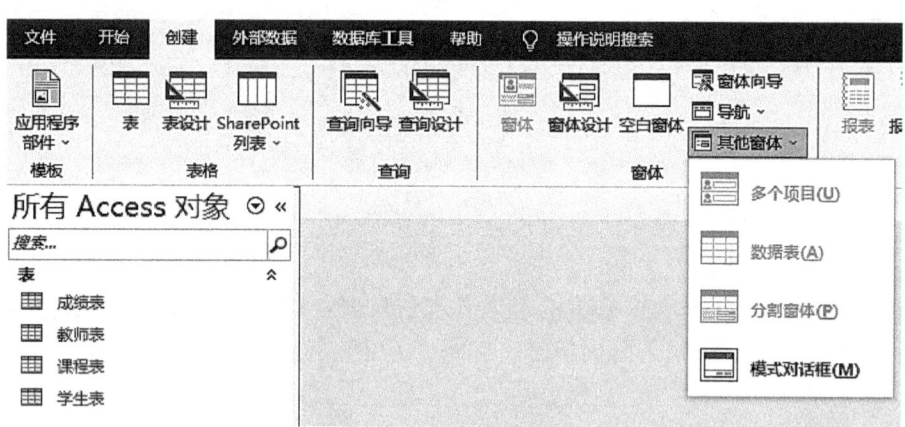

图4-19 "其他窗体"按钮

➢ 多个项目：创建一种标签式窗体，此窗体会根据相关数据源来显示详细的数据信息。
➢ 数据表：创建一种数据表式窗体，此窗体会以最高效的空间布局方式显示所有数据信息。
➢ 分割窗体：创建一种上下两栏对应分割式的窗体，此窗体会用两种布局方式显示数据源中的数据，用户可以通过拖拽的方式调整两种布局在整个窗体中显示面积的比例。
➢ 模式对话框：创建一种对话框式的窗体，此窗体通过"确定""取消"命令按钮来与用户进行互动，其独占式的运行机制导致除了关闭不可被切换成其他窗体形式，模式对话框创建的窗体默认为"设计视图"形式显示。

以上两种方法学会了吗？一定要在电脑上多加练习，才能达到熟能生巧的地步。

4.2.2 创建空白窗体

当你创建空白窗体时，因为是"空白"，所以其窗体本身没有任何数据源。可以直接点击"创建"选项卡"窗体"区域中的"空白窗体"按钮进行创建操作，当创建操作完成后，此窗体不含任何控件内容，并以"布局视图"模式显示。

界面右侧为当前数据库"字段列表"，用户可以根据自身需求拖拽字段到空白窗体中，最终以数据表的形式进行显示。如果界面右侧没有出现"字段列表"界面，用户可以点击"设计"选项卡"工具"区域的"添加现有字段"命令按钮进行添加。

【例 4-2】以空白窗体为基础创建一个考生基本信息窗体，需要显示考生的证件号码、报名序号、考生姓名、性别、出生日期和照片。

解题步骤：

① 打开"高招考试系统"数据库，单击"创建"选项卡"窗体"区域中的"空白窗体"按钮，用以创建一个空白窗体，如图 4-20 所示。

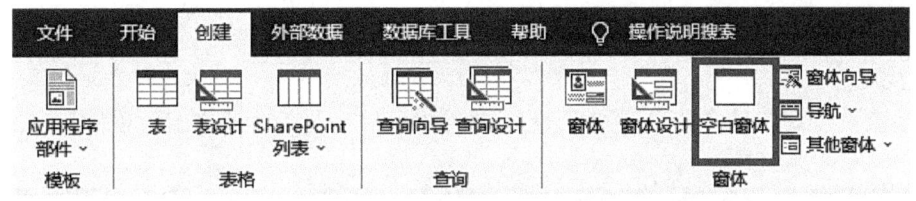

图4-20　"空白窗体"按钮

② 在界面右侧的字段列表区域点击"考生基本信息表"前"+"号，然后把相应字段按顺序拖拽到空白窗体中，如下图 4-21 所示。

图4-21　考生基本信息窗体

请思考和实践：当你拖拽"字段列表"中的字段到空白窗体时，如果没有建立"表间关系"，不同数据表中的字段可以被顺利拖拽到空白窗体吗？为什么呢？

4.2.3 向导创建窗体

使用"窗体向导"命令按钮创建窗体的操作,是快速创建窗体中较为灵活的创建窗体方式。"窗体向导"可以直观地引导用户去根据自身需求设计窗体中的字段、整体布局(纵览表、表格、数据表、两端对齐)、数据显示方式以及窗体标题等元素信息,最终自动创建该窗体。

小提示:
1. 做好表间关系的建立,再使用向导创建窗体;
2. 只有查看数据方式为"单个窗体"时,布局中才会出现"纵栏表""两端对齐"。

【例 4-3】在高招考试系统数据库中,以向导创建窗体的操作创建一个纵栏式"考生基本报考信息"窗体,其中需要显示考生号、证件号码、考生姓名、报考院校、专业名称字段信息。

解题步骤:

① 单击"创建"选项卡"窗体"区域中的"窗体向导"命令按钮,如图 4-22 所示。

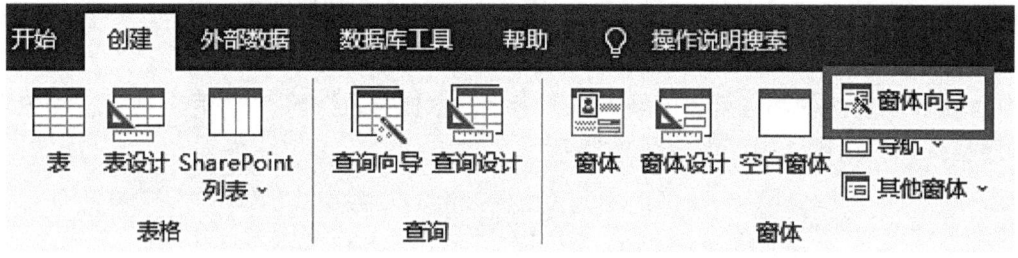

图4-22 "窗体向导"按钮

② 在弹出的窗体向导界面中,用户可以使用"表/查询"下拉列表选择本数据库所有数据表或查询,根据用户选中的"表/查询"内容,下面"可用字段"会显示相应的字段名称。用户可以使用两个小列表框中间的四个按钮在"选定字段"列表框中添加或者删除字段。此时我们可以根据题意选择"高考成绩表"中的"考生号"字段,"考生基本信息表"中的"证件号码"、"考生姓名"字段,"专业代码表"中的"专业名称"字段,"志愿表"中的"报考院校"字段,如图 4-23 所示。

小提示:用户可以通过双击"可用字段"列表框中字段名称直接将其变为选定字段。

第 4 章 窗　　体　153

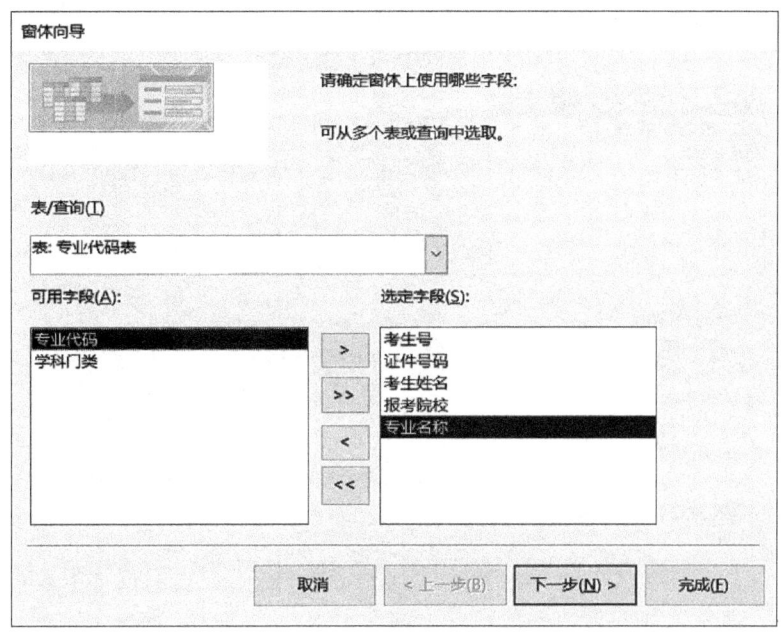

图4-23　窗体向导字段选择界面

③ 完成字段选择后单击"下一步"按钮，进入查看数据方式界面，此时会发现选择不同的数据表会出现单一窗体和主子窗体两种数据显示形式，如图4-24所示。分别单击

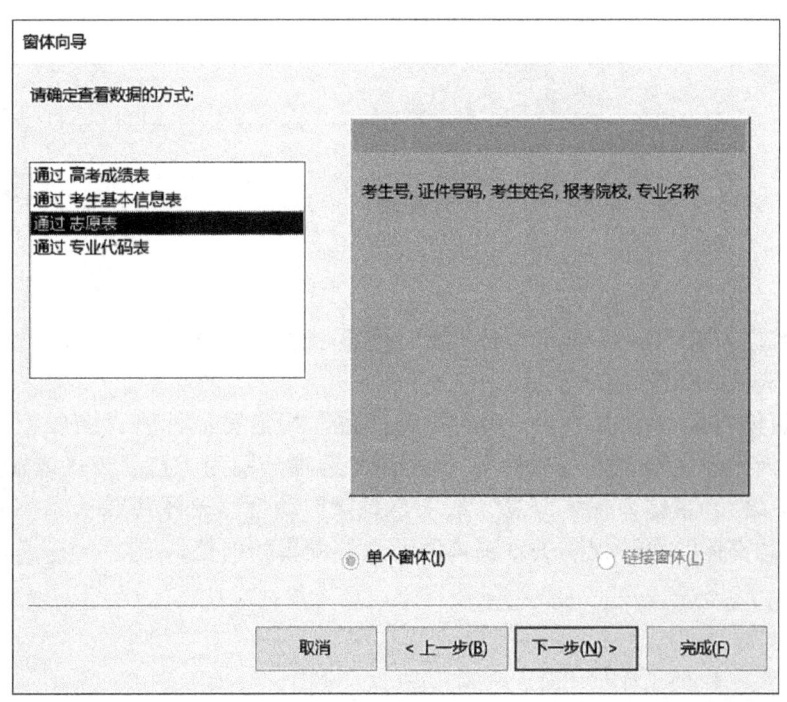

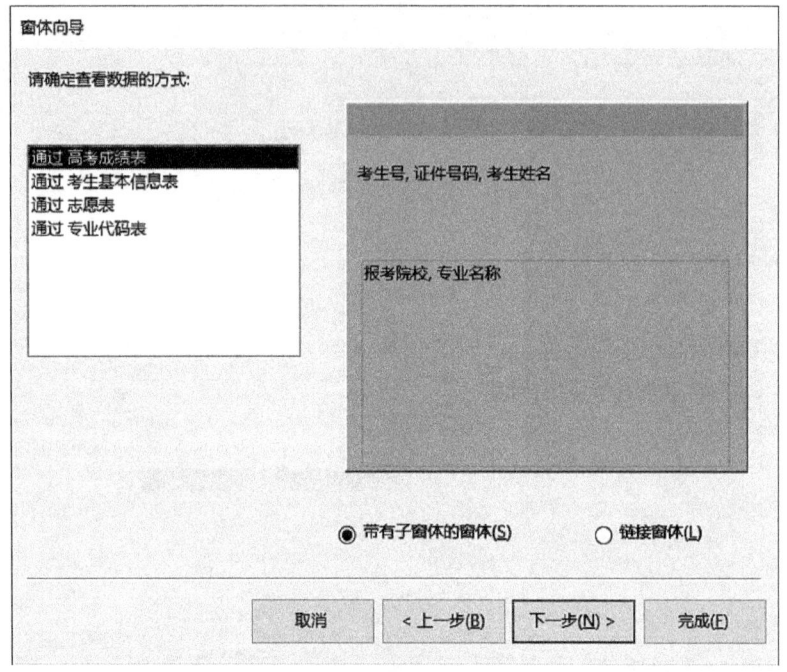

图4-24 查看数据方式界面

"下一步"按钮后会发现,单一窗体可进行纵栏表、表格、数据表、两端对齐方式的布局创建,主子窗体则可以进行表格、数据表方式的布局创建,根据题意我们选择"通过志愿表"查看数据的方式。

小提示:此步骤必须在表间关系创建完毕的情况下才可以进行,否则结束"窗体向导"界面,进行表间关系的创建。

④ 查看数据方式确定后单击"下一步"按钮,进入页面布局选择界面,根据题意选择"纵栏表"选项,如图 4-25 所示。

⑤ 确定窗体布局后单击"下一步"按钮,进入指定窗体标题界面如下图 4-26 所示,根据题意命名为"考生基本报考信息"。下面两个选项分别为"打开窗体或输入信息""修改窗体设计","打开窗体或输入信息"选项是直接自动创建窗体并展示,"修改窗体设计"选项则是打开此窗体的设计视图进行窗体中元素的编辑和调整。

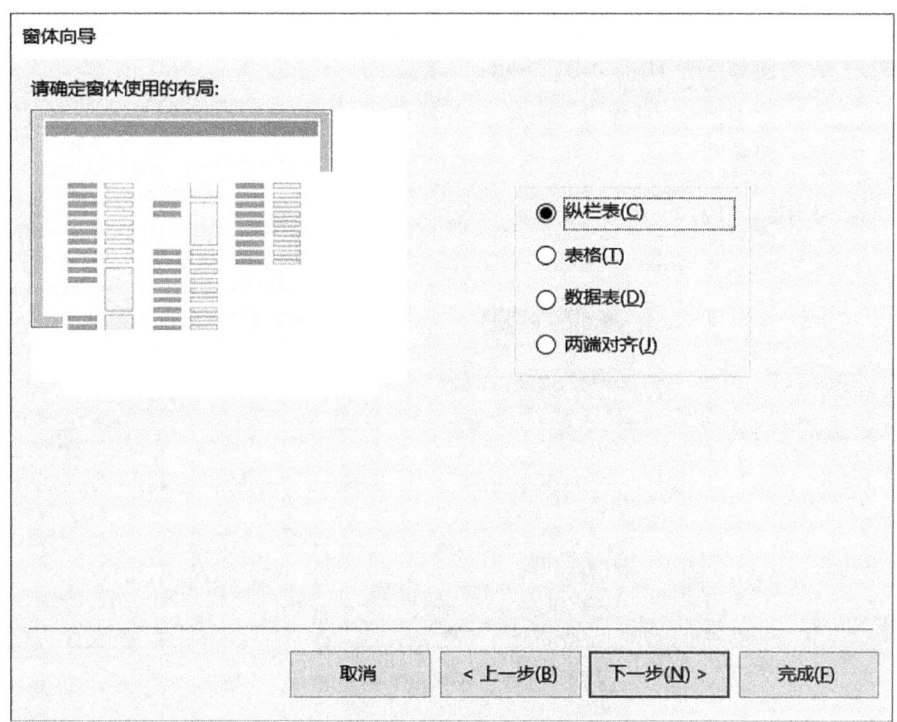

图4-25　页面布局选择界面

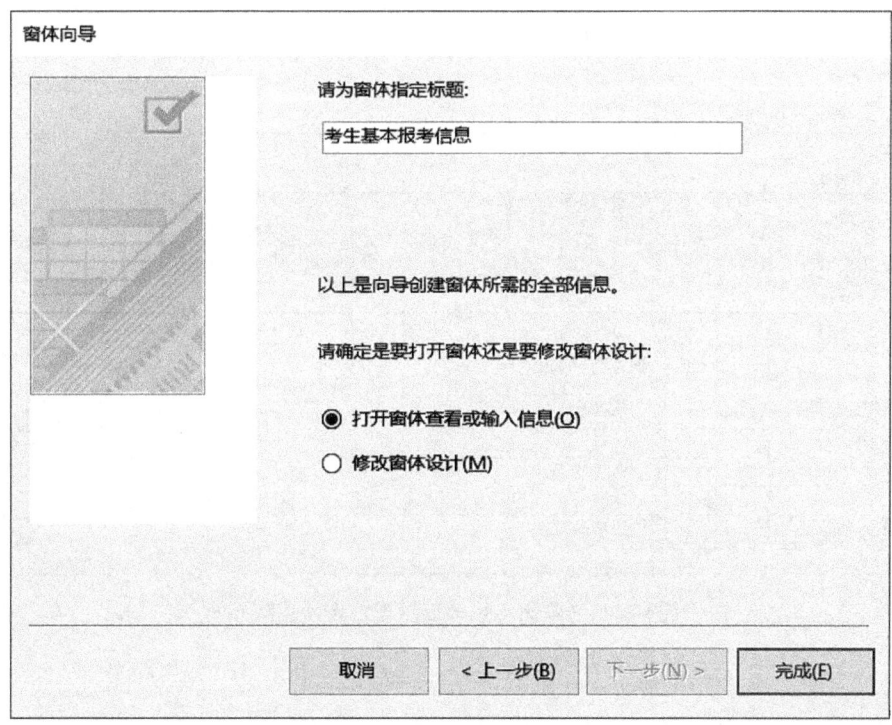

图4-26　窗体标题界面

⑥ 选择"打开窗体或输入信息"选项后单击"完成"按钮，并结束向导，保存窗体时窗体标题默认为窗体名，如图4-27所示。

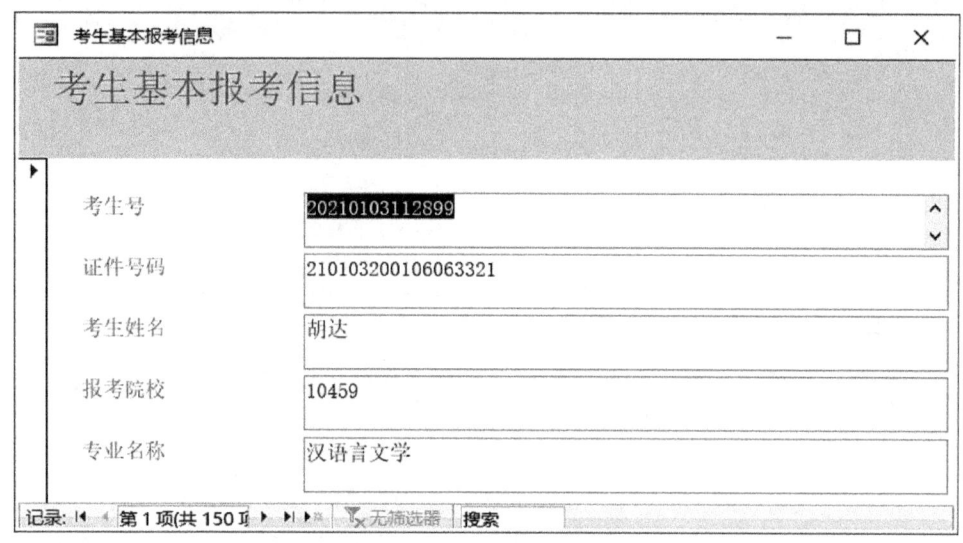

图4-27　考生基本报考信息窗体

⑦ 选择"修改窗体设计"选项后单击"完成"按钮，并结束向导，保存窗体时窗体标题默认为窗体名，如图4-28所示。

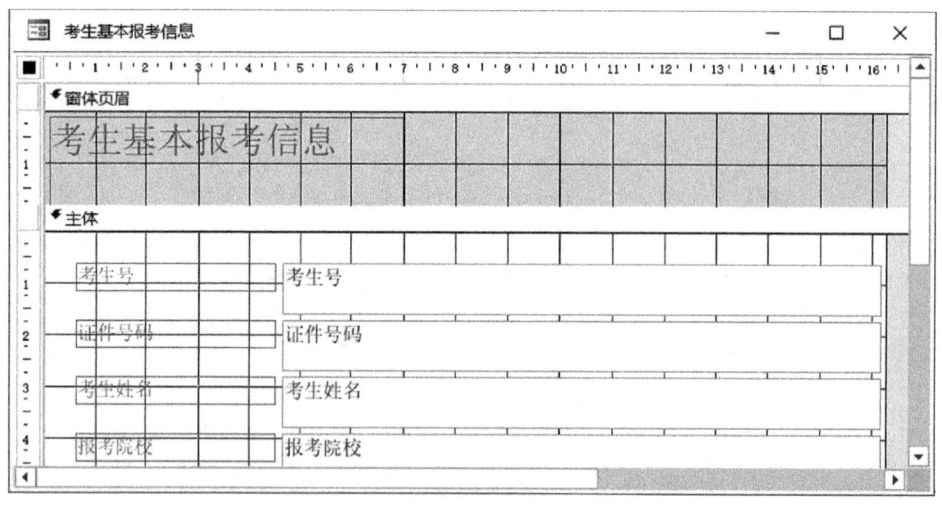

图4-28　考生基本报考信息窗体设计视图界面

4.3 设计视图创建窗体

设计视图创建窗体需要用户使用"创建"选项卡"窗体"区域的"窗体设计"命令按钮，用户可以使用此功能按钮创建一个新的空白窗体，并默认在设计视图下显示。此窗体不会绑定任何数据源，用户需要根据自身需要选择和设计数据源、控件、事件、布局等窗体元素，用此视图创建窗体能够满足用户对窗体设计的不同需求与应用。

小提示：
1. 在创建新窗体时，单击"窗体设计"命令按钮；
2. 面对已有窗体时，可单击"设计"选项卡"视图"区中的"设计视图"按钮，或者直接在左侧导航窗口中右键相应窗体名称选择"设计视图"选项。

4.3.1 窗体的界面

我们不光要创建一个窗体，还要在窗体中根据需要，运用功能界面进行自己的设计和创作，比如苹果系统的窗体与Windows和安卓的窗体风格就大相径庭。设计视图创建窗体中常用的界面有：设计视图界面、控件界面、字段列表界面，有了这3大常见界面，就可以创建出属于你自己的独一无二窗体啦！我们可以通过点击创建选项卡，窗体设计按钮来开始此功能的创建，如图4-29所示。

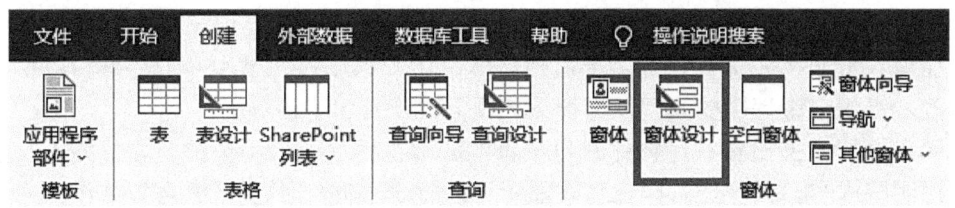

图4-29 "窗体设计"按钮

1. 设计视图界面

窗体的设计视图由5节组成，分别为窗体页眉、页面页眉、主体、页面页脚、窗体页脚，底部棋盘方格内容大小为实际窗体运行时的内部面积大小，可通过下方和右侧的方格边缘实线进行拖拽调整大小，整体界面如图 4-30 所示。但是在实际地使用"窗体设计"命令按钮新建窗体时，默认只显示"主体"节，如果用户想要如图 4-30 所示 5 节全部显示，需要右键单击主体内空白区域，在选项列表中选择"页面页眉/页脚""窗体页眉/页脚"即可显示相关5节内容。

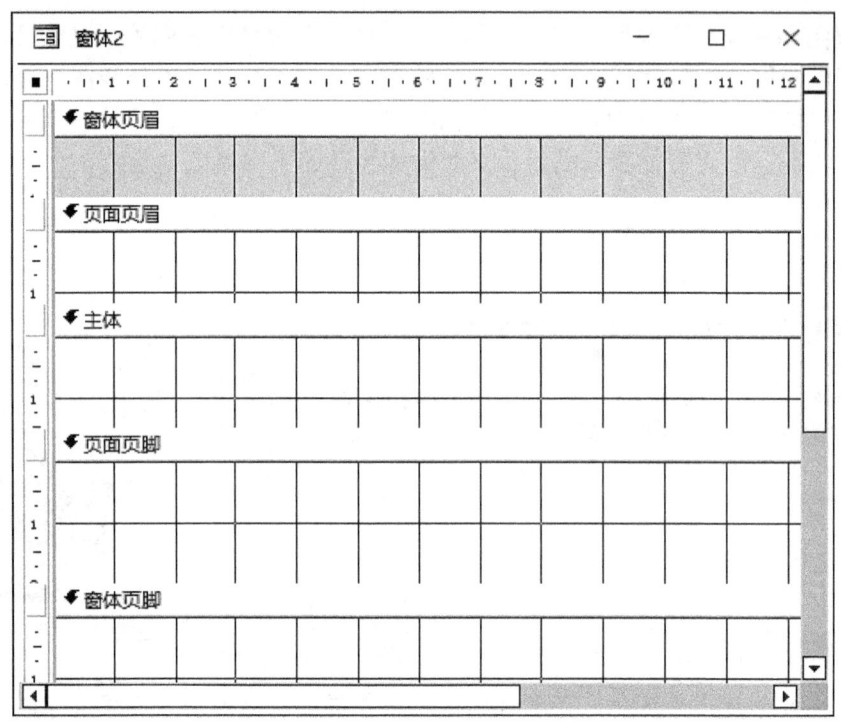

图4-30　设计视图界面

➤ 窗体页眉：此节在运行窗体时位于最顶部，一般用来显示窗体的标题与头部花纹（包括与主体间的分隔线等），但是在打印窗体中默认只会出现在第一页开头。

➤ 页面页眉：此节在打印窗体时每一页的头部位置显示，可设置窗体页头信息，如日期、时间等，此节内容只会在打印窗体时出现，运行窗体时不显示此节内容。

➤ 主体：此节为窗体设计的主要编辑区域，用户可以在此节中显示和编辑数据，设计控件功能，组织应用程序的流程，为窗体最重要的组成部分。

➤ 页面页脚：此节在打印窗体时每一页的底部位置显示，用于编辑如日期、时间、页面补充说明等内容，只会在打印窗体时显示，运行窗体时则不会显示此节内容。

➤ 窗体页脚：运行窗体时位于窗体最底部，一般用来放置各类流程功能按钮，实现流程控制。一般打印窗体时，默认只会紧跟在最后一页的数据内容后显示一次。

2. 窗体控件界面

窗体是由窗体主体和各种控件组合而成的，控件是窗体的组成部分，可用于输入、编辑或显示数据。控件用于在窗体的设计视图中对控件进行创建，并设置其属性，当拥有了控件，窗体才拥有了无穷的可能性。

只有打开窗体设计视图后，才会出现"窗体设计工具"选项卡，其中包含了"设计""排列""格式"三个子选项卡。用户在进行窗体设计时，主要运用"设计"选项卡中的"控件"区域元素进行操作，如图 4-31 所示。

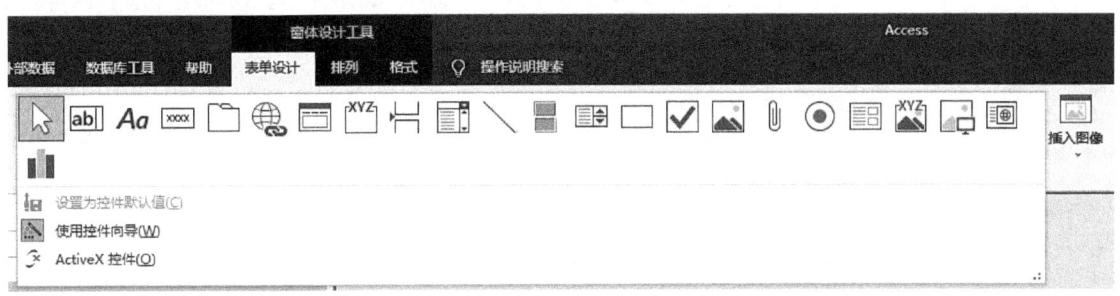

图4-31　窗体控件界面

小提示：
当你在创建窗体时，发现拖动控件进入设计视图界面后没有出现任何提示信息，影响你的设计操作，此时可以检查是否在图 4-24 中选择了使用控件向导，只有选定之后才会出现提示信息。

由于控件区域控件元素较多，使用表格进行基本控件及相关功能的介绍，如下表 4-1 所示。

表4–1　窗体控件及功能表

控件	功能
文本框（ab））	用户可进行编辑数据操作并显示出来，可绑定数据源
标签（Aa）	用户可进行简单的静态标签文字编辑
按钮（xxxx）	用户可实现点击类编辑操作，多为链接转到类功能，也可绑定代码
选项卡控件（▢）	用户可以文件夹与标签的形式集成多个界面
链接（🌐）	用户可以实现以地址指向内容的操作，比如指向一个Web页面、文件夹中的图片、小程序入口等
Web浏览器控件（▣）	用户可以实现用地址指向本地或者网络中的相应网页操作
导航控件（▭）	用户可以用其建立一个容纳导航信息的窗体元素
选项组（XYZ）	用户可以使用此容器容纳多个不同的逻辑性控件，如选项按钮、复选框、切换按钮
插入分页符（⊢⊣）	用户可用其进行物理性分页功能

续表

控件	功能
组合框（ ）	用户可用其实现一种由文本框和伸缩式列表组合的下拉式列表框功能，既可以选择也可以直接输入
直线（ ）	用户可用其制作粗细、长短、颜色、倾斜角度皆可改变的线条图形，可用于界面的分割或装饰
切换按钮（ ）	用户可创建一种具有三种显示状态的窗体元素，但创建时默认为两种显示状态，以是否填充颜色或阴影作为显示状态区分
列表框（ ）	用户可以用其创建一个只能在值列表内进行选择的窗体元素
矩形（ ）	用户可以用其设计一个可以调节各种属性的直观矩形区域
复选框（ ）	用户可创建一种具有三种显示状态的窗体元素，但创建时默认为两种显示状态，以是否拥有复选标记作为区分显示状态的标志
未绑定对象框（ ）	用户可用此容器容纳未绑定状态的OLE对象或嵌入式图片
附件（ ）	用户可以用其建立一个可容纳附件数据类型的容器，可以把外部的音频、视频、文档等文件附加到Aceess数据库当中
选项按钮（ ）	用户可创建一种具有三种显示状态的窗体元素，但创建时默认为两种显示状态，以是否有选中的小黑点作为显示状态区分
子窗体/子报表（ ）	用户可在原本窗体中再次嵌入一个子界面用以显示数据信息
绑定对象框（ ）	用户可用此容器容纳绑定至某个表字段的OLE对象或嵌入式图片
图像（ ）	用户可用此容器容纳相应的图片信息，此控件的系统开销极小
图表（ ）	用户可以用图表的方式显示相应的数据

3. 字段列表界面

当用"窗体设计"按钮创建一个新空白窗体后，单击"设计"选项卡"工具"区域"添加现有字段"命令按钮，会在界面的右边出现"字段列表"界面，如果界面内容空白则单击"显示所有表"选项，此界面会直接显示本数据库中所有的数据表，如图4-32所示。

点击相应数据表前的加号会以二级菜单的形式显示表中的全部字段名称，点击"编辑表"选项会自动跳到相应的数据表内容供用户进行编辑，用户可以通过拖拽相应的字段名称放入窗体中进行窗体的设计操作。

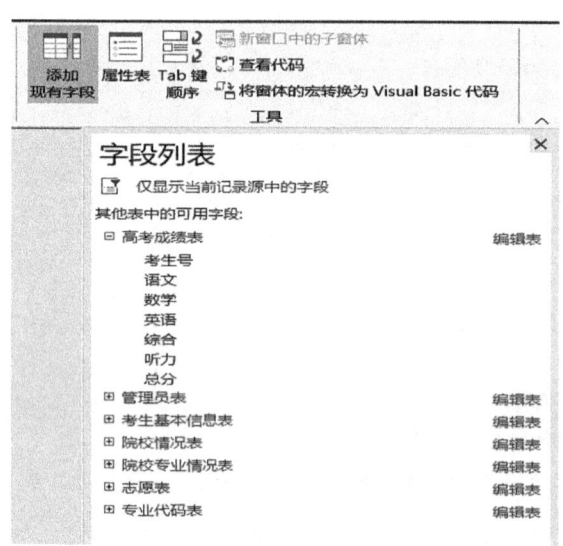

图4-32 字段列表界面

4.3.2 窗体属性表界面

属性是控件、字段或者数据库对象的静态特征，其决定了布局结构、体系外观、名称对象和方法行为。在 Access2016 的窗体和报表这两个对象中，广泛使用属性来设计对象特征，窗体本身和窗体中每一个元素上都有其独特的属性特征，即使附加到其他控件或对象中也不会丢失其属性特征。这些属性在 Acess2016 中都以"属性表"的形式进行显示，用户可以单击"设计"选项卡"工具"区域"属性表"命令按钮开启"属性表"界面。此界面由"格式""数据""事件""其他""全部"5 类属性界面组成，如图 4-33 所示。

小提示：按 F4 键可以直接快速开启"属性表"界面，双击取消停靠的属性表的标题栏区域可使其返回最近停靠位置。

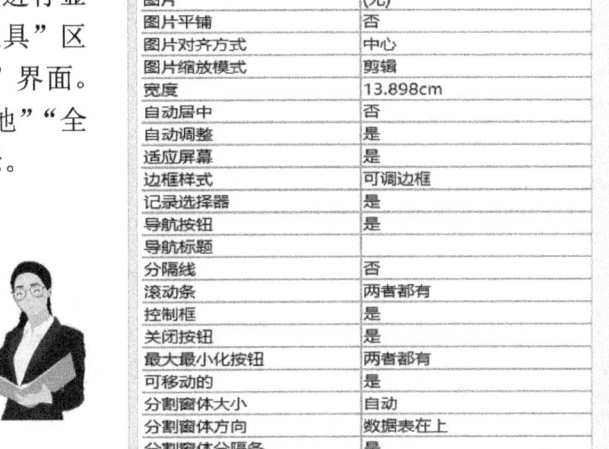

图4-33 属性表界面

1. 格式属性选项卡

格式属性是静态特征的基本属性，一般是设计数据、控件或对象的显示形式，如字体类型、大小、颜色、位置、滚动条等显示类型的属性信息，下面会介绍几种常用的属性。

➢ 标题：窗体在运行时，窗体顶部标题栏显示的信息。

➢ 允许窗体、数据表、布局视图：此处为窗体运行时可切换的视图模式。

➢ 图片：此处的图片信息为窗体的背景图片，区别于"图像"控件，直接填入图片地址即可。

➢ 自动居中：此属性决定了窗体在应用程序窗口的显示位置。

➢ 边框样式：边框样式分为无、细边框、可调边框、对话框边框，此属性为窗体显示在应用窗口时边框的样式，其中只有可调边框是可以再运行后调整窗体大小位置的，其他属性只能调整窗体位置，不能调整窗体大小。

➢ 滚动条：此属性为调整窗体运行后水平和垂直位置是否有滚动条出现，由于不少窗体设计的内容面积大于边框面积，就导致需要滚动条来显示窗体中的完整信息，如 Web 网页。

2. 数据属性选项卡

数据属性顾名思义是设计数据值的显示形式和绑定的数据源特征，如控件来源、数据的输入掩码、默认值等数据类型的属性信息，如下图 4-34 所示，下面会介绍其中几种常用的属性。

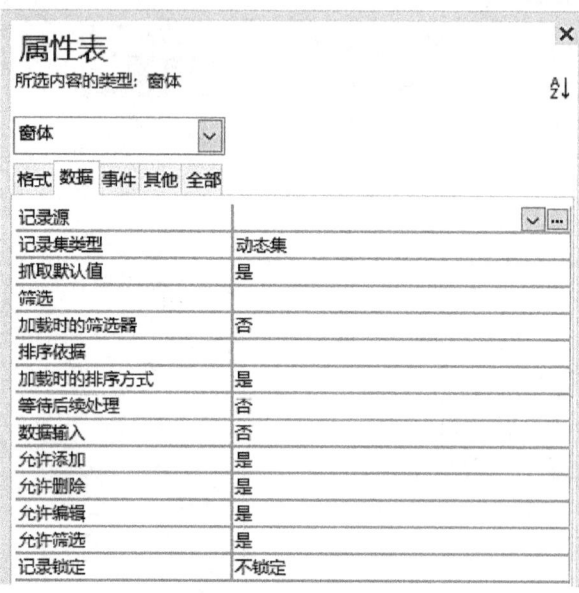

图4-34　填报志愿窗体

➢ 记录源：设计整个窗体的数据来源，通过下拉列表选择一个表或者查询，也可以输入 SELECT 语句，还可以单击省略号按钮在查询设计视图中运用前面章节的知识创建一个查询。

➢ 筛选：在运行窗体时用筛选条件来限制数据源中数据的显示输出，筛选条件的书写格式与查询条件的书写格式相同。

➢ 排序依据：设计相应的排序方式，ASC 表示升序，DESC 表示降序，书写规则为在写入的字段和表达式后添加英文升序或降序中间以空格隔开，字段和表达式之间用逗号隔开，字段和表达式后不写入内容默认以升序进行排列显示。

3. 事件属性选项卡

事件属性是设计窗体和窗体元素的识别与相应的动作特征，如单击鼠标按钮的动作响应、按某些键的自定义相应等动作类型的属性信息，此选项卡会控制整个窗体中事件的先后相应顺序、响应方式和相应位置，对于窗体中各个流的控制起到了不可替代的作用。

常用属性如"单击"，此属性为设计鼠标单击目标后的相应动作，在下拉列表中可以直接选择事件过程，或者单击省略号按钮用宏生成器、代码生成器、表达式生成器的样式自行编写相应动作。

4. 其他属性选项卡

其他属性是设计除了以上三大类属性的其他特征，如状态栏中的说明信息、工具栏、菜单栏等其他特征的属性信息。

常用属性如"弹出方式"，是否选择弹出消息窗口，且弹出的消息窗口默认在所有窗口前，操作系统的消息窗口中如系统更新信息窗口、蓝屏信息窗口等都遵循此属性。

5. 全部属性选项卡

全部属性是以上 4 大类型属性的整体集合，以方便用户，这里就不再赘述。

4.3.3 常用控件

这一节会简单介绍 Access2016 数据库中的几个常用控件，以及这些控件的常用属性。设计窗体一定绕不开设计控件，而好的控件设计一定需要使用者会灵活地设置其控件属性，所有的常用控件都在"窗体设计工具"中的"设计"选项卡里，如图 4-35 所示。

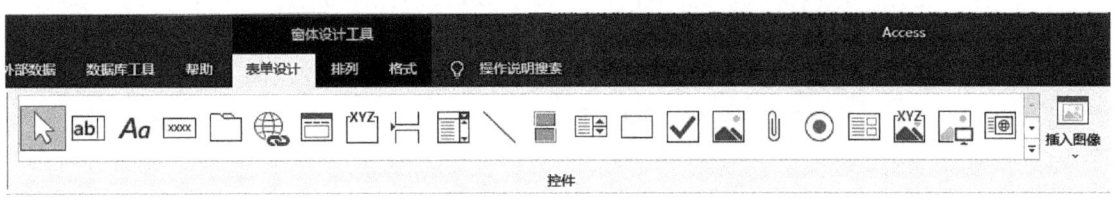

图4-35　窗体常用控件界面

"我们比任何时候，都更接近梦想"——致高考

很多人都经历过号称"学海无涯无捷径，勤学苦读跃龙门"的高考，无论你想不想参加，它就在那里，不离不弃。其中，同学们比较难忘的一个场景，一定有高考报名，下图4-36 的高考报名系统的登录界面你眼熟吗？你可以把这个窗体给做出来吗？

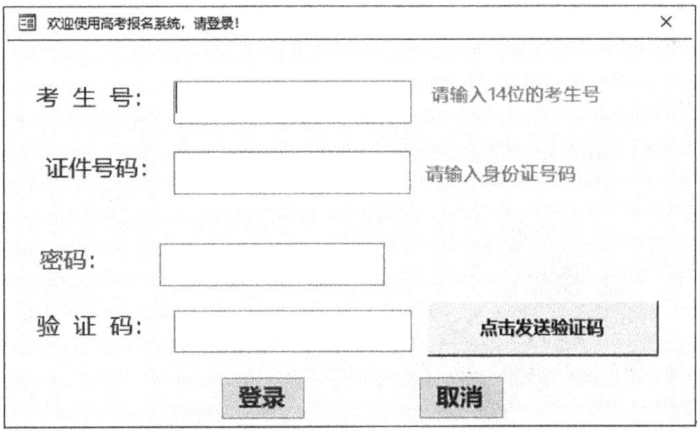

图4-36　高考报名系统登录窗体

图 4-36 的高考报名系统界面，是由窗体的各个控件还有属性共同创建而成的，我们下面就开始进行相关学习，希望你学完后可以自己创建一个报名系统登录窗体。

控件就是窗体中用于显示数据，实现增删改查操作和修饰的对象，控件是构成窗体界面的主要元素，灵活地去组合和运用控件，就可以创造出功能强大，实用且美观的窗体。

通常来说，窗体控件可以根据自身属性分为绑定型控件、未绑定型控件和计算型控件三种。

164　Access 数据库基础与应用

➢ **绑定型控件**：数据源是表或查询中的字段的控件称为绑定控件，使用绑定控件可以显示相应字段的值。例如上图中的点击发送验证码按钮，就是绑定了发送验证码到手机的宏命令动作，所以为绑定型控件。

➢ **未绑定型控件**：不具有数据源的控件成为未绑定型控件，可以使用未绑定型控件显示多种信息，或者修饰窗体使得界面更加美观舒适。例如上图中"请输入身份证号码"或显示窗体主题信息的承载控件容器，是不会随着数据库信息改变而更改的，所以这些控件没有绑定任何数据源，所以是未绑定型控件。

➢ **计算型控件**：数据源绑定的为计算公式或表达式的控件成为计算控件，通过数据源上表达式的定义来确定数据源所绑定的值或组合。例如在上图中"登录"按钮，当用户填入所有信息点击登录按钮后，会计算上面的验证码和发送的验证码是否一致，考生号证件号密码是否能对得上，所以是计算型控件。

老师,如果我想创建一个简单的学生登录界面,如下图4-37所示,应该怎样利用控件去做呢？

如果你想创建一个如下图4-37的简单学生登录界面，除了上面所学知识外，你还需要掌握4个控件，分别为：文本框、标签、命令按钮和图像，下面我们来详细介绍。

图4-37　学生登录界面

1. 文本框控件

在学生登录界面中，我们可以看到"用户名："" 密码："这样的标签名称，后面都跟着空白格，这其实是用一个控件来实现的，我们称之为文本框控件。只需要用"窗体设计"按钮新建一个空白窗体,然后在控件界面单击选中文本框控件,最后在空白窗体你想要放置文本框控件的地方再次单击鼠标即可,然后根据需要修改前面的文本标签和文本框属性。

文本框控件在显示数据时,可以配合其他多种控件实现交互动作,是窗体中最重要的控件之一。此控件可以绑定数据源用来进行数据的显示、编辑功能,其中的数据始终为字符串类型,基础字段的数据类型将决定其显示形式,如文本框控件绑定到日期字段将显示日期格式,而绑定到货币字段时则显示为货币格式。

想要设计一个逻辑完善且外形美观的控件,都离不开设计者对于控件属性的设置,我们接下来会简单介绍一下文本框控件的常用属性,学习者也可以自行在电脑上尝试更多属性设置,让你的窗体控件变得独一无二又魅力四射吧!

设计者在一开始拖拽文本框时,会显示如图 4-38 所示的文本框向导窗体,可以根据需求来调整属性内容,"示例"部分会在属性调整完成后实时直观地展示给设计者。

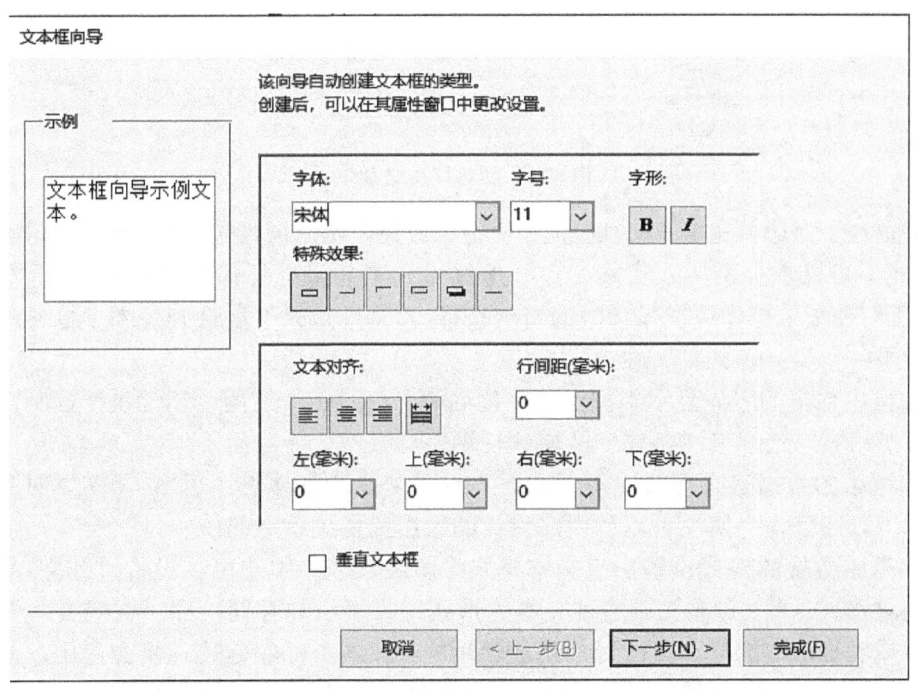

图4-38　文本框向导窗体

小提示：在最后进行控件命名时,最好按照一定的逻辑顺序去进行填写,用"控件类型＋名称定义"的命名方式,可以方便设计者在后续对窗体控件的调用中不易出错,如命名一个学生姓名的文本框,就可以重命名为"Text_StudentName"。

设计者可以通过点击"窗体设计工具"中的"表单设计选项卡",在"工具"功能区点击"属性表"命令按钮,通过打开文本框属性表界面,更加细致全面地调整控件属性内容,根据实际需求配置控件,如下图4-39所示。

图4-39　属性表界面按钮

"背景样式"和"背景色"属性决定了此控件的背景显示形式,可将"背景样式"属性设置为"透明",设置完成后可显示控件下方的所有内容,如果控件中有数据内容则会同时显示。"背景色"属性中可通过单击省略号按钮打开色谱选取背景色,如下图4-40所示。

边框样式	实线
边框宽度	Hairline
边框颜色	背景 1, 深色 35%
特殊效果	平面

图4-40　边框属性表展示

"边框样式""边框宽度""边框颜色""特殊效果"四个属性控制此控件边缘显示形式,"边框样式"可以选择透明、实线、点、虚线等元素效果进行组合显示,"边框宽度"和"边框颜色"控制了控件边框显示时的直观特征,"特殊效果"属性则控制了控件边框的立体显示效果。

文本框中数据的字体显示类型由"字体名称"与"字号"两个属性进行控制,用户也可以通过"格式"选项卡"字体"区域进行调整。

文本框中的数据有时需要以不同的对齐形式来显示整体设计思维,"文本对齐"、"下划线"和"倾斜字体"属性可以为用户设计的数据提供显示上的统一。

文本框中数据的格式设置由"文本格式"属性管理,用户可以设置"纯文本""格式文本"两种形式。"纯文本"即通过文本的形式进行展示和存储,而"格式文本"在文本框中编辑或者显示数据时,功能区中不能使用"纯文本"的特定控件将会启用,并且数据将会以 HTML 形式进行存储。如果要设置属性为"格式文本",用户需要确认绑定的数据源中的数据格式也为"格式文本"。

Access2016 提供了"输入掩码"的属性管理,用户可以通过设置此属性,改变编辑数据时数据的显示形式,用以辅助用户可以正确安全地编辑数据。如"密码"选项,用户输入数据时数据显示为 * 号。这样既保护了隐私,也并没有降低输入效率,经常会被设计者用于登录窗体的控件属性设定,如下图 4-41 所示。

文本框通过"默认值"属性方便用户能够快速地完成重复数据的输入,用户通过设置"默认值"可以在创建新记录时直接有数据进行填充。

图4-41 管理员登录窗体

2. 标签控件

标签控件为一个显示说明文本的容器,是窗体中最基础的控件,用户可以使用此控件为窗体添加标题、说明等显示文字信息的内容。"标签"控件在"设计"选项卡"控件"区域中,用户在单击选定后可在窗体中直接左键拖拽出大小合适的区域位置,然后在其中填入合适的文本内容。同学们可以尝试用标签控件去解决"学生登录界面"最下面一行的登录提示信息,如下图 4-42 所示,并使用属性让字体、字号改变成一个更舒适的状态。因为标签控件和文本框控件属性较为类似,在此不做赘述。

图4-42 学生登录窗体

3. 命令按钮控件

上图"学生登录界面"中的"登录"和"取消"都是由命令按钮控件来实现的,在控件界面单击确认后,在设计视图中需要的位置单击放下命令按钮,然后通过调整大小和直接书写内容来进一步完善此控件。命令按钮在实际使用中,就是一个可以被用户主动点击选择的区域,是用来进行下一步各种操作的确认型控件。

用户通常都是以命令按钮为媒介跳转至不同的应用程序,从而达到组织和控制应用程序流程的目的。用户可以通过"命令按钮向导"界面方便快捷地设置命令按钮控件的功能,如下图 4-43 所示,用户还可以通过宏命令和 VBA 代码连接命令按钮让它执行。

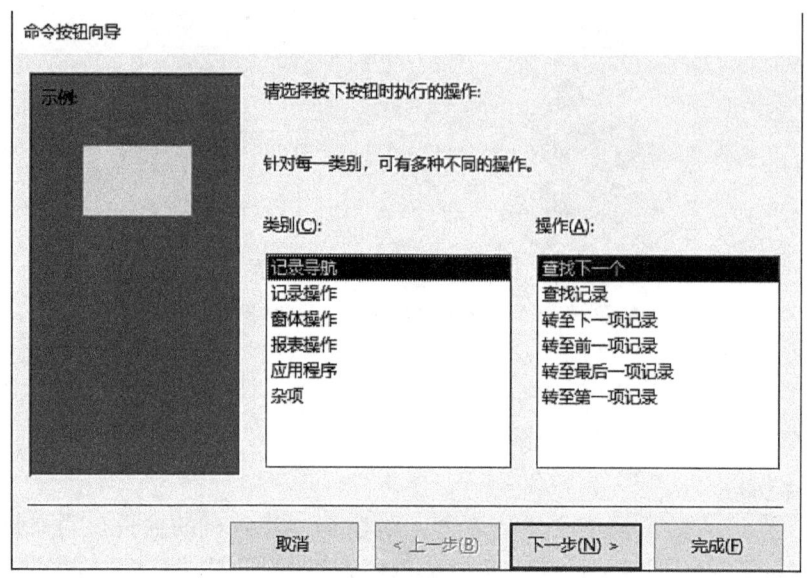

图4-43 命令按钮向导界面

小提示:"命令按钮向导"界面中,"记录导航"类别的操作选项里,"查找下一个"和"转至下一项记录"字面意思接近但实际效果却不相同,可以通过实践去了解他们之间的区别,你发现了吗?

用户可以通过"图片类型""图片"属性来指定图片作为按钮的图案。

用户可以通过"悬停颜色"、"悬停前景色"、"按下颜色"与"按下前景色"属性来设计按钮进行鼠标动作响应时的外观显示行为,不光提供了视觉上的区分还可以让用户知道其选择的是否为所需求的正确命令按钮。

4. 图像控件

"学生登录界面"中较为显眼的就是那个手在键盘上敲动的图片了,既丰富了窗体内容,又提示用户在此界面需要敲击键盘输入信息,起到了提示和美化窗体的作用,这个图片就是由图像控件来实现的。

我们可以通过单击控件界面上的图像控件按钮,然后在设计视图中拖拽出你需要放置图片的大小范围,在插入图片界面选定好你想要插入的图片内容即可插入图片,如下图4-44所示。

小提示:很多时候,我们需要放置图片的区域和图片本身的尺寸是不相符的,为了更加美观,我们需要调整控件的外观属性,同学们需要在课下多做尝试,才能完全掌握这几种常用的属性。

第 4 章 窗　　体　　169

图4-44　图像控件使用展示

一般常用的外观属性都在属性表中的"格式"选项卡中，"图片类型""图片平铺""缩放模式"是我们需要注意的三个常用属性，如下图 4-45 所示。

图4-45　图像控件属性表展示

"图片类型"中包含了 3 种类型：嵌入、链接、共享，默认插入图片时为"嵌入"类型，嵌入相当于把外部图片直接导入集成在一个数据库文件中存储。"链接"是只引用外部图片，需要的时候进行读取，就象 PPT 当中的超链接一样，存一个图片的文本地址肯定比存入一张图所需要的存储空间要小，适用于数据库存储空间有限的情况，虽然减少了数据库中的存储空间，但是当外部图片被删除或移动位置，链接就再也找不到相关图片了。"共享"类型是从 Access2010 版本之后才有的新类型，因为日常生活中我们会遇到一种情况，一张图要在数据库的多个地方用到，比如产品的 Logo，那么就需要在多个地方重复嵌入该图片，导致集成图像数据库文件无效增大，而 Access 作为关系型数据库，第一范式就是要消除重复数据,"共享"类型就应运而生了,图片只需要导入集成数据库文件一次,就可以运用共享在多个地方同时使用。

"图片平铺"只有是否选项,如果选择是,它会根据用户画出的图片大小空间与图片本身尺寸进行比较,本着多退少补的原则裁剪原图,完全填充满用户所画空间。

"缩放模式"中分为"裁剪"、"拉伸"和"缩放"。"缩放"就是按照原始图片比例,来对用户画出的图片位置进行填充。"拉伸"则是为了把图片填充满用户所画范围,进行一定比例的延展,我们在"学生登录界面"窗体的图片上就用了此模式。"裁剪"是根据原图的像素比例,裁剪出一块符合用户所画范围的图片进行填充。

5. 列表框和组合框控件

列表框和组合框控件为两个控件,但是由于功能和外形相近所以放在一起说明介绍。这两个控件都为用户提供了一个可选择的列表,方便用户进行数据输入操作,列表框能直接展示控件大小范围内的最大列表内容,而组合框为下拉式可伸缩列表,还可以自行输入相关数据但是列表框不行。组合框可以说是列表框和文本框的一个组合,如下图 4-46 所示。

图4-46　列表框与组合框控件

通常这两个控件的列表数据源来自表、查询、SQL 语句或者纯文本信息,"行来源"就是管理控件列表显示什么数据内容的属性。"行来源类型"则控制"行来源"信息中那些符合条件的类型可以显示,起到一个过滤筛选数据源的作用,如当用户设置"行来源类型"为"表/查询"时,最终运行窗体显示的内容一定是"行来源"中的表名称、查询或 SQL 语句,如果"行来源"中的数据是值列表则会显示行来源本身的内容,如下图 4-47 所示。

"列数"属性用来管理列表中显示几列,但有时会由于控件本身的大小导致所有列数不能完全显示出来。

"列宽"属性用来管理值列表的宽度,当列表有多列时,每一列的宽度数值用分号隔开,如果不写数值,数据库会显示默认列宽。

"列表行数"属性管理控件列表在足够大小的空间下按几行分布,如果设置的列表行数过大,超出了列表空间大小,则会出现一个垂直滚动条方便用户继续向下选择信息。

"限于列表"属性只管理组合框控件中的输入功能,是一个布尔型的属性,它决定了用户是否能够通过组合框中的文本框向绑定的数据源输入数据信息。

图4-47 控件属性表展示

6. 子窗体/子报表控件

主子窗体是指在一个窗体中包含另一个不同数据源的窗体,通过两个窗体之间的特定联系,使用子窗体/子报表控件可以实现在一个窗体中显示多个表或查询的内容的窗体表示形式。一般来说主子窗体中包含窗体为主窗体,被包含的窗体为子窗体。

小提示:
1. 只要关联关系合理,主子窗体中子窗体可以再包含子窗体,形成多级主子窗体结构。
2. 在创建主子窗体之前,要确定作为主窗体的数据源与作为子窗体的数据源之间存在着"一对多"关系,比如本书中"高招考试系统"的表间关系如图4-48所示

在现实生活应用中,通常会有两张数据表相互关联并出现在同一个窗体上的情况,例如,学生基本信息表和志愿表之间就会形成相互关联的情况,如果需要做一个考生报考志愿显示窗体,希望将这两张表同时显示出来,以便信息一目了然,这就可以通过主子窗体控件来实现。

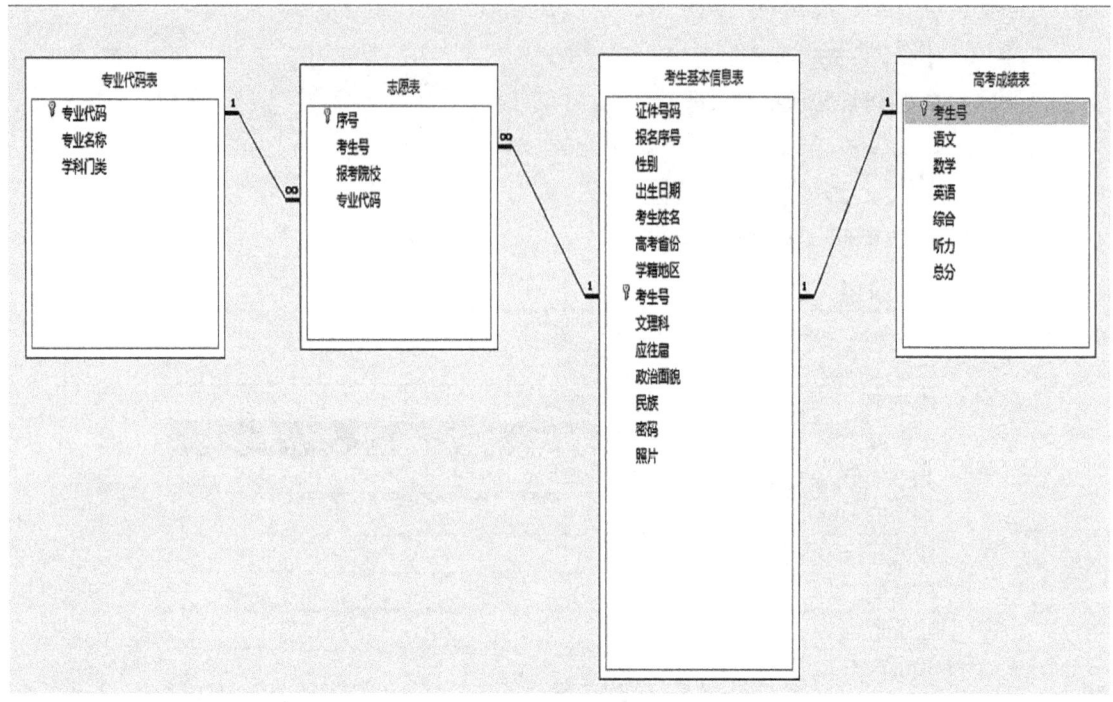

图4-48 表间关系界面

创建主子窗体的方式一般分为三种，快速创建主子窗体、窗体向导创建主子窗体、利用控件创建主子窗体，下面用例题的方式加以说明。

【例4-4】利用快速创建主子窗体的方式创建学生志愿填报情况主子窗体，主窗体为学生相关的基本信息，子窗体为此学生对应的高考报考志愿填报情况，建成如下图4-49所示的主子窗体。

解题步骤：

① 启动Access2016，打开高招考试系统数据库。

② 在"导航窗格"中选择"考生基本信息表"作为数据源。

③ 打开"创建"选项卡，单击"窗体"功能区组中的"窗体"按钮，Access2016则会自动创建窗体，由于考生基本信息表和志愿表存在"一对多"关系，所以数据库会自动创建一个主子窗体，如上图4-49所示。

小提示：快速创建主子窗体的方法是首先建立两个表之间"一对多"的关系，然后以"一"的数据表作为数据源，使用"窗体"按钮创建窗体，Access2016就会自动创建主子窗体。

图4-49 快速创建主子窗体界面

【例4-5】利用窗体向导创建主子窗体的方式创建学生志愿填报情况主子窗体,主窗体为学生相关的基本信息,子窗体为此学生对应的高考报考志愿填报情况,建成如下图4-50所示的主子窗体。

解题步骤:

① 启动Access2016,打开高招考试系统数据库。

② 在"创建"选项卡中的窗体功能组中,点击"窗体向导"按钮,打开"窗体向导"对话框。

③ "窗体向导"对话框打开之后,需要确定窗体中的数据源与使用的字段,首先从"表/查询"列表中选择"考生基本信息表"和"志愿表",然后在下方选择可用字段,把主子窗体中需要的字段选到"选定字段"区域,如下图4-51所示

174　Access 数据库基础与应用

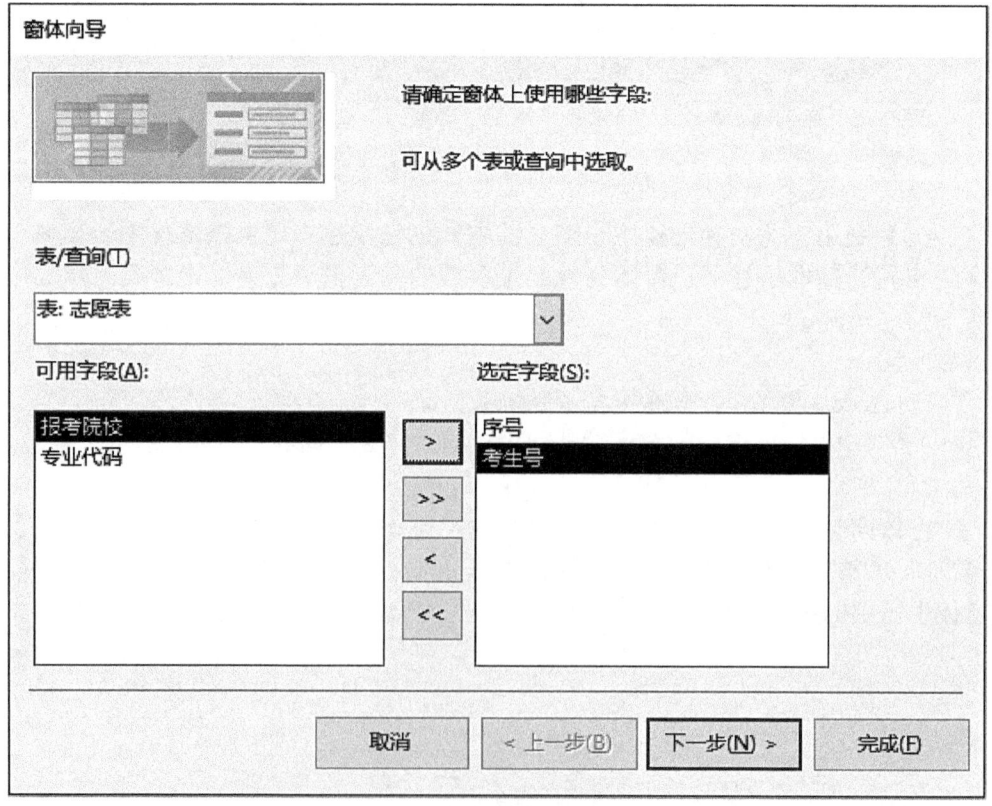

图4-50　窗体向导创建主子窗体界面

图4-51　窗体向导对话框界面

④ 单击"下一步"按钮，进入数据查看方式对话框。此时需要注意，如果两个表之间没有建立关系，要先进入表间关系建立界面，建立了关系之后才会进入数据查看方式对话框。选择通过"考生基本信息表"和"带有子窗体的窗体"选项来进行主子窗体的创建，如下图4-52所示。

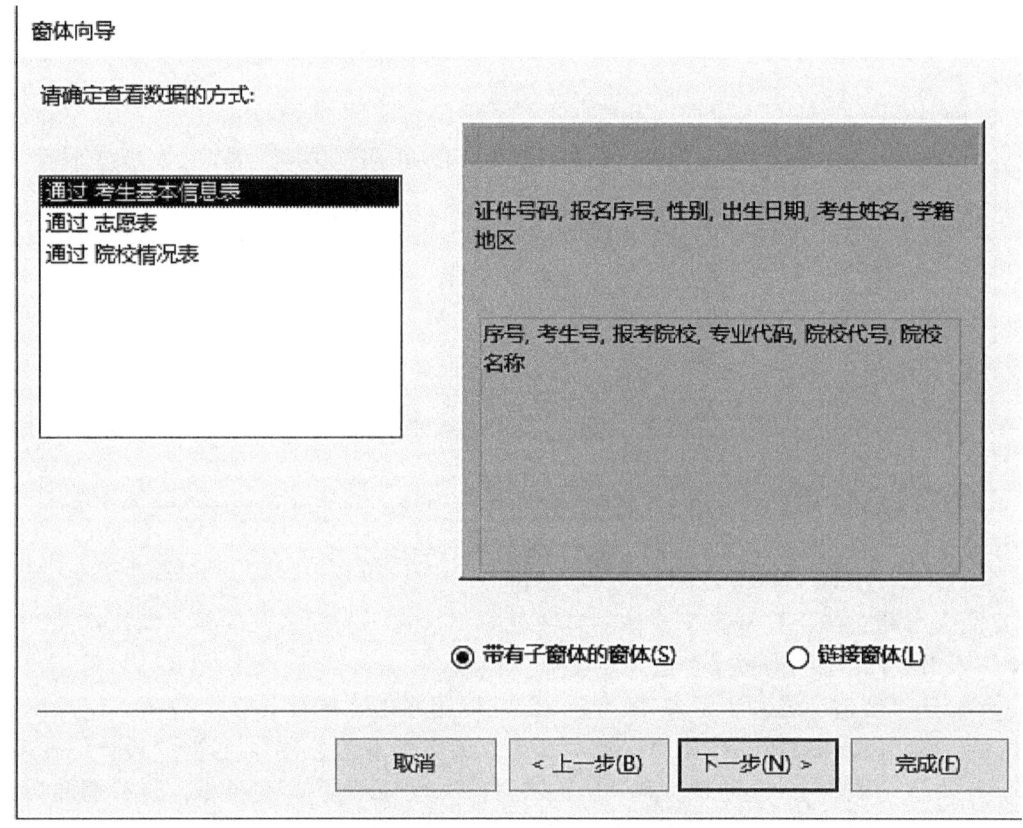

图4-52　数据查看方式对话框界面

⑤ 单击"下一步"按钮，确定子窗体使用布局，根据例题中的图例，此处我们选择"数据表"。

⑥ 单击"下一步"按钮，在分别为主窗体和子窗体命名后，单击"完成"按钮，完成主子窗体的创建。

【例4-6】利用子窗体/子报表控件创建学生志愿填报情况主子窗体，主窗体为学生相关的基本信息，子窗体为此学生对应的高考报考志愿填报情况，建成如图4-53所示的主子窗体。

解题步骤：

① 启动Access2016，打开高招考试系统数据库。

② 选择"志愿表"作为窗体的数据源，打开"创建"选项卡后单击"窗体"功能组中的"窗体"按钮，系统会自动创建窗体。切换到窗体的设计视图，调整各个节与其中控

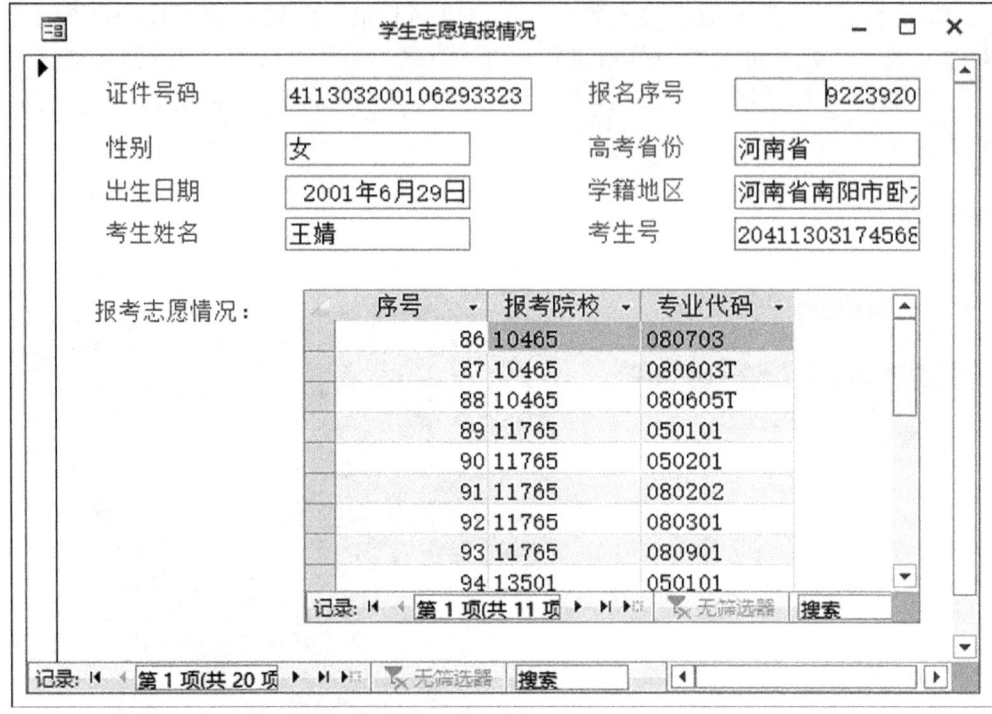

图4-53 利用控件创建主子窗体界面

件元素的大小和布局,打开整个窗体的属性表中"格式"选项卡,选择"默认视图"项为"数据表",保存此窗体为"报考志愿子窗体"窗体。

③ 打开"创建"选项卡后单击"窗体"功能组中的"窗体设计"按钮,打开窗体属性表中的"数据"选项卡,选择"记录源"为"考生基本信息表"。打开"设计"选项卡,单击"工具"功能组中"添加现有字段"按钮打开"字段列表"对话框,选择需要的字段拖拽进空白的"窗体设计视图"中,调整各个节与其中控件元素的大小和布局,注意为子窗体留出空白位置。

④ 打开"设计"选项卡,单击"控件"功能组中的"子窗体/子报表"控件,选择合适位置进行拖拽,用以调整子窗体大小。拖拽操作完成后会弹出"子窗体向导"对话框,选择"使用现有的窗体"中的"报考志愿子窗体"选项,如图4-54所示。

⑤ 单击"下一步"按钮,选择"自行定义"选项后,将主窗体与子窗体的字段进行链接,由于这两个数据表是通过"考生号"字段链接形成了"一对多"的表间关系,所以此处依旧选择"考生号"作为链接字段,如图4-55所示。

⑥ 单击"完成"按钮,然后在窗体的设计视图中修改相应的标签名称,调整各个控件的位置、大小、间距和外观等属性。

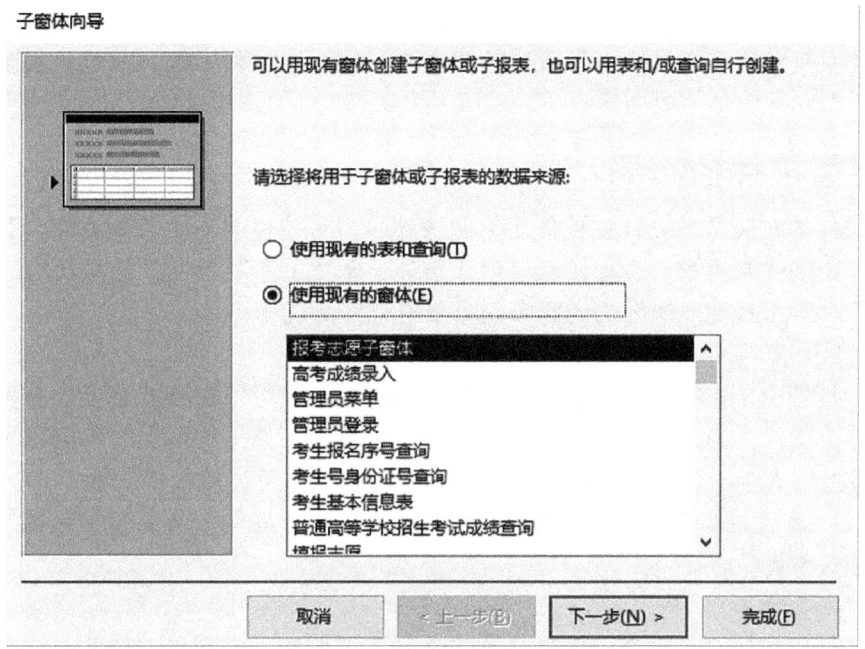

图4-54　子窗体向导界面

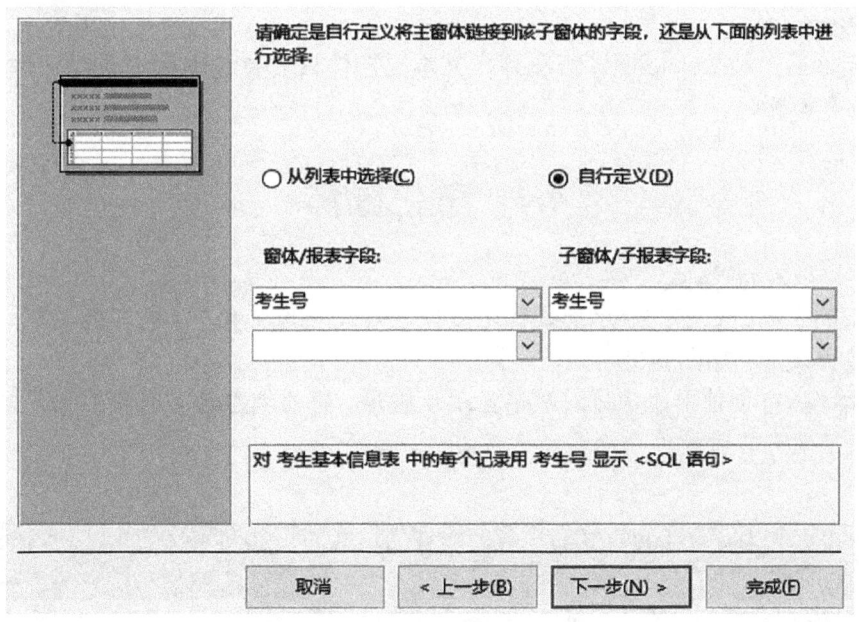

图4-55　主子窗体链接界面

7. 选项组控件

选项组控件就相当于一个容器,它可将若干性质相同的控件绑定在一起,构成一组选项。用户可以对选项组中的控件进行操作,达到对一组选项进行处理的目的。如现在可以根据现有知识建立一个性别选项组，其中男女只能选择其一，就象平时做的单选题一样，此时你再使用复选框、切换按钮和选项按钮就会发现不能达到目的，此时就需要使用选项组控件，根据向导窗体完成内容。

4.3.4 调整控件的布局

调整控件的布局是在设计完控件后，对窗体中所有控件的一次整体调整，通过调整布局不仅可以让整体风格统一合理，也可以让窗体显示更加美观舒适，是设计窗体控件不可或缺的步骤，下面就几种常用的调整布局方法进行介绍说明。

1. 选择控件

在设计视图中单击控件，等控件变色后即为选中，也可以拖拽框选多个控件，或者按住 Ctrl 键单个选择。当选好控件后鼠标放在四个边框上，当出现双向或单向黑色箭头时即可拖拽调整控件大小，当出现四向十字黑色箭头时拖拽即可调整控件位置。

小提示：对于文本框而言，如果想单独调整标签或后框体，需要选中框体左上角灰色实体方块进行拖拽。

2. 对齐控件

用户可以用按住 Ctrl 键单击或直接框选选择多个控件，右键单击控件，在选项卡中选择对齐的几种方式即可，其对齐原则为极值不动其他控件补齐，如靠左对齐时最左侧的控件位置不动，其他选中控件靠左补齐。

3. 删除控件

选中控件后，按 Delete 键即可删除，文本框控件只需要选中标签或后框体其中之一，删除操作会全部删除。

4.4　美化窗体

1. 字体和数字格式

窗体中的字体、数字的显示形式都可以在"格式"选项卡"字体"区域和"数字"区域进行调整和设置，如图 4-56 所示。

小提示：调整控件中的字体或数字显示形式时，每次调整都针对特定控件中的所有数据信息，而不能只修改控件中的哪几个字。

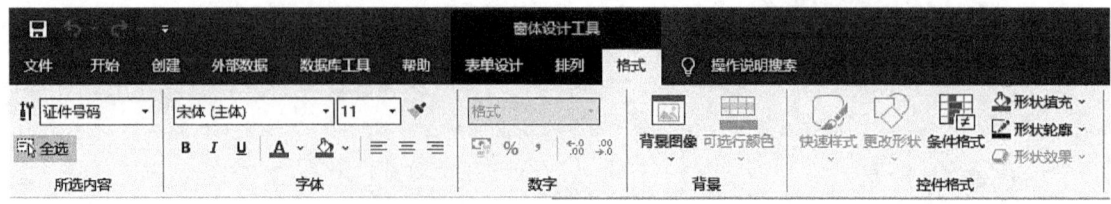

图 4-56　字体和数字格式界面

2. 条件格式

条件格式为控件中的数据信息，都需要根据用户设置的相应条件作出改变，一般符合条件的数据会被筛选出来，按照用户需求改变显示形式，此功能日常生活中较为常用。

【例 4-7】利用"高考成绩表"设计一个连续窗体，要求总分中 300 分以下的显示黄色底纹、红色字体、加粗，300 分到 500 分之间的显示蓝色底纹，500 分以上的显示绿色字体、倾斜、加粗。

解题步骤：

① 单击选中"导航界面"中的"高考成绩表"，单击"创建"选项卡"窗体"区域的"窗体"命令按钮，然后进入窗体设计视图模式，选择整个窗体后在"属性表"界面"格式"属性表"默认视图"下拉列表选中"连续窗体"，此时连续窗体已经做好。

② 单击选中需要判断的"总分"字段的文本框，然后单击"格式"选项卡"控件格式"中的"条件格式"按钮，进入"条件格式规则管理器"界面。

③ 单击"新建规则"命令按钮打开对话框，设置字段值小于 300 的黄色底纹、红色字体、加粗，单击"确定"按钮后再次回到"条件格式规则管理器"。再次单击"新建规则"命令按钮创建规则，直到把题目要求全部设置完毕，如图 4-57 所示。

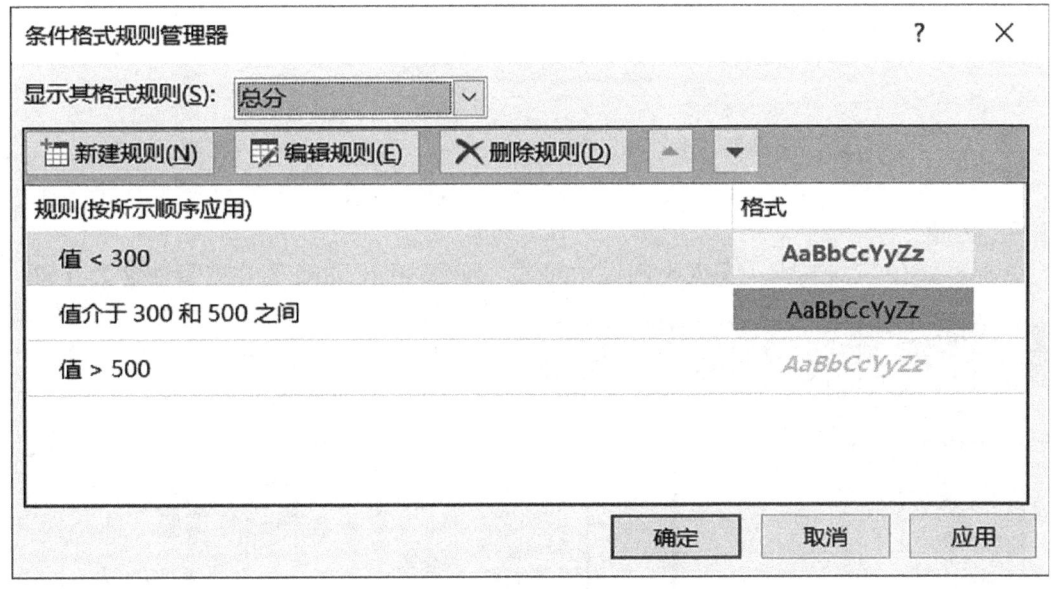

图4-57 条件格式规则管理器对话框

运行窗体，观察显示效果是否与题目要求一致，如果不一致再次进行调整，最终完成此例题，如图 4-58 所示。

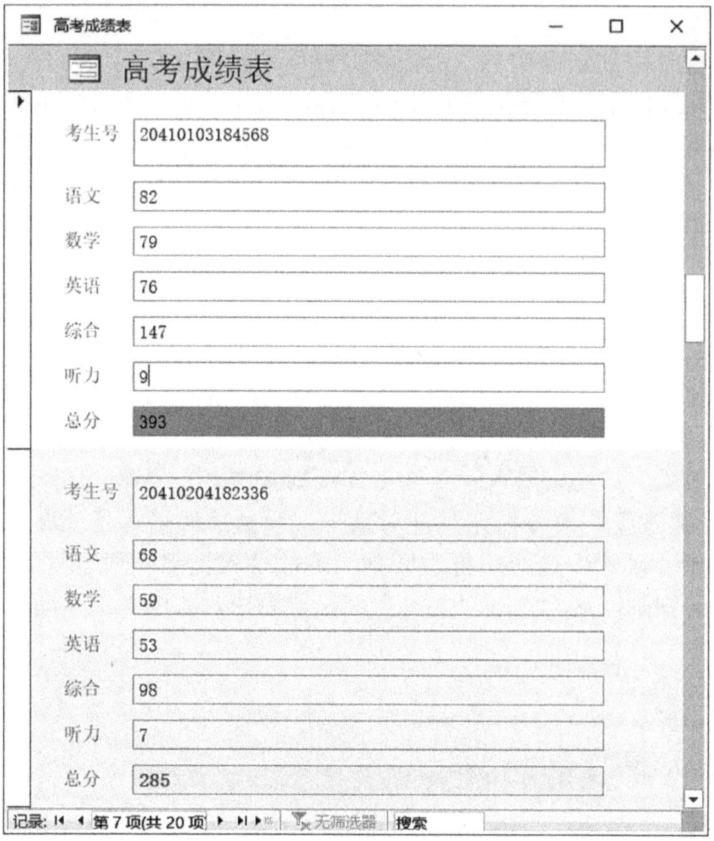

图4-58 高考成绩窗体界面

3. 主题

Access2016本身提供了多套不同设计元素、风格特点、配色布局的窗体解决方案,可以方便用户快捷的对设计出来的窗体进行整体上的统一,用户可单击"设计"选项卡"主题"区"主题"下拉式命令按钮进行选择,选择结束后还可以通过"主题"区域的"颜色""字体"命令按钮进行调整,如下图4-59所示。

图4-59 主题界面

4.5 本章知识点梳理

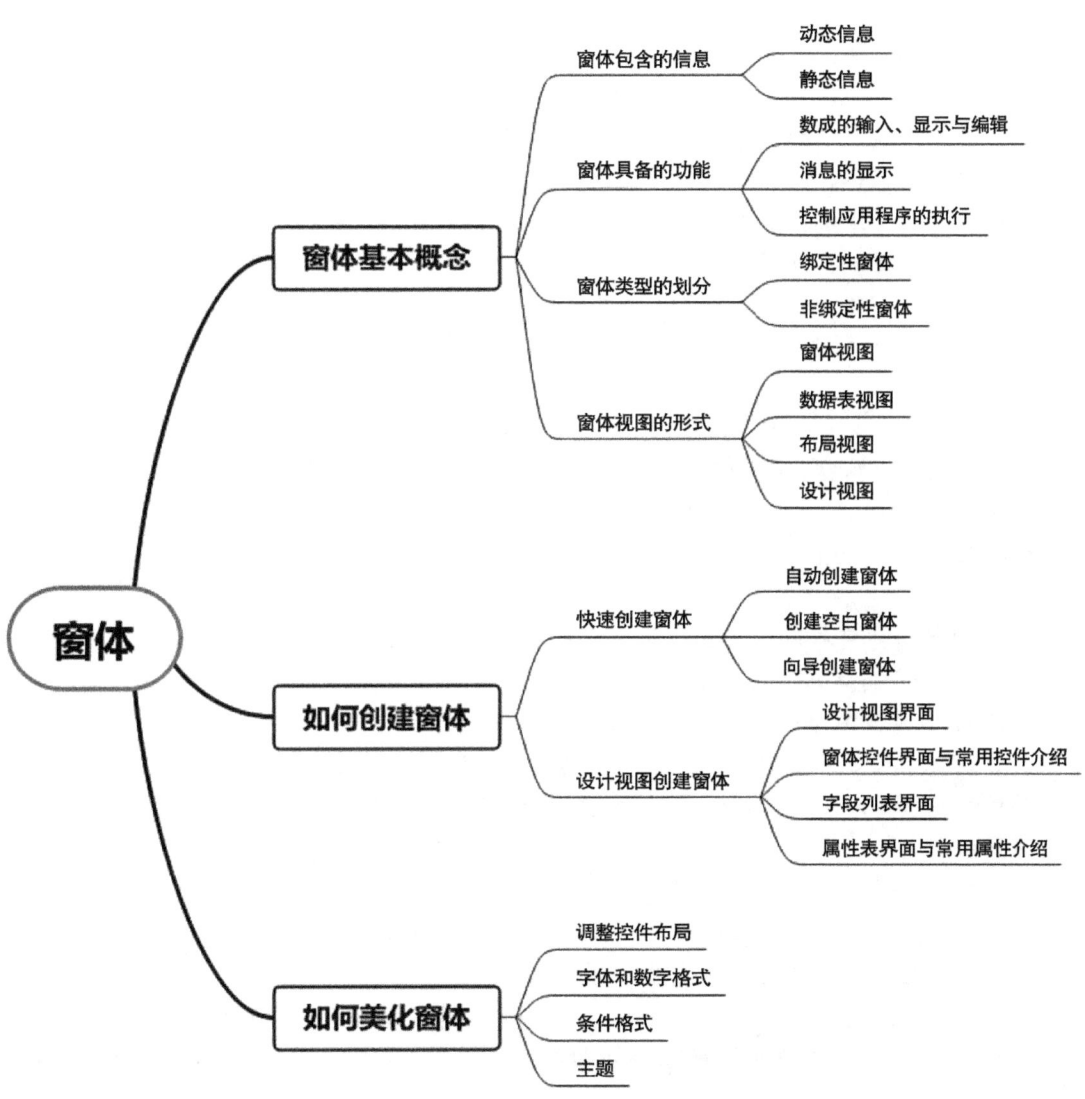

习题四

一、单选题

1. 下列不属于 Access 视图的是（   ）。
   A."设计"视图　B."窗体"视图　C."版面"视图　D."数据表"视图

2. 主窗体只能显示为（   ），子窗体可以显示为（   ），也可以显示为（   ）。
   A.纵栏式窗体、图标窗体、数据表窗体
   B.纵栏式窗体、表格式窗体、主/子窗体
   C.纵栏式窗体、数据透视表窗体、图标窗体
   D.纵栏式窗体、数据表窗体、表格式窗体

3. 若要求在文本框中输入文本时达到密码"*"的显示效果，则应该设置的属性是（   ）。
   A.默认值　　　B.有效性文本　　C.输入掩码　　D.密码

4. 下列用于创建窗体或修改窗体的是（   ）
   A.设计视图　　B.窗体视图　　C.数据表视图　　D.透视表视图

5. 让你设计"好嗑的CP数据库"中的窗体，以下正确的说法是（   ）。
   A.明星CP窗体只能用作数据的输出界面
   B.登录窗体可以设计成切换面板形式，用以打开其他窗体
   C.真假CP窗体只能用作数据的输入界面
   D.吃瓜窗体不能用来接收用户的输入数据

6. 在窗体中要显示一门课程的基本信息和选修课程的学生，窗体设计时要在主窗体中显示课程的基本信息，在子窗体中显示选修该课程的学生名单，则主窗体和子窗体数据源之间的关系是（   ）。
   A.一对一关系　　B.一对多关系　　C.多对一关系　　D.多对多关系

7. 如让你设计全球新冠疫苗统计数据库，在你设计完成窗体结构布局后，既能够预览显示结果，又能够对控件进行调整的视图是（   ）。
   A.设计视图　　B.布局视图　　C.窗体视图　　D.数据表视图

8. 用 Access 设计"清明假期旅游计划指南统计"数据库，在其数据库中窗体不能完成的功能是（   ）。
   A.向表中输入数据　　　　　　B.修改表中的数据
   C.存储表中的数据　　　　　　D.显示查询表中的数据

9. 你使用手机"微信"查询与朋友以前的吃瓜聊天记录，用来显示相应聊天记录的界面或表格的控件类型是（   ）。
   A.绑定型　　　B.计算型　　　C.关联型　　　D.未绑定型

10. 在"王*荣耀"等游戏的操作界面中，命令按钮控件主要被以下哪种对象操作使用最多（   ）。

A. 战绩等内容的查询　　　　　　B. 游戏中的窗体界面
C. 人物属性表展示　　　　　　　D. 游戏结束后战绩总结报表

二、填空题

1. 在抖音 App 窗体中,"键盘侠"们为了增强战斗力,用来输入和编辑"独特见解"的人机交互控件是_____。

2. 在淘宝"双十一"活动时,"结算"按钮需要根据选定的不同优惠方案计算出不同的付账金额,设置此计算型控件的控件源,填写计算表达式时,开始的符号应为_____。

3. 设计微信登录窗体时,如何设置命令按钮的属性来使得该按钮上显示"登录"两个字,该属性是_____。

4. 淘宝清空购物车时,要在结账窗体的一个文本框中显示当前日期和时间用以对账入库,应将此文本框的"控件来源"属性设置为_____。

5. 用 Access 设计一个窗体来展示"全国五一劳动奖章"获得者信息,若只使用一个字段来保存每一个奖章获得者的个人信息,其中包括多个图像、图表、文档等文件,应该设置的数据类型是_____。

第 5 章 报　　表

在 Access 2016 中使用报表实现格式化打印数据功能。报表可以将数据库中表、查询进行组合，做成报表，在制作报表时，还可以添加分组和统计汇总等信息。本章将介绍报表设计内容，包括报表的创建、设计、编辑、打印以及在报表中添加分组和汇总等。

5.1　初识报表

5.1.1　报表概述

老师，我感觉报表和窗体好像啊，有什么地方不同吗？

报表同窗体一样，也是 Access 中一个对象。它和窗体的记录源一样，整体结构相似，操作方法也相同。但是两个作用不同，窗体的作用是进行交互的，而报表是进行格式化的打印输出，报表里面不能使用命令按钮和组合框等交互控件。

通过小 A 同学与老师问答，了解到报表和窗体是非常相似的，其记录源均是表和查询。报表是 Access 中一个对象，可以对数据进行格式化的打印输出，同时对数据可以设置分组、排序以及汇总信息。

报表的创建方式和窗体一样，可以自动创建，也可以通过向导创建，或者通过设计视图直接创建。报表上面的控件，例如文本框、标签等使用方法与窗体中的控件使用方法一样，作用是显示数据的。但是报表中，不使用交互性控件，例如命令按钮等。从而可以看出，报表与窗体最大的不同是报表不能编辑数据，而窗体可以。

报表根据需求和数据内容的布局结构分为三类：

① 表格式报表。外观类似于数据表和表格式窗体，以行列形式打印数据，其中包含分组和合计，可包括汇总和分组、合计报表，通常在一页中显示多条数据，如图 5-1 所示为表格式报表。

② 纵览式报表。纵览式报表中的数据显示方式为纵向，每页通常显示一条主记录数据以及相关子记录，也可以在一页上面显示多条记录。如图 5-2 所示。

图5-1 表格式报表

图5-2 纵览式报表的样式

③ 标签式报表。标签式报表是将多组数据，以特定的格式排列到一页中。常用在桌贴、准考证等形式。如图 5-3 所示。

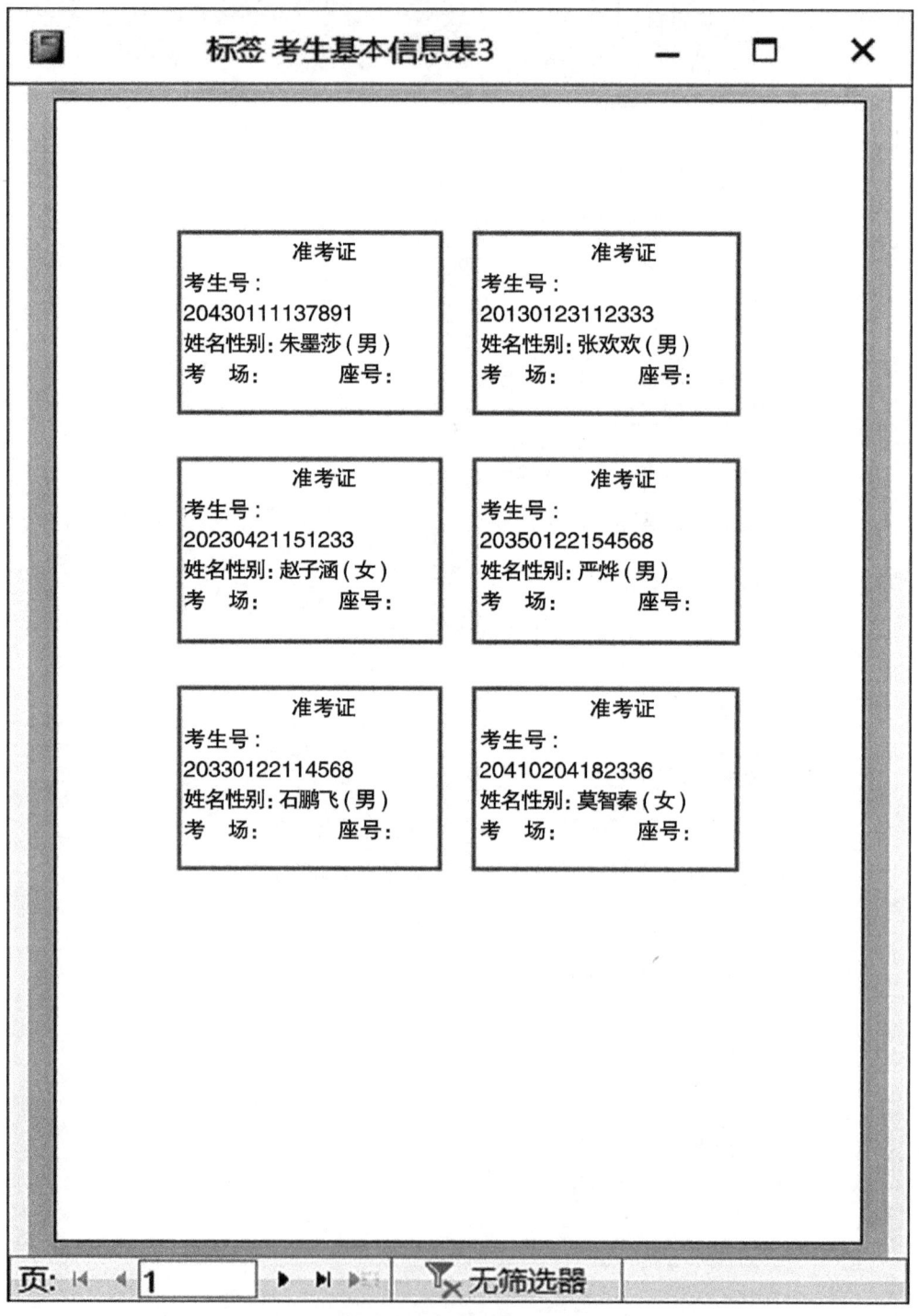

图5-3 标签报表

5.1.2 报表的视图

在报表中,报表的视图方式与 Access 数据库中的其他对象一样,都有多种视图方式,如图 5-4 所示。在报表中,最常用的是设计视图和打印预览视图。

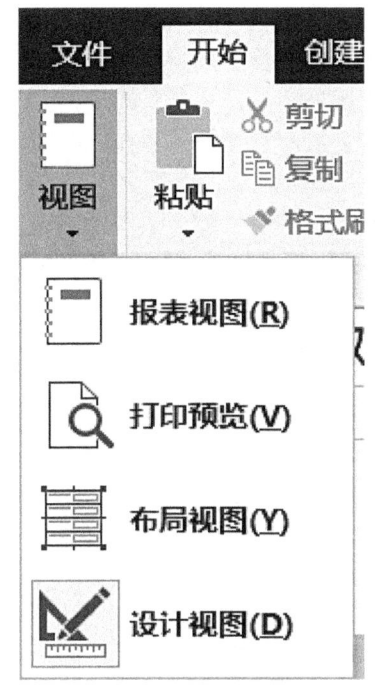

图5-4 报表的四种视图

① 报表视图。报表视图是报表设计完成后,最后被打印的视图。但是注意,在报表视图中不显示分页效果,但是可以对报表应用高级筛选,从而筛选所需要的信息。

② 打印预览。通过打印预览视图可以查看报表上的每页数据,也可以查看报表版面的设置。在打印预览视图中,鼠标以放大镜的形式显示,单击鼠标可以改变页面显示比例。

③ 布局视图。在布局视图中,在显示数据的情况下,对报表的版式进行调整,同时可以根据实际情况调整列宽,以及重新排列或添加分组级别和汇总。报表的布局视图与窗体的布局视图的功能和操作方法十分相似。在布局视图中,每一页用虚线标识,当需要将所有的列调整到同一页上,可以将光标放在字段的分割线上,当光标的形状改变时,可以向左或向右拖动鼠标,调整字段的宽度。

④ 设计视图。在设计视图中,可以编辑和修改报表。在报表设计视图中,报表的组成部分被分为许多区域,可以改变每个区域的长度和宽度。每个区域只能在设计视图显示一次,但是在打印时,某些区域可能会被重复打印。

5.2 快速创建报表

在上一小节,大家都了解到了报表和窗体很相似。在窗体时,我们可以通过窗体向导、窗体按钮等快速创建窗体,那么在报表时,也可以通过"报表"按钮、"报表向导"、"标签"等快速创建报表。

Access2016 提供了 5 种快速创建报表的方式,分别是通过"报表"按钮、"空报表"、"报表向导"、利用"标签"创建以及通过窗体转化为报表,如 5-5 所示。我们在创建报表时,一般首先快速创建报表,然后再进入设计视图,修改报表。

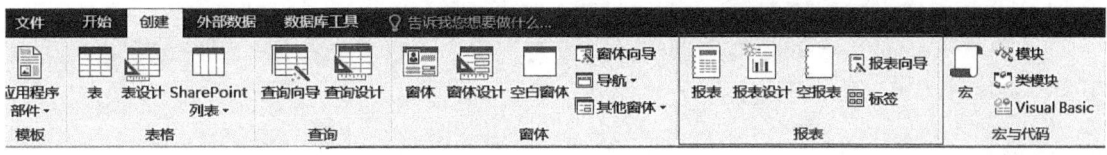

图5-5 报表组

5.2.1 使用"报表"创建报表

当报表利用一个表或查询的记录创建报表时,我们可以利用"报表"工具,快速自动创建报表,从而提高工作效率。

如果需要创建如图 5-6 所示的报表,那么就可以使用"报表"按钮,自动生成的报表进入"布局视图"。当我们需要修改或者修饰报表时,可以利用"报表布局工具"选项卡组中的相应控件,对报表进行编辑修饰,从而满足我们的需求。

【例 5-1】利用"报表"创建工具,创建如图 5-6 所示的报表,显示"专业代码表"的信息。

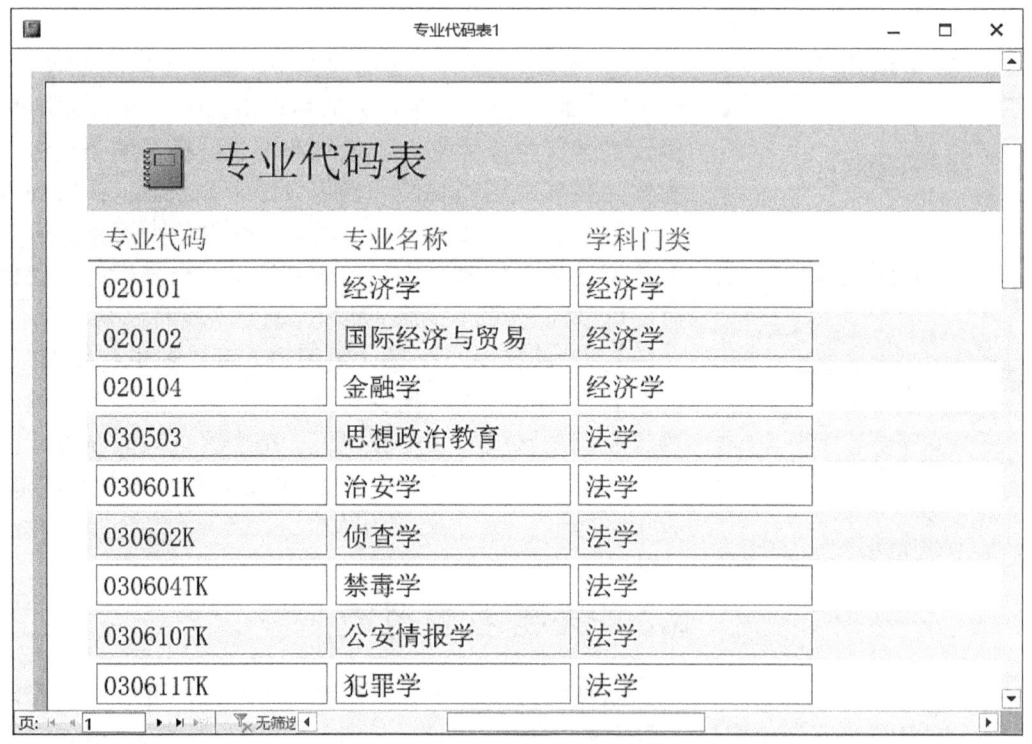

图5-6 专业代码表

创建过程:

① 首先打开"高招考试系统"数据库,然后单击选择右边导航窗格中的"专业代码表",作为待创建报表的数据源。

② 下一步,单击"创建"选项卡的"报表"组中"报表"按钮,系统就会自动生成报表,如图 5-7 所示为布局视图。

图5-7 "报表"创建报表，进入布局视图

③ 选择"保存"按钮，在打开的对话框中，输入报表名称"专业代码表"，单击确定。保存后，如图 5-6 所示。

5.2.2 使用"空报表"创建报表

使用"空报表"，先建立一张空白报表，向空白报表中添加字段和控件，然后调整布局，最后保存。相对于"报表"工具，"空报表"更加灵活、方便。

【例 5-2】利用"空报表"工具创建如图 5-8 所示的报表，显示考生报名志愿。

① 打开"高招考试系统"，在"创建"选项卡的"报表"组中，单击"空报表"按钮，进入报表的布局视图，如图 5-9 所示。注意窗体的右侧会出现"字段列表"窗格。

② 在"字段列表"窗格单击"显示所有表"选项，单击表前面的"+"，在窗格中会显示被选中表的所有字段名称，例如单击"考生基本信息表"。

图5-8 考生志愿报名情况表

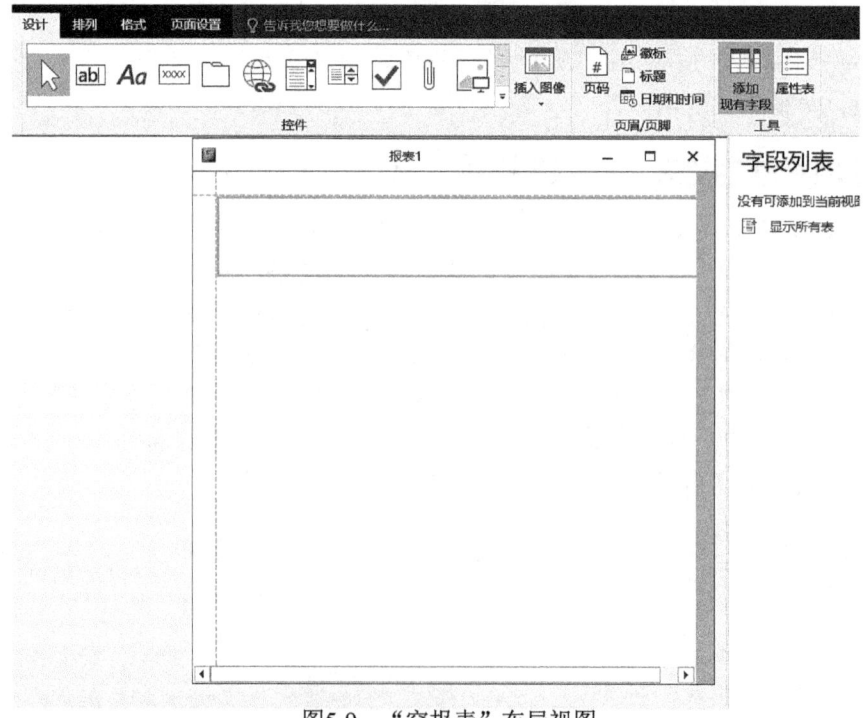

图5-9 "空报表"布局视图

③ 选择所需字段：考生基本信息表中的考生姓名。结果如图 5-10 所示。

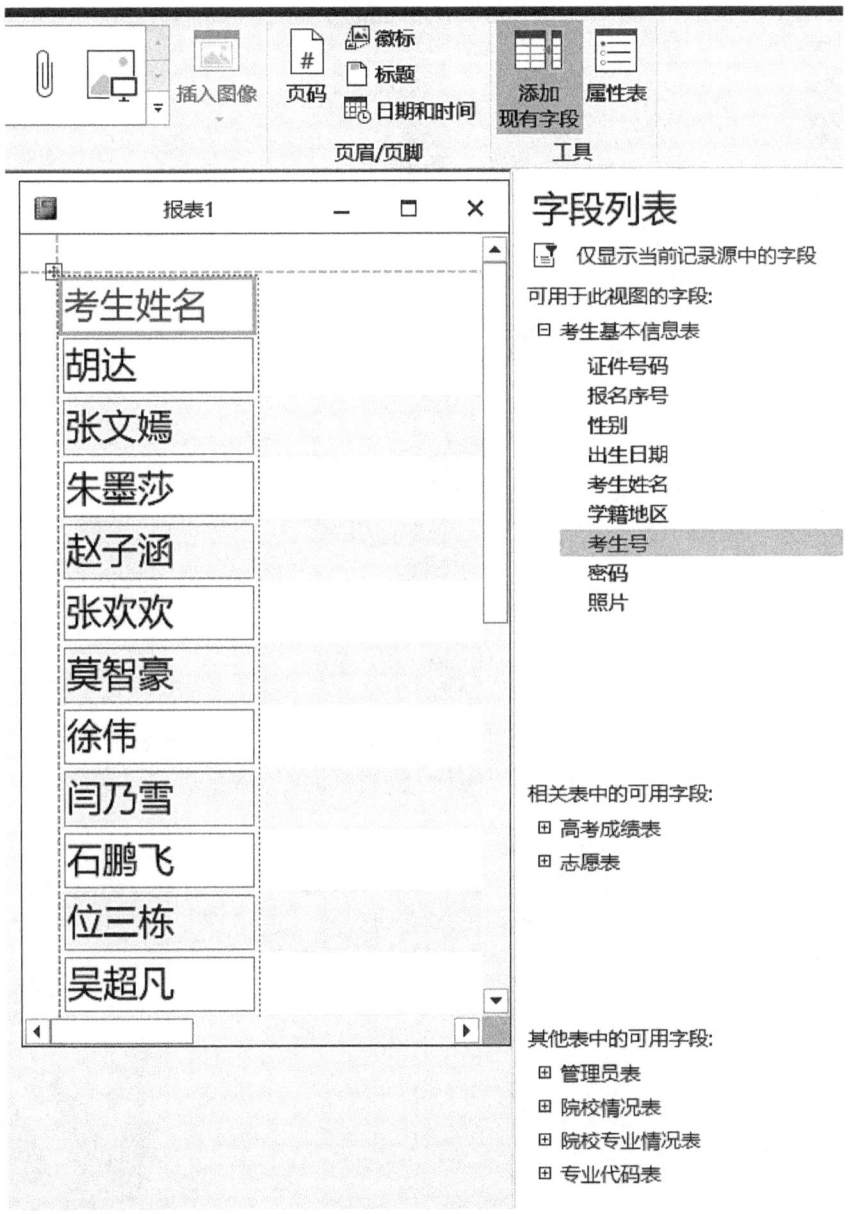

图5-10 添加字段

④ 如果需要添加其他表中的字段，例如"报考院校"，可以选择字段列表中"其他表中可用字段"中单击"志愿表"前面的"+"号，显示该表中所有字段，双击"报考院校"，显示如图 5-11 所示。选择字段：志愿表中报考院校、院校情况表中的院校名称、专业代码表中的专业名称。

图5-11 添加相关字段

⑤ 调整报表布局，使内容在一页中显示，保存设计，输入报表名"考生志愿报名情况表"。切换到"打印预览"视图，可以看到报表打印预览效果如图5-8所示。

> 提示1：在使用空报表时，如果没有自动弹出"字段列表"，可以点击"设计"选项卡上的"添加字段列表"。
> 提示2：空报表创建时，所用记录源需要提前建立好关系。

5.2.3 使用"报表向导"创建报表

如果报表的记录来源于多个表时，还可以利用"报表向导"工具来创建报表。利用向导可以建立多种形式的报表，如排序报表、分组报表和计算报表等。

【例5-3】使用"报表向导"工具创建如图5-12所示的院校专业情况表。

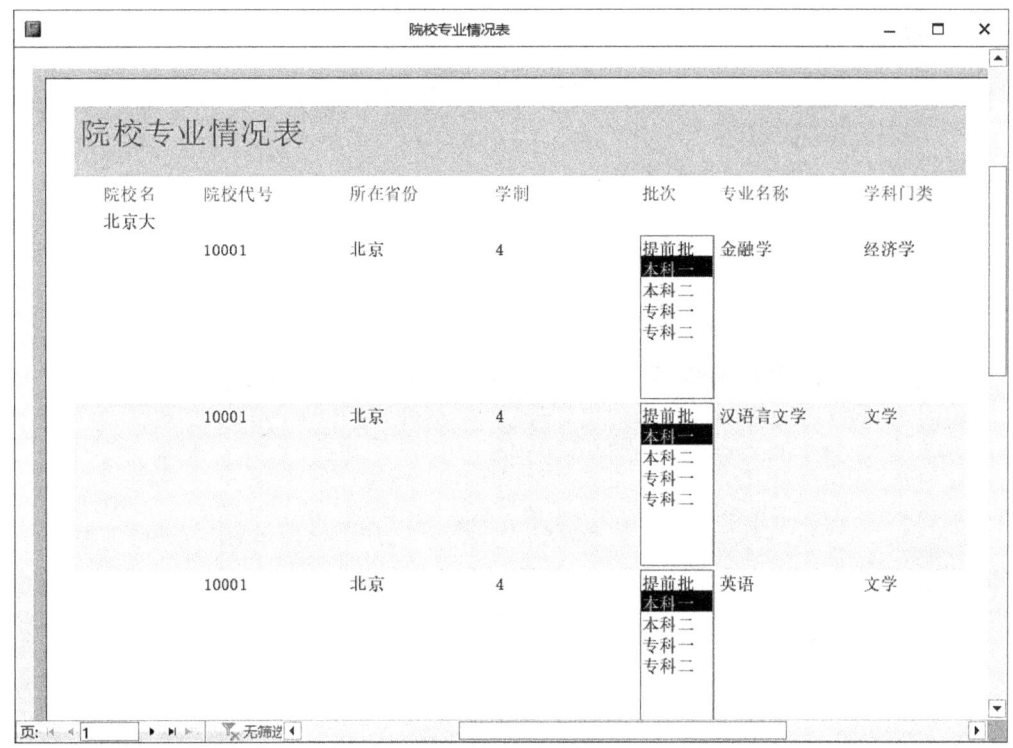

图5-12 院校专业情况表

① 打开"高招考试系统",在"创建"选项卡的"报表"组中,单击"报表向导"按钮,启动报表向导。

② 单击"报表向导"中的"表/查询"下拉列表框,选择表或查询,双击"可用字段"列表框中的字段名称,将所选择的字段添加到"选定字段"列表框中。如图5-13所示,选择"院校情况表"的"院校名称"、"所在省份"、"学制"和"批次","院校专业情况表"中的"院校代码","专业代码表"的"专业名称"和"学科门类"。

③ 单击"下一步"按钮,出现如图5-14所示的对话框,选择查看数据的方式,我们选择"通过院校专业情况表"查看数据。

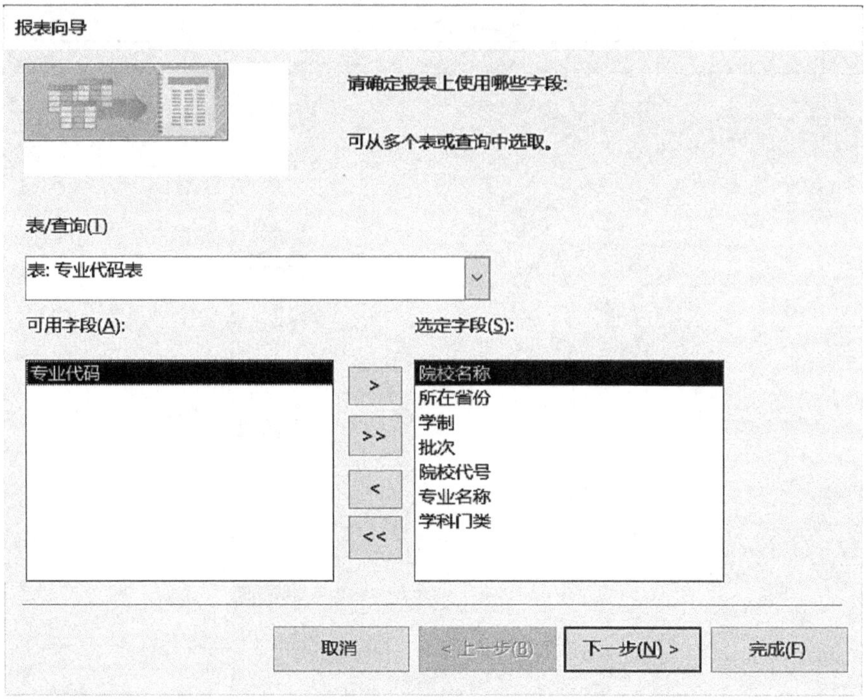

图5-13 选择字段

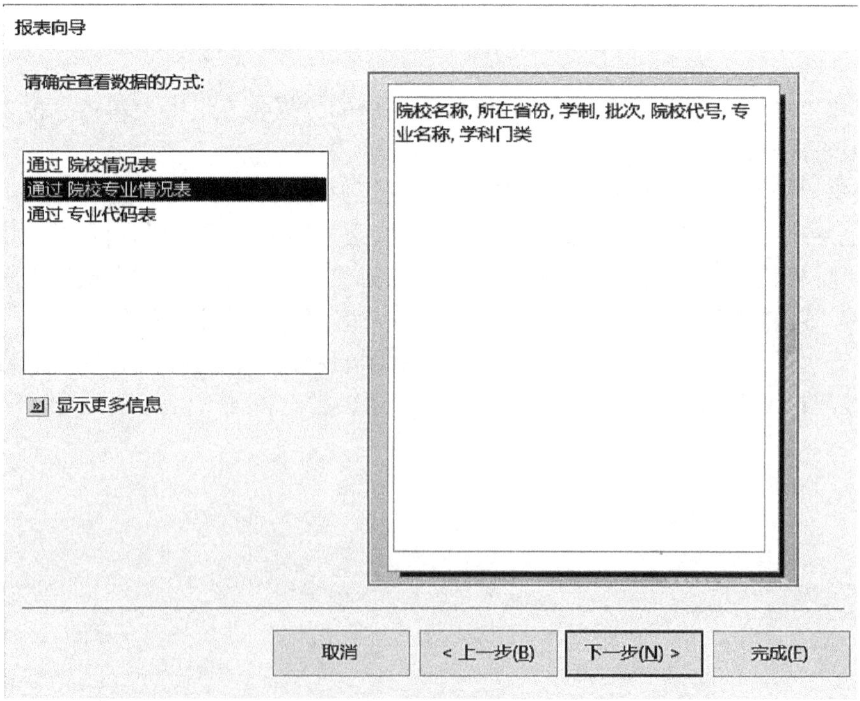

图5-14 查看数据

④ 单击"下一步"按钮,出现如图5-15所示对话框。双击左侧的字段,作为分组字段;双击右侧的字段则取消记录分组。我们选择"院校名称"作为分组字段。

如果需要按多个字段分组,可以单击"优先级"来调整分组字段的级别。单击"分组选项"按钮,打开"分组间隔"对话框,用来设置分组的相关细节。

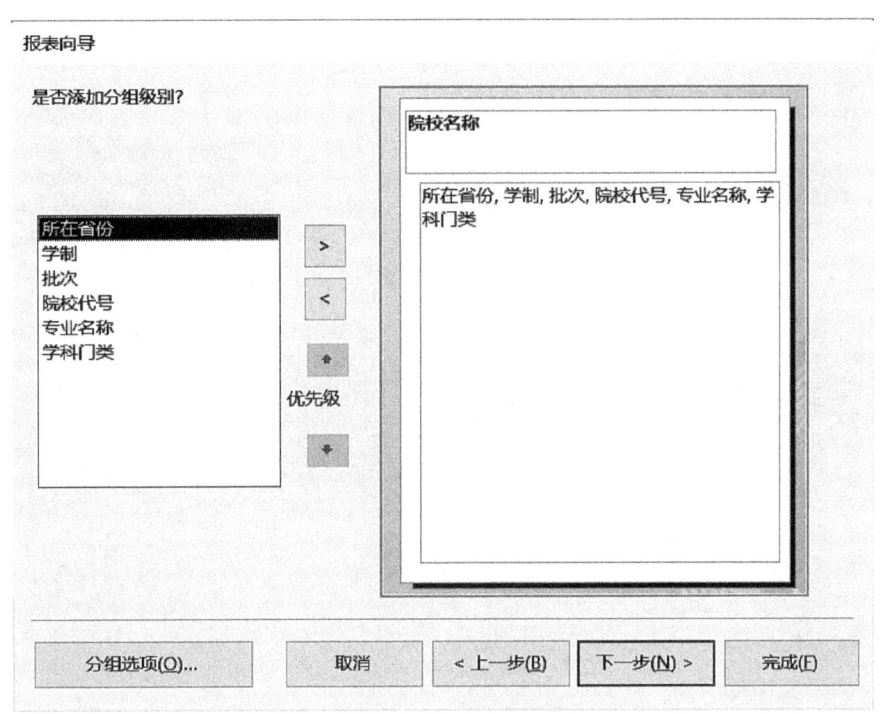

图5-15 分组数据

⑤ 单击"下一步"按钮,出现如图5-16所示对话框,选择排序字段,本例题中选择"院校代码"字段,按降序排列。单击"升序"按钮,变为"降序"按钮,再一次单击,又变成"升序"按钮。

⑥ 单击"下一步"按钮,出现如图5-17所示对话框,选择报表布局。单击右侧的布局选项,左侧预览框就会显示报表布局效果,这里我们选择"递阶"。

⑦ 单击"下一步"按钮,出现如图5-18所示对话框。在对话框中定义报表的标题。选中"预览报表"或"修改报表设计"选项,最后单击"完成"按钮,结束报表向导操作。

图5-16 排序

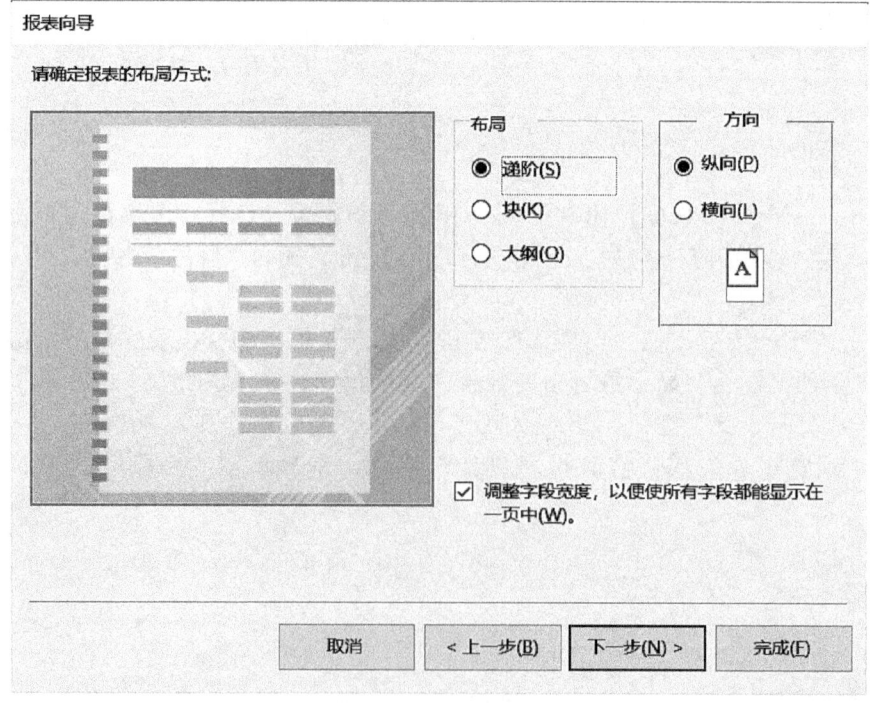

图5-17 布局

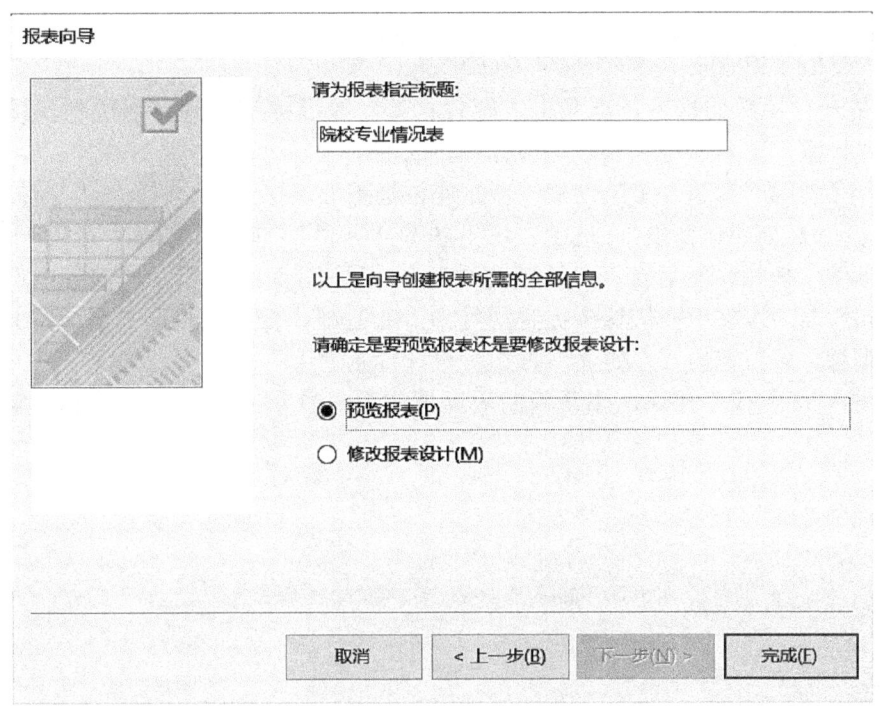

图5-18 选择"预览报表"或"修改报表设计"

选择"修改报表设计"选项则打开报表的"设计视图",如图 5-19 所示,将显示批次的"列表框控件",更改为"文本框"。直接选择"预览报表"选项可以预览报表的效果,如图 5-12 所示。

图5-19 设计视图

5.2.4 使用"标签"创建标签类型报表

标签是一种特殊的报表。准考证、邮件标签、课程标签等都是通过制作标签报表完成。利用"标签"工具,可以快速完成标签报表的制作。

【例5-4】利用"标签"工具创建"考试座位标签"。

① 打开"高招考试系统",选中"考生基本情况表",单击"创建"选项卡的"报表"组中的"标签"按钮,然后打开"标签向导",显示如图5-20所示。在向导中选择需要的标签型号和厂商。本例中我们选择标签型号为"C2166",横向可打印3个标签。如果提供的型号不满意,可以单击"自定义"按钮,设计标签的大小。

② 单击"下一步"按钮,出现新的对话框如图5-21所示,可以设置标签字体、字号和颜色等。

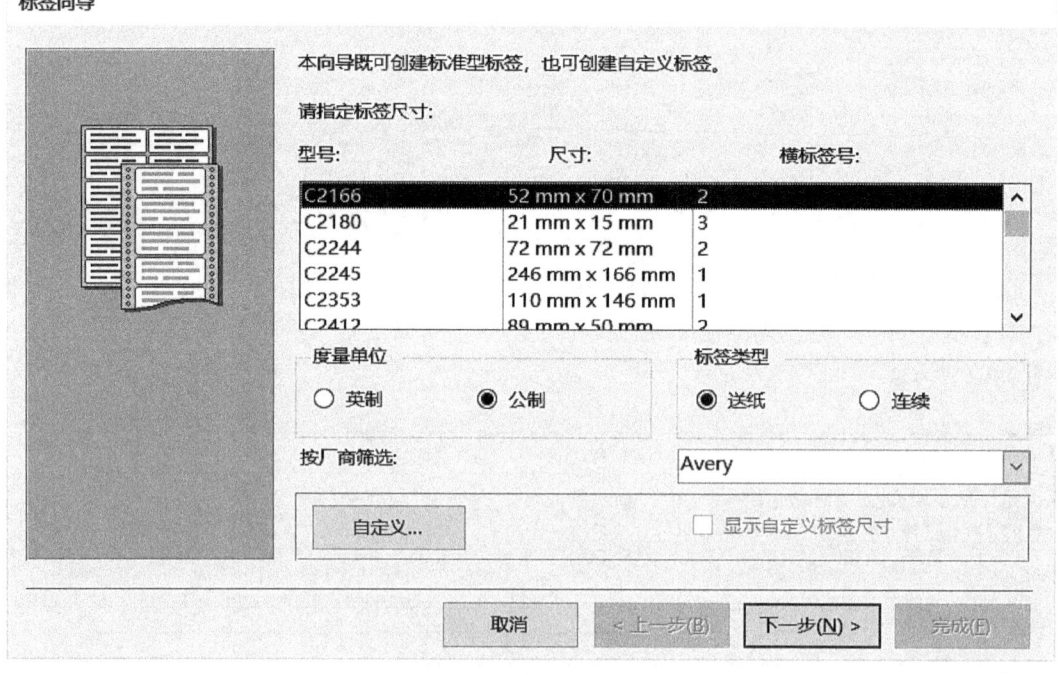

图5-20 选择标签型号和厂商

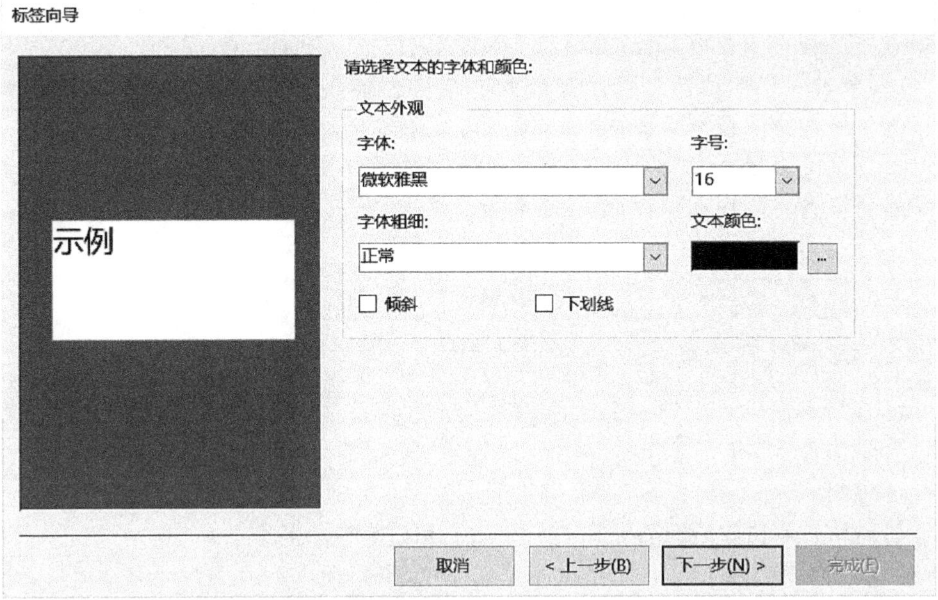

图5-21 设置字体

③ 然后单击"下一步"按钮,显示如图 5-22 所示对话框。在对话框中设计标签显示内容。在"原型标签"框中输入需要显示的文本,标签会显示相应内容;双击"可用字段"框中的字段,就会在"原型标签"中添加字段,两边自动添加花括号,一行设计结束后,按回车键换行。

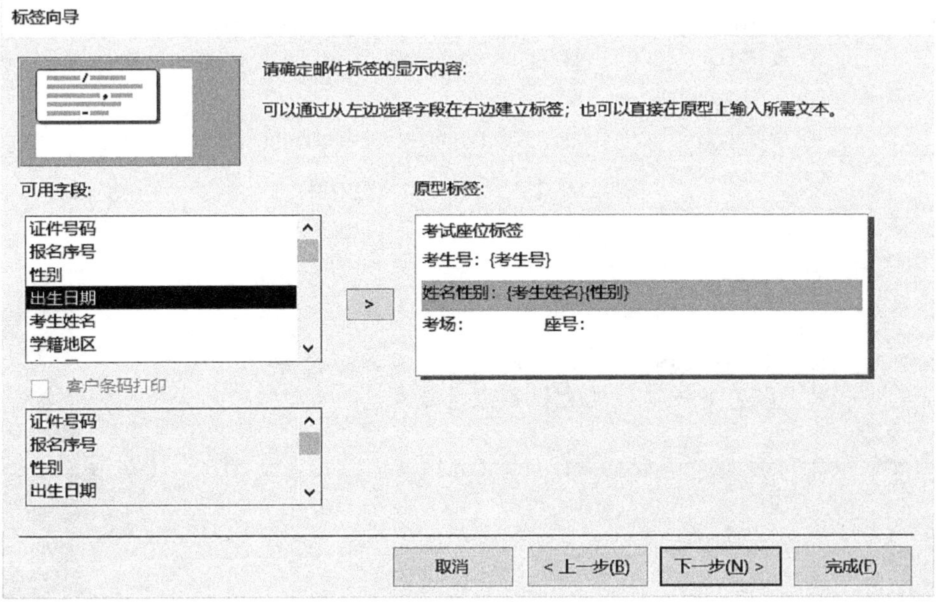

图5-22 设计标签

④ 还可以选择排序内容，例如单击"下一步"按钮，选择排序字段，本例选择"考生号"字段。

⑤ 单击"下一步"按钮，在出现的对话框中，输入标签报表的名称，选择"查看标签的打印预览"选项，单击"完成"按钮，进入标签的打印预览。关闭打印预览，进入报表设计视图，可以对标签进行外观、布局等修改。同时，还可以通过添加直线、矩形、图片等修饰标签。修改后的效果如图 5-23 所示。

图5-23 【例5-4】打印预览效果

小提示：标签上的行数和字体大小有关系。可以通过点击"上一步"和"下一步"观看标签设计效果。

5.2.5 由窗体另存为报表

如果数据库中已经存在一个或多个窗体，又需要类似界面的报表时，我们可以将窗体直接转换为报表，然后根据实际需要，对转换后的报表再进行调整和修改。

【例 5-5】将"考生基本信息"窗体转换为"考生基本信息"报表。

① 首先打开"考生基本信息"窗体。可以任意选择一种视图方式打开。

② 然后选择"文件"选项卡中的"另存为"命令，之后选择"对象另存为"命令，如图 5-24 所示。

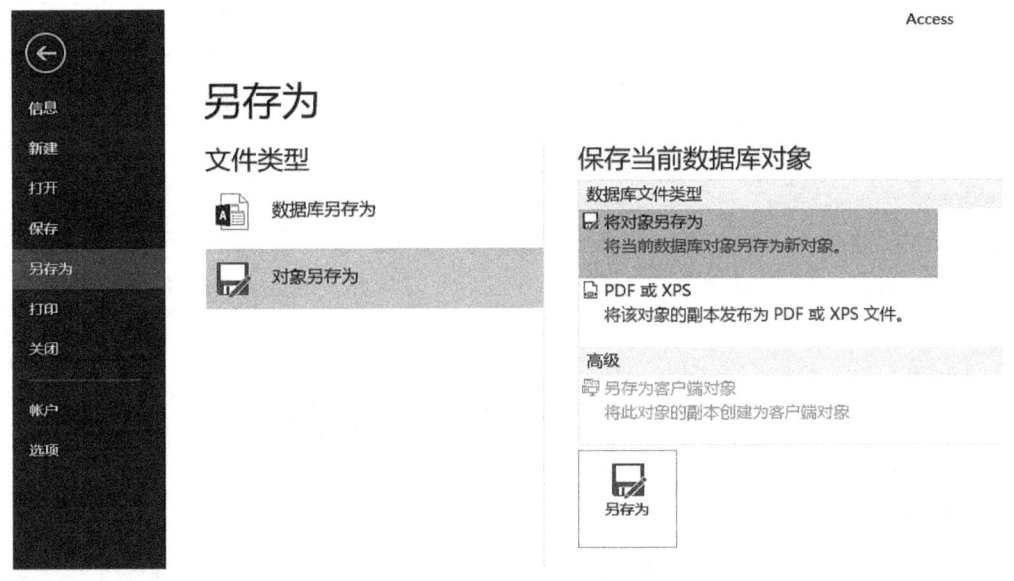

图5-24　"文件"中的"另存为"命令

③ 单击"另存为"按钮，弹出如图 5-25 图 所示的对话框，在保存类型中，选择"报表"，然后设置转换后的报表的名称为"考生基本信息"。

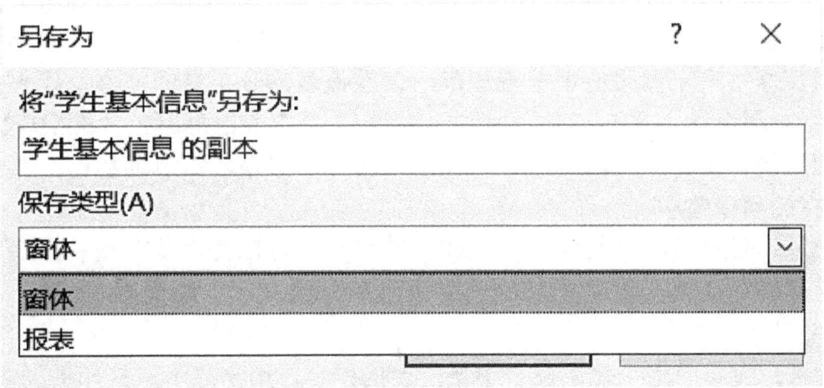

图5-25　将保存类型设置为"报表"

④ 单击"确定"按钮，如图 5-26 所示，图 5-26(a) 为"考生基本信息"窗体，图 5-26(b) 为转换后的"考生基本信息"报表的打印预览结果。

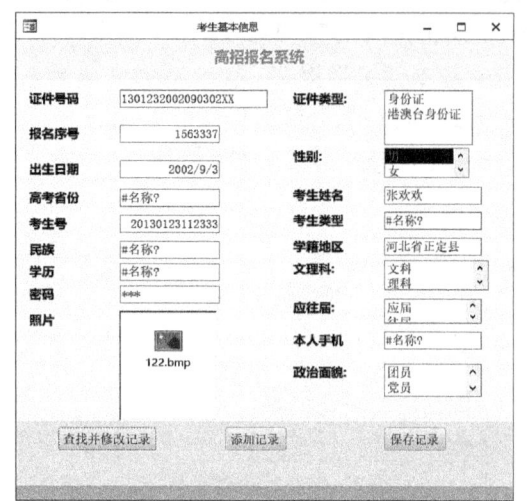

图5-26（a） 【例5-5】的结果

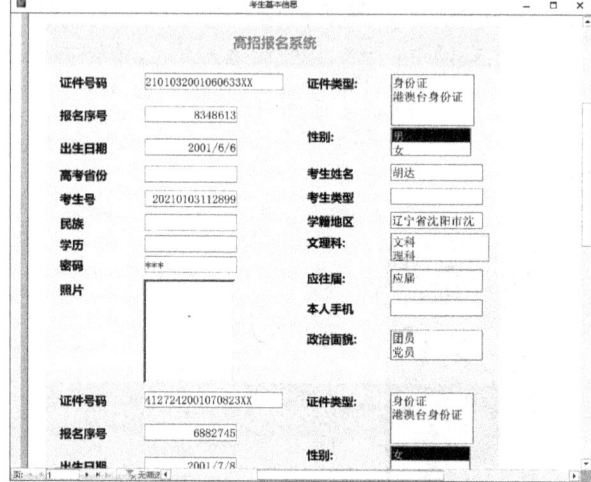

图5-26（b） 【例5-5】的结果

5.3 设计视图创建报表

5.3.1 报表组成

报表同窗体的组成类似，都由不同的节组成。与窗体不同，报表在默认情况下显示"页面页眉"、"主体"和"页面页脚"节。如果需要使用"报表页眉"和"报表页脚"节，可以在任意一个节的位置右击，然后在弹出的快捷菜单中选择"报表页眉/页脚"命令，即可添加或删除"报表页眉"和"报表页脚"节。而在报表中，为了统计不同类型的信息，可以选择分组显示，则会出现"组页眉"和"组页脚"节，如图 5-27 所示，"批次页眉"就是组页眉，"批次页脚"就是组页脚。总之，Access 2016 报表中提供七种节，各节有不同的作用，具体如下。

① 报表页眉：报表页眉位于报表顶部，仅在报表的开头打印一次，用来打印报表的标题文本、标志图案等。图 5-27 中，"院校情况表"是报表的标题，位于报表页眉节。

② 页面页眉：在每个页面的顶部打印，用来打印或显示每页的标题页头信息，通常用来显示数据的列标题。

③ 组页眉：根据统计分析的需要，在报表设计中可以使用"分组和排序"属性设置"组页眉/组页脚"区域，实现报表的分组输出和分组统计。组页眉主要打印分组字段，在每组的开头打印一次。

④ 主体节：主体节用来定义报表中最主要的内容，用来显示或打印数据表中的记录，每条记录打印或显示一次，通常用文本框或其他控件来绑定显示数据表中记录，还可以包

含通过计算得到的字段数据。

⑤ 组页脚：组页脚主要打印分组的统计数据，通过文本框或其他控件来实现。在每组的末尾打印一次。

⑥ 页面页脚：页面页脚用来打印每页的页尾信息，放在该节中的信息在每页的末尾都会打印或显示一次，通常用来显示页码和日期等信息。

⑦ 报表页脚：报表页脚位于报表底部，用来打印报表的统计、汇总等信息。一般情况下用文本框来计算、统计、汇总数据。报表页脚中的信息仅在报表的最后一页打印一次。

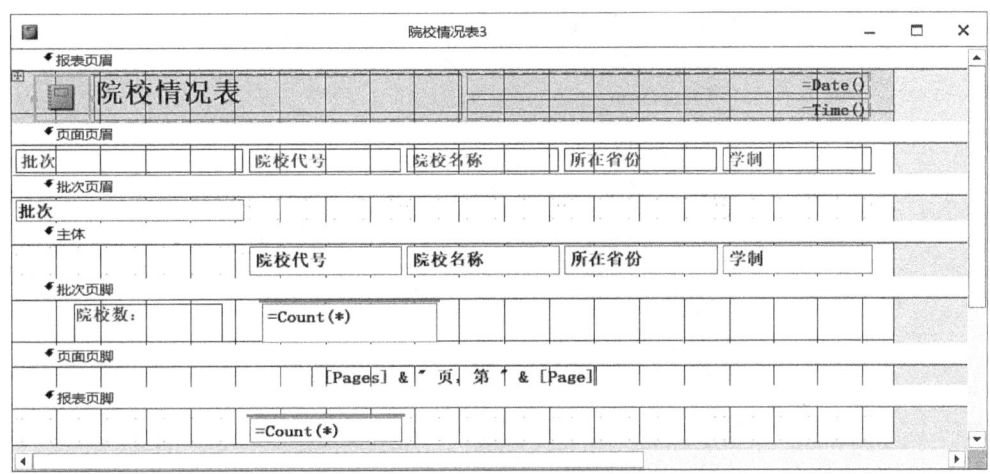

图5-27 报表的组成

小提示：页面和报表的页眉和页脚都是成对添加的，要仅添加一个页眉（页脚）而不添加另一个页脚（页眉），请删除节中任何不需要的控件，并将节的高度调整为0，或将其"可见"属性设置为"否"。组页眉和组页脚可以只添加其中一个。

5.3.2 编辑报表

使用"报表""空报表""报表向导"创建后的报表可能不完全满足用户的需要，因此，一般会进入到设计视图编辑报表。同时，与窗体一样，可以通过点击"报表设计"按钮进入设计视图，直接编辑报表或者设计报表。利用"报表设计"工具实际上就是编辑报表，需要人工设置报表的数据源、添加控件，设置报表和控件的属性，调整布局、添加页码或日期时间等信息。

在设计报表时，一般会通过自动或者通过向导创建报表后，再进行编辑。

1. 添加日期和时间

在报表中添加日期和时间有两种方法。

(1) 利用"日期和时间"按钮

打开报表的"设计视图",在报表设计工具"页眉/页脚"组中单击"日期和时间"按钮。在打开的对话框中选择包含日期或时间或者两者均选,以及显示的格式,如图 5-28 所示。

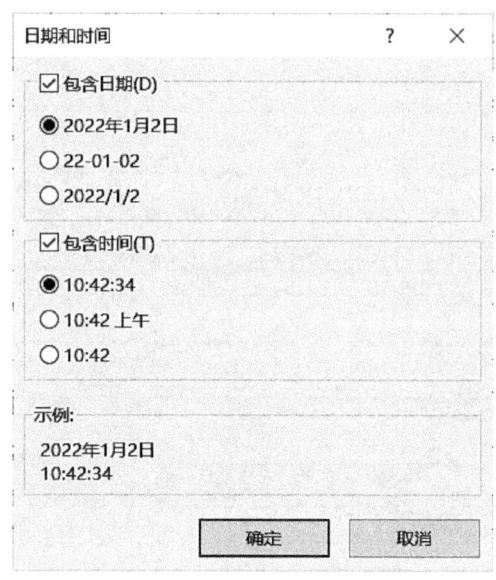

图5-28　"日期和时间"对话框

(2) 利用函数添加日期和时间

在报表中添加文本框,并将文本框的"控件来源"属性设置为"=Date( )"或者"=Time( )",可以显示当前系统的日期或时间。如果"控件来源"属性设置为"=Now( )",可以同时显示当前系统的日期和时间。

2. 添加分页

报表的输出时,会根据纸张的大小和页面的设置,一页内容打印完毕,自动换页输出。

如果将需要的内容单独分页,例如每一个学生的报考院校信息打印到一页上面,则可以对报表进行分页。在报表中,添加分页有两种方法。

(1) 利用"强制分页"属性

如果每个记录或记录组都需要另起一页,则可以通过设置报表页眉/页脚,组页眉、组页脚和主体节的"强制分页"属性来实现节前、节后的强制分页。如图 5-29 所示为主体节的"强制分页"属性。

(2) 利用"分页符"

打开报表的"设计视图",在报表设计工具"控件"组中单击"插入分页符"按钮。

在报表需要分页的位置单击,分页符(连续 5 个圆点)出现在报表的左侧,如图 5-30 中,圈起来的是"分页符",只能出现在报表的左侧,不能调整大小。

图 5-29 "强制分页"按钮　　　　　　　图 5-30 分页符

小提示:在使用"分页符"时,需要将"分页符"置于控件的上方或者下方,否则会将控件分割到不同页上。

3. 添加页码

当报表内容比较多时,可添加页码,标识页的顺序。添加页码有两种方法。

(1)利用"页码"按钮

打开报表的"设计视图",在报表设计工具"页眉/页脚"组中单击"页码"按钮。在打开的对话框中选择页码的显示格式、位置和对齐方式等选项。如图 5-31 所示。

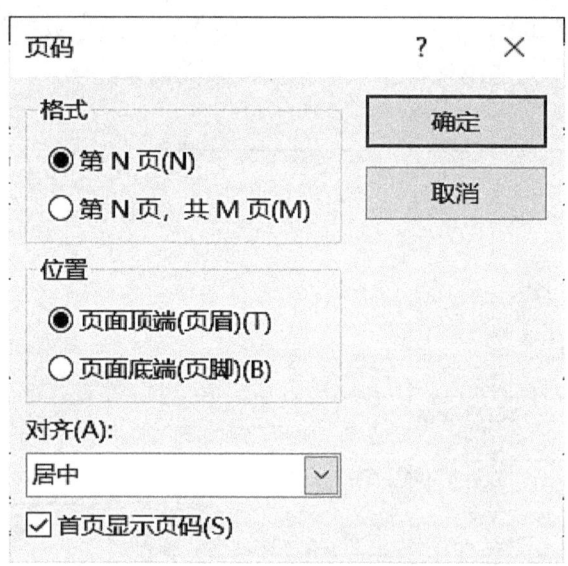

图5-31 "页码"对话框

(2) 利用函数添加页码

在报表中添加文本框,并将文本框的"控件来源"属性设置为"=[Page]"可以添加当前页码。如果将文本框的"控件来源"属性设置为"="第"&[Page]&"页,共"&[Pages]&"页",则显示的为"第 N 页,共 M 页"。在这个表达式中,[Page] 表示当前页码,[Pages] 表示总页码。

4. 设置节

报表中的内容是以节为单位来划分的,每个节具有不同的用途,例如报表页眉是用来显示报表一些信息。设置节的操作如下。

(1) 添加或删除节

打开报表的"设计视图",右击报表,在快捷菜单中,选择"报表页眉/页脚",添加或删除"报表页眉"和"报表页脚"节;选择"页面页眉/页脚",添加或删除"页面页眉"和"页面页脚"节。

报表页眉和报表页脚、页面页眉和页面页脚作为一对同时添加或删除。如果只是不需要其中的一项,可以先将该节上的控件删除,再将该节的"高度"属性设为"0"。

注意:如果删除页眉和页脚,该节上的控件也会被一同删除。

(2) 调整节的大小

报表中所有节的宽度是唯一的,改变一个节的宽度将会改变整个报表的宽度。

将鼠标指针放在节的底边,上下拖动鼠标可以改变本节的高度。将鼠标指针放在节的右边,左右拖动鼠标可以改变整个报表的宽度。也可以把鼠标放在节的右下角上,可以沿对角线方向拖动鼠标,同时改变节的高度和宽度。

当然我们也可以选中需要设置的节,然后在"属性表"的格式选项卡中,设置"高度"属性。

（3）设置节的背景颜色

选择节，设置属性表中"格式"选项卡中的"背景色"属性，改变该节的背景颜色。

5. 绘制线条和矩形

在我们设计报表时，可以通过添加"直线"和"矩形"修饰报表的版面，使打印或者显示效果更好。

在报表的"设计视图"中，可以在"控件"组中单击"直线"或"矩形"按钮，然后在报表的指定位置单击可得到默认大小的线条和矩形，拖动鼠标可得到自定义大小的线条和矩形。

通过对属性表的相关属性的设置，可以改变这两个对象的线条样式和边框样式等属性。

【例 5-6】利用"报表设计"工具创建报表，显示"院校情况表"中信息，如图 5-32 所示。

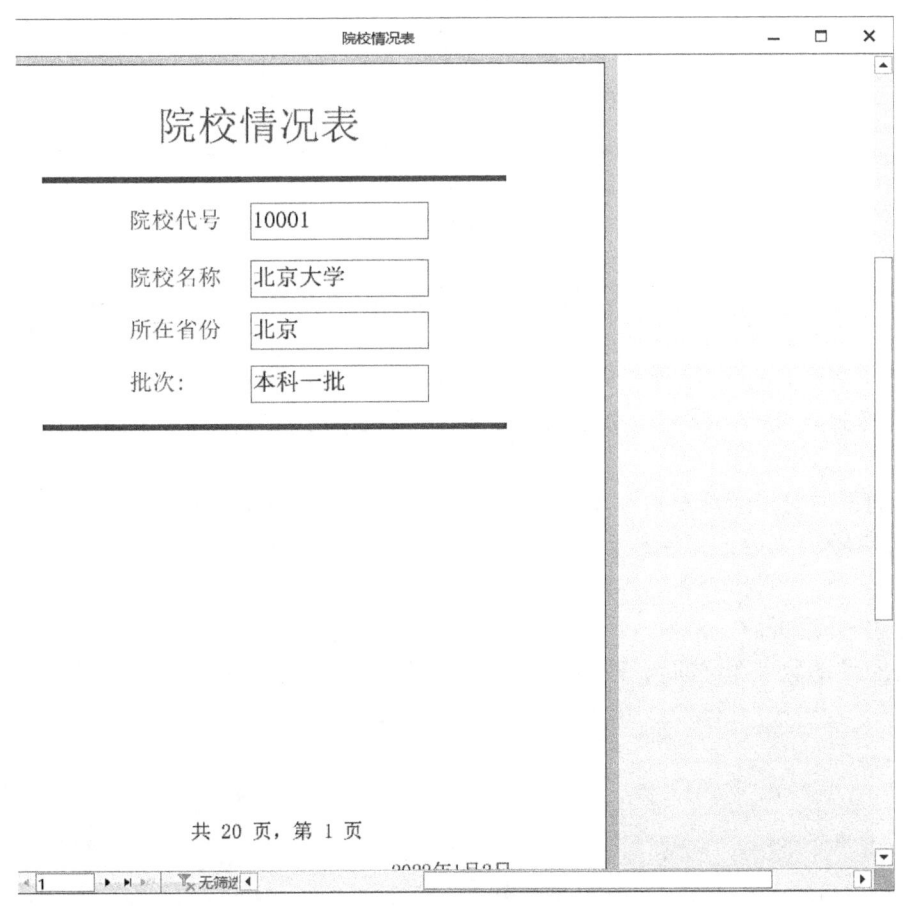

图5-32 院校情况表

① 打开"高招考试系统"，在"创建"选项卡的"报表"组中，单击"报表设计"按钮，进入报表的"设计视图"，如图 5-33 所示。

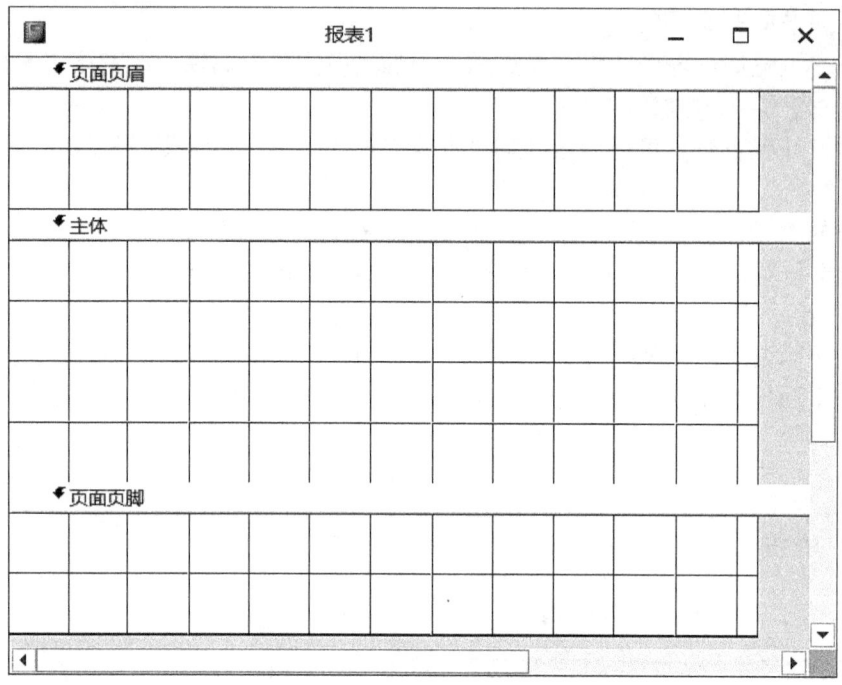

图5-33 报表设计视图

② 在报表"设计视图"右侧空白区域单击右键,快捷菜单中选择"属性",出现"属性表"窗格,如图 5-34 所示。

③ 在"属性表"中选择"记录源"属性,单击右侧的下拉箭头,选择"院校情况表"。再选择工具中的"添加现有字段"按钮,"院校情况表"中的字段会显示出来,如图 5-35 所示。

这个例子中的记录源来自一个数据表,所以直接选择表作为记录源。

④ 将字段列表中的"院校代码""院校名称""批次""所在省份"字段拖到主体节,自动添加 4 个文本框和 4 个附加标签。

⑤ 在"页面页眉"添加一个标签,输入"院校情况表"。在"主体"节绘制两条直线、调整控件的大小和布局、改变各节的高度和宽度。对于主体节,设置"强制分页"属性。

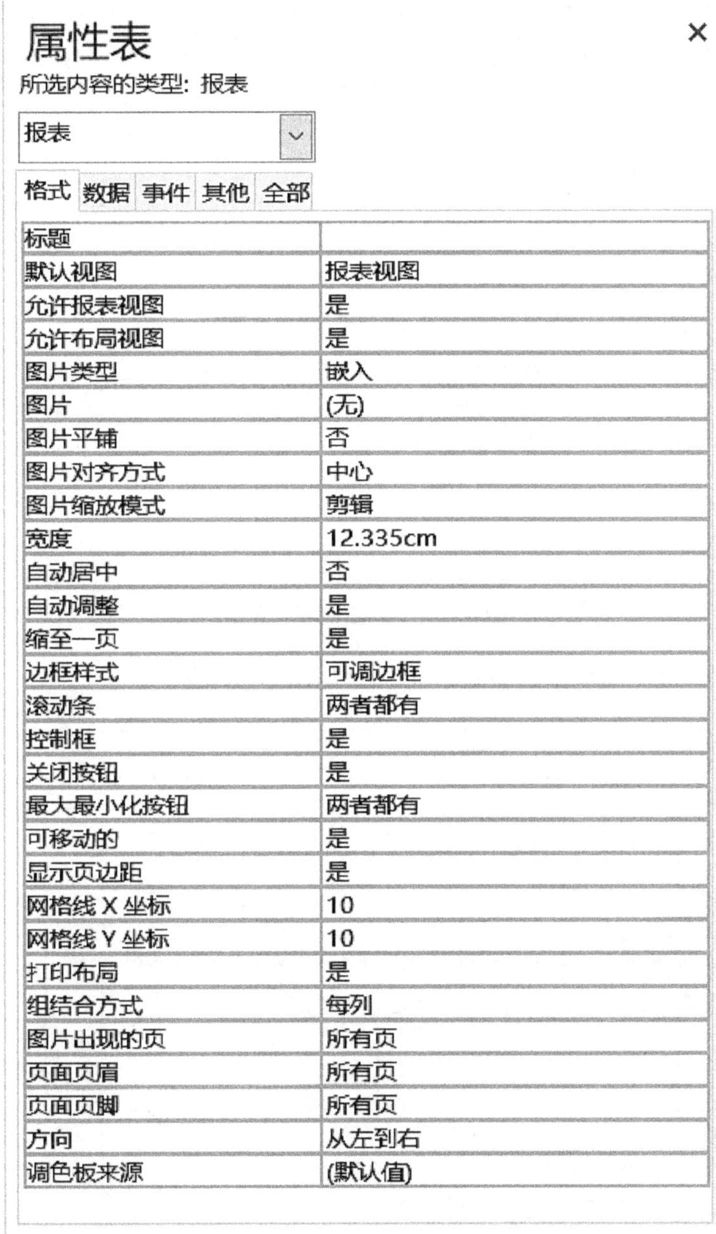

属性表	
所选内容的类型: 报表	
报表	

格式 数据 事件 其他 全部

标题	
默认视图	报表视图
允许报表视图	是
允许布局视图	是
图片类型	嵌入
图片	(无)
图片平铺	否
图片对齐方式	中心
图片缩放模式	剪辑
宽度	12.335cm
自动居中	否
自动调整	是
缩至一页	是
边框样式	可调边框
滚动条	两者都有
控制框	是
关闭按钮	是
最大最小化按钮	两者都有
可移动的	是
显示页边距	是
网格线 X 坐标	10
网格线 Y 坐标	10
打印布局	是
组结合方式	每列
图片出现的页	所有页
页面页眉	所有页
页面页脚	所有页
方向	从左到右
调色板来源	(默认值)

图5-34 "属性表"窗格

210　Access 数据库基础与应用

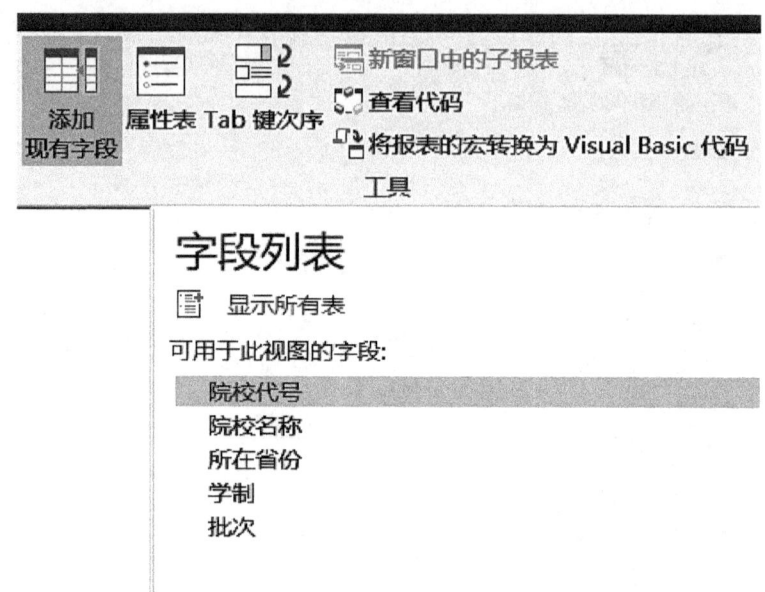

图5-35　"字段列表"窗格

⑥ 在"页面页脚"节中插入日期、页码。如图 5-36 所示。

图5-36　设计结果

⑦ 调整报表布局，保存设计，输入报表名“院校情况表”。切换到“打印预览”视图，显示效果如图 5-32 所示。

【例 5-7】创建报表，显示考生成绩单，如图 5-37 所示。

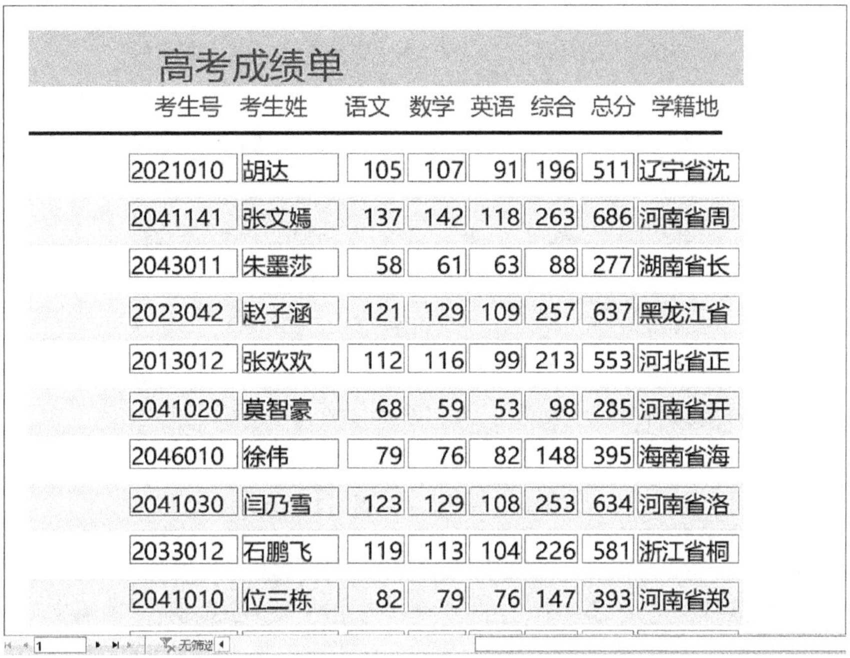
高考成绩单

考生号	考生姓	语文	数学	英语	综合	总分	学籍地
2021010	胡达	105	107	91	196	511	辽宁省沈
2041141	张文嫣	137	142	118	263	686	河南省周
2043011	朱墨莎	58	61	63	88	277	湖南省长
2023042	赵子涵	121	129	109	257	637	黑龙江省
2013012	张欢欢	112	116	99	213	553	河北省正
2041020	莫智豪	68	59	53	98	285	河南省开
2046010	徐伟	79	76	82	148	395	海南省海
2041030	闫乃雪	123	129	108	253	634	河南省洛
2033012	石鹏飞	119	113	104	226	581	浙江省桐
2041010	位三栋	82	79	76	147	393	河南省郑

图5-37　高考成绩表

本例题中所需的字段来自于多张表，所以记录源的设置需要利用查询生成器来选择数据源。

① 打开“高招考试系统”，在“创建”选项卡的“报表”组中，单击“报表设计”按钮，调出“属性表”窗格。在“属性表”中选择“记录源”属性，打开查询生成器，如图 5-38 所示。

212　Access 数据库基础与应用

图5-38　查询生成器（1）

② 在"显示表"对话框中依次双击"考生基本信息表"和"高考成绩表"，关闭"显示表"对话框。然后依次选择需要输出的字段"考生号"、"考试姓名"、"语文"、"数学"、"英语"、"综合"、"总分"和"学籍地区"，如图 5-39 所示，关闭查询设计器，完成记录源的设置。

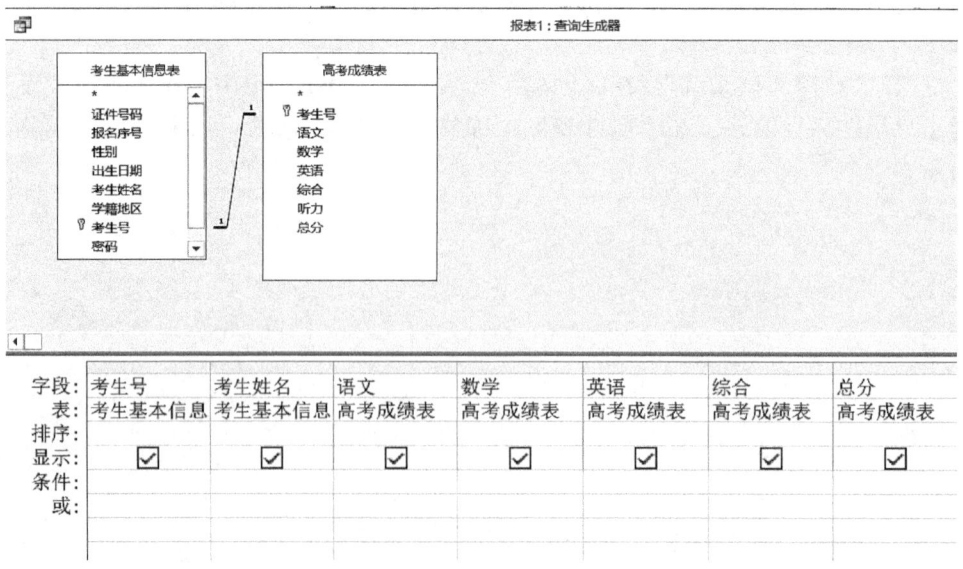

图5-39　查询生成器（2）

③ 单击工具组中的"添加现有字段"按钮，屏幕右边打开"字段列表"窗格。将字段列表中的字段拖动到报表的主体节中，添加了 8 个文本框和标签。选择 8 个标签，剪切粘贴到页面页眉节，调整位置和大小，如图 5-40 所示。

④ 添加报表页眉页脚，在报表页眉处添加一个标签，输入："高考成绩单"；在报表页脚处添加一个标签，输入："制表人：李老师"；再添加一个文本框，用于显示日期。设置两个标签的字体、位置等。在页面页眉处添加一条直线，设置相应格式，修饰报表；在页面页脚节，设置页码。如图 5-41 所示。

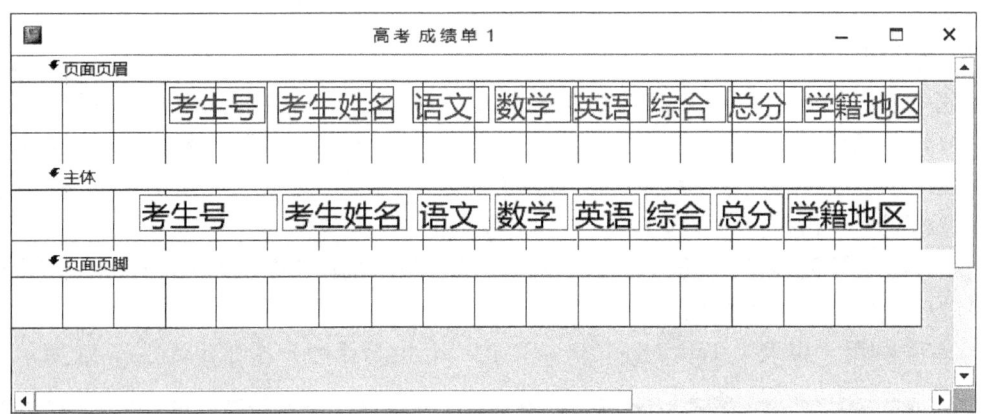

图5-40 设计视图

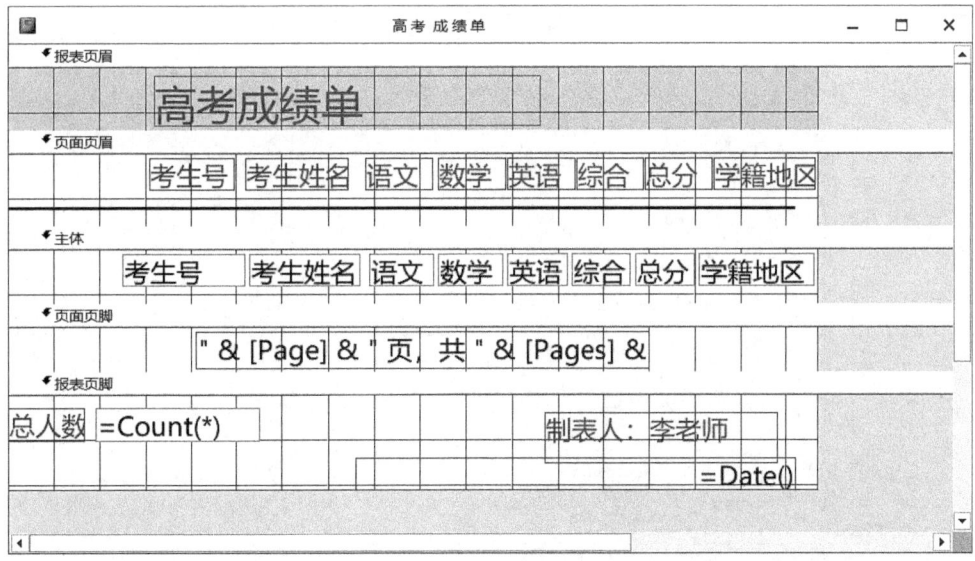

图5-41 设计结果

⑤ 保存设计，输入报表名"高考成绩单"。切换到"打印预览"视图，显示效果如图 5-37 所示。

5.4 报表的排序和分组

在默认情况下,数据打印输出的顺序是按照记录输入时的先后顺序输出。但是在实际应用,可能需要按照指定的顺序和组别进行打印输出。例如按照分数从大到小排列输出等,而这就是报表的"排序"操作。此外,报表设计时还经常需要按照某个字段的取值来划分记录,值相同的记录划分成一个组,进行一些统计操作并输出统计信息,例如统计不同批次院校数等,这就是报表的"分组"操作。

5.4.1 报表的排序

使用报表的排序功能,记录可以按照指定的顺序输出。利用"报表向导"创建报表时,可以设置排序,但最多设置4个排序字段,见图5-16。利用"报表设计"创建报表时,最多可以设置10个排序字段。对于多个字段的排序,先按第一个字段排序,第一个字段取值相同的,再按第二个字段排序,以此类推。

【例5-8】利用院校情况表,创建报表。要求按照"批次"的升序排列记录,类别相同的按"院校代码"的降序排列。

① 首先利用"报表"工具创建报表,单击"分组与排序"按钮,如图5-42所示。

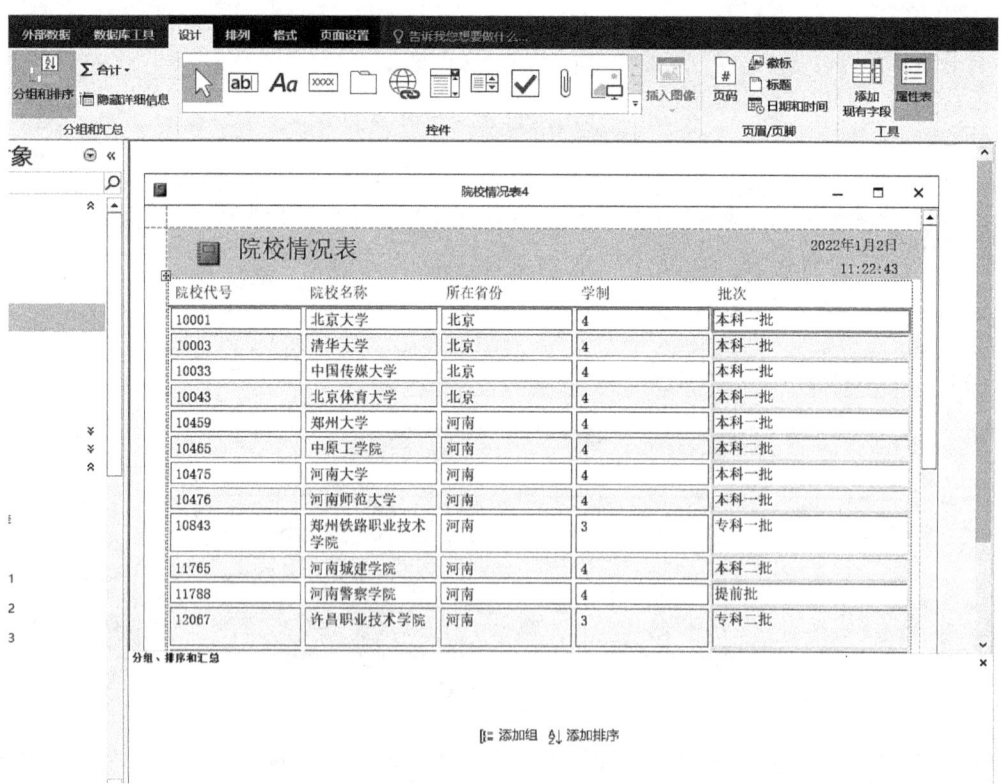

图5-42 排序与分组操作

② 单击"添加排序"按钮，弹出"字段列表"窗格。选择"院校代码"字段，屏幕下方的"分组、排序和汇总"区域如图5-43所示。

③ 单击"添加组"按钮，也会弹出"字段列表"窗格。选择"批次"字段，单击升序后面的"▼"符号，可以改变排序方式。此时屏幕下方的"分组、排序和汇总"区域如图5-44所示。

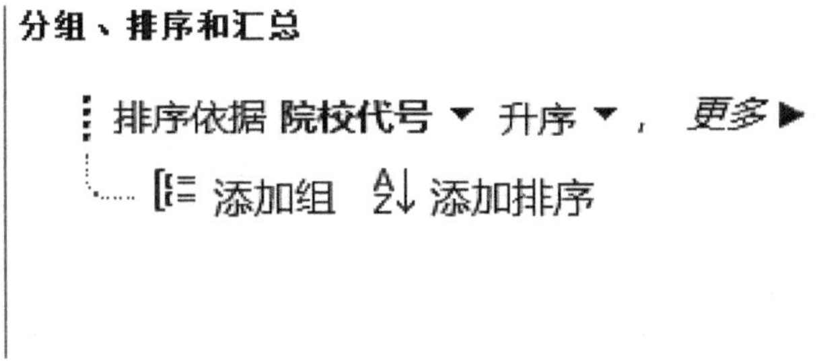

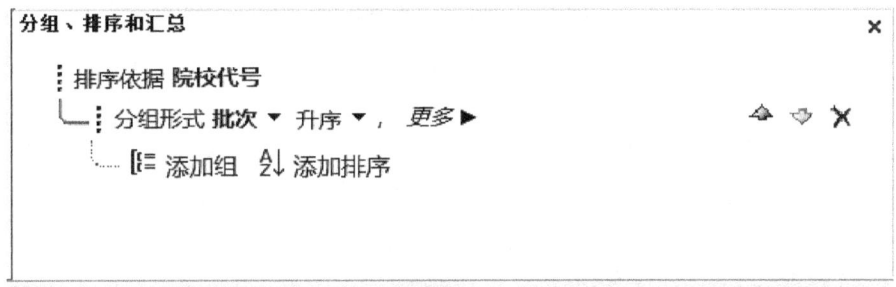

图5-43　指定单个排序字段

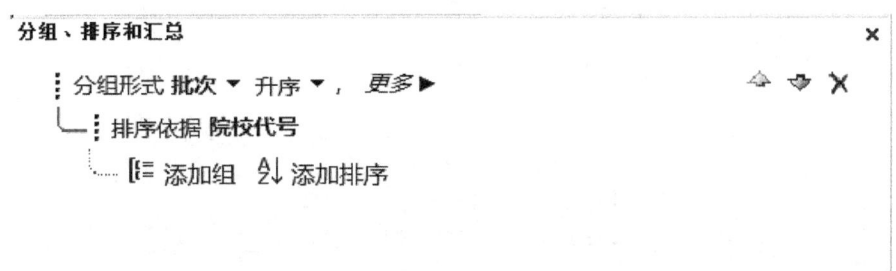

图5-44　指定多个排序字段

在这个过程中，可以选择排序依据及其排序方式。若有更多的排序依据，则按照这个方法进行操作就可以了。还可以通过上下箭头，调整主要关键字和次要关键字。现在我们将批次的顺序调整到院校代码的上面，如图5-45所示。

图5-45　调整分组和排序的次序

④ 保存报表，切换到"打印预览"视图，显示效果如图5-46所示。

216 Access 数据库基础与应用

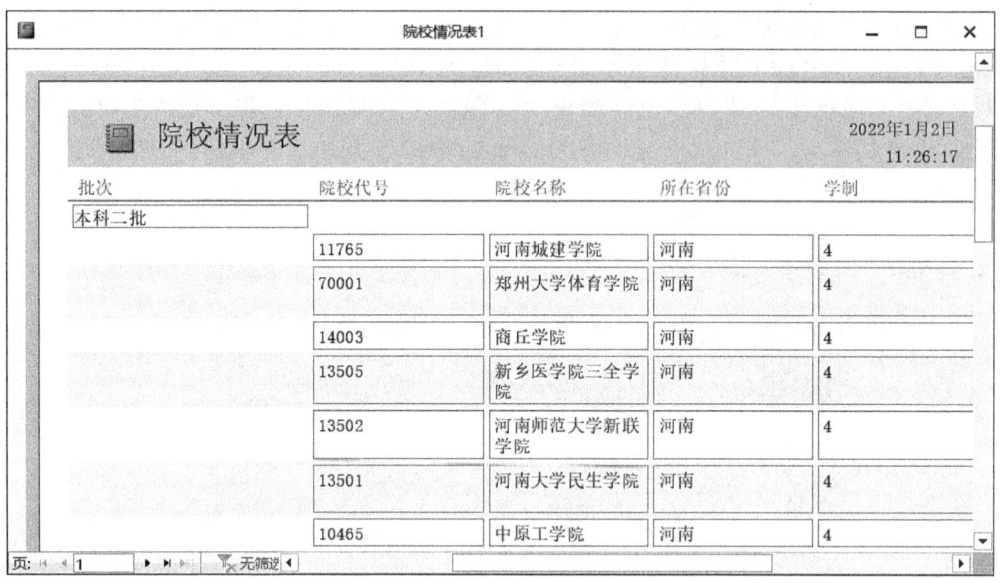

图5-46 例5-8打印预览结果

5.4.2 报表的分组

报表的分组是按选定的字段的取值来划分记录，字段值相等的记录划分在同一个组中。在操作过程中，需要先选定分组字段，再设置分组相关操作，通过分组可以实现数据的汇总和输出，增强报表的可读性。一个报表最多可以设置10级分组。

【例5-9】按照批次对院校情况表进行分组统计。

首先利用"报表"工具创建报表，然后单击"分组与排序"按钮，之后单击"添加组"按钮，在弹出的字段列表中选择"批次"字段，如图5-47所示。

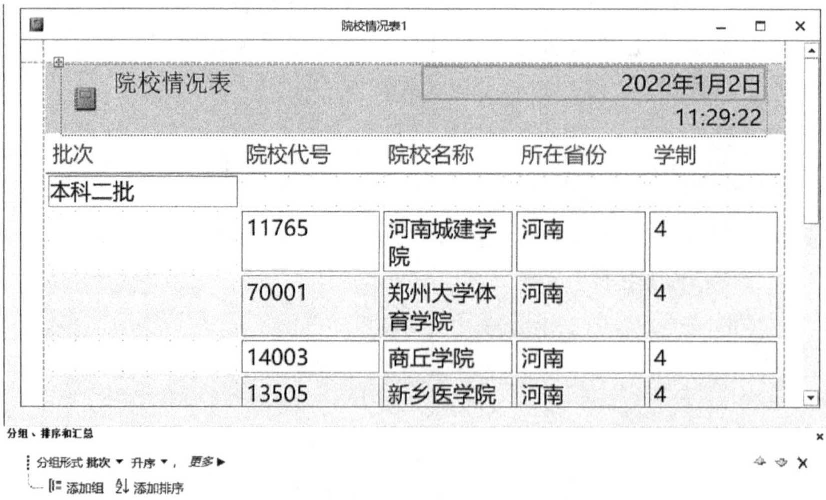

图5-47 添加分组

然后切换到"设计视图",此时出现了组页眉节——"批次页眉"节,如果需要添加"页脚"节,可以单击"分组、排序和汇总"区域中的"分组形式→批次"后面的"更多"按钮,将"无页脚节"改为"有页脚节",则组页脚节——"批次页脚"节就会出现。还可以对分组的相关属性进行设置。本题在组页脚加上一个文本框,对院校数进行统计,如图 5-48 所示。

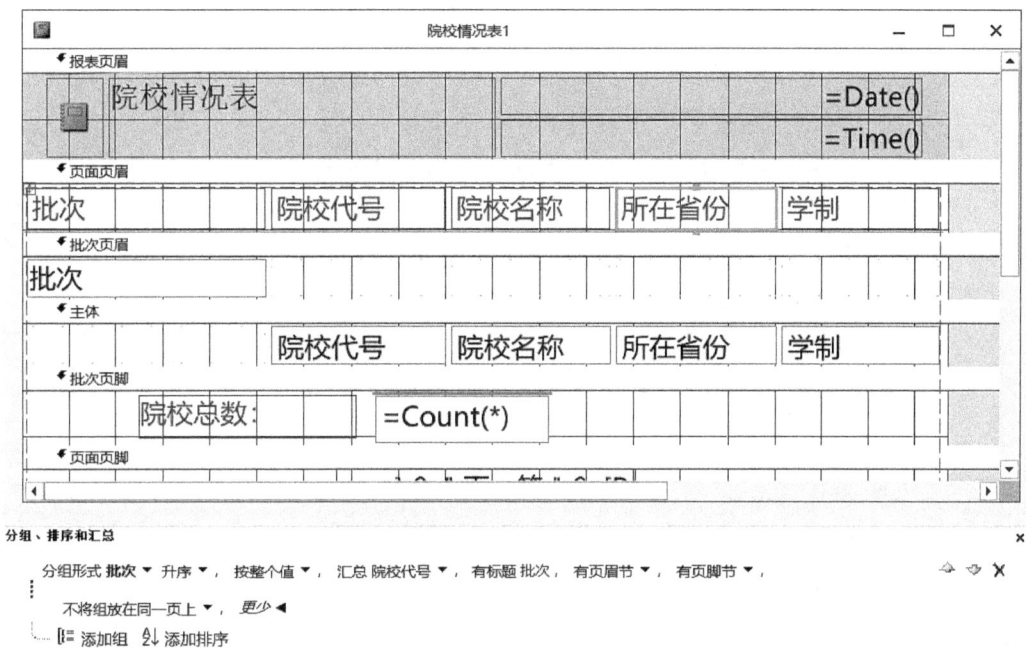

图5-48 添加分组后的设计界面

最后保存报表,切换到"打印预览"视图,显示效果如图 5-49 所示。

当然,在报表分组时,不仅可以按照整个字段的值进行分组,还可以根据分组字段的数据类型不同来进行不同形式的分组,主要包括以下几种:

① 按照整个字段的值,即字段值的每个字符相同,则划分成一组。这是系统默认的,适用于任何数据类型。

如果分组字段为文本类型数据时,可以按前缀字符进行分组,即字段前面若干字符相同时划分为一组。

② 如果分组字段为数值类型数据时,可以按取值的间隔分组,即设置相应间隔来划分为一组,例如间隔可以取 10、1000 等。

③ 如果分组字段为日期/时间数据时,可以按"年"、"季"、"月"、"周"和"日"等来分组。

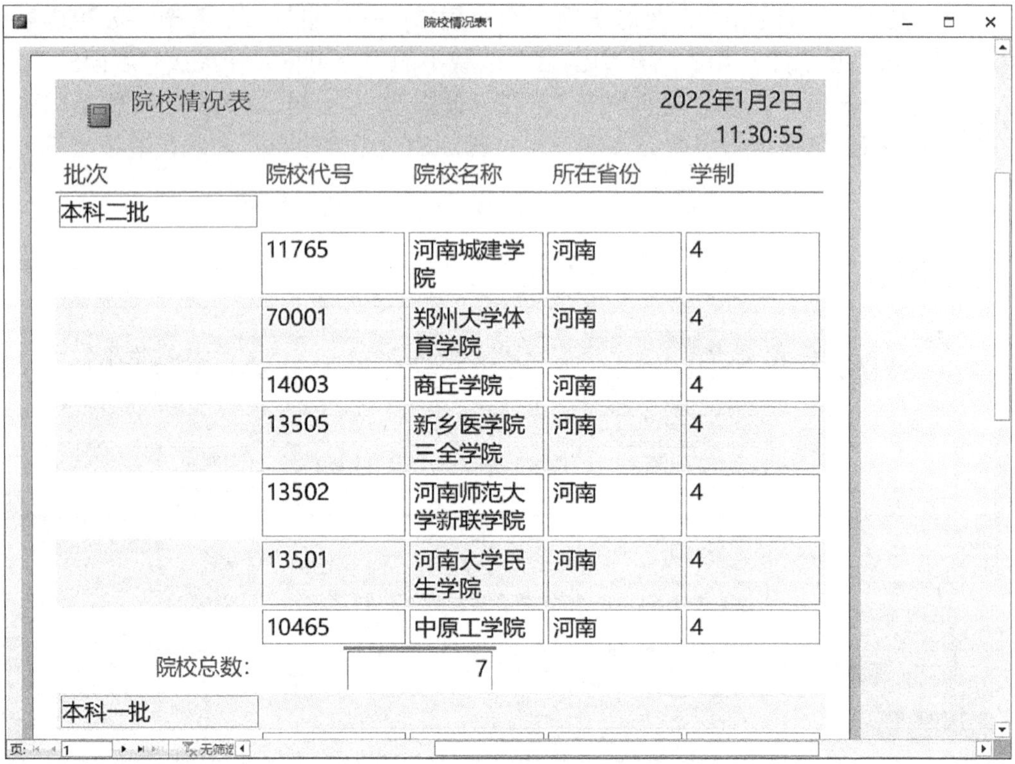
院校情况表1

院校情况表 2022年1月2日 11:30:55

批次	院校代号	院校名称	所在省份	学制
本科二批				
	11765	河南城建学院	河南	4
	70001	郑州大学体育学院	河南	4
	14003	商丘学院	河南	4
	13505	新乡医学院三全学院	河南	4
	13502	河南师范大学新联学院	河南	4
	13501	河南大学民生学院	河南	4
	10465	中原工学院	河南	4
院校总数:	7			
本科一批				

图5-49 【例5-9】打印预览结果

【例 5-10】打开例 5-7 中的“高考成绩单”报表，将“总分”字段按每隔 100 分来划分为一组。

由于案例中数据量较少，所以，取 100 分为间隔。在高考成绩中，可以通过间隔 1 分，进行分组，统计出每组中人数，即 1 分 1 档的情况。

① 打开高考成绩表，进入“设计视图”，单击“分组或排序”按钮，下方会出现“分组、排序和汇总”区。

② 单击“添加组”按钮，在弹出的字段列表中选择“总分”字段，单击“更多”按钮，选择“按整个值”右边的“▼”按钮，选择“按 100 条”选项。为了便于区分，在“总分”组页眉上增加了两个文本框和标签，用于显示分组的分数区间，如图 5-50 所示。

③ 保存报表，切换到“打印预览”视图，显示效果如图 5-51 所示。

图5-50 分组间隔的设置

图5-51 例【5-10】打印预览结果（局部）

5.5 计算控件的设计

报表除了打印显示数据库的数据外,还可以对数据进行统计分析。在统计分析时,就是利用计算控件,对数据进行各种的运算,并把结果显示出来。例如,在组页脚,可以将每组的数据个数进行统计,得出高考成绩中的一分一段的结果。

5.5.1 报表的常用函数

报表设计中,常用的函数见表 5-1,这些函数在窗体、查询中都可以使用。

表 5-1 报表中的常用函数

函数	功能
Sum	计算指定字段值的和
Avg	计算指定字段值的平均数
Count	计算指定范围内记录个数
Max	返回指定字段的最大值
Min	返回指定字段的最小值

5.5.2 计算控件的添加

计算控件的控件来源是"=表达式",其中文本框是最常用的计算控件。

【例 5-11】利用"考生基本信息表"设计报表,显示考生的基本信息,根据考生的"出生日期"字段计算考生的年龄。

① 首先利用"报表向导"建立报表,调整布局,如图 5-52 所示。

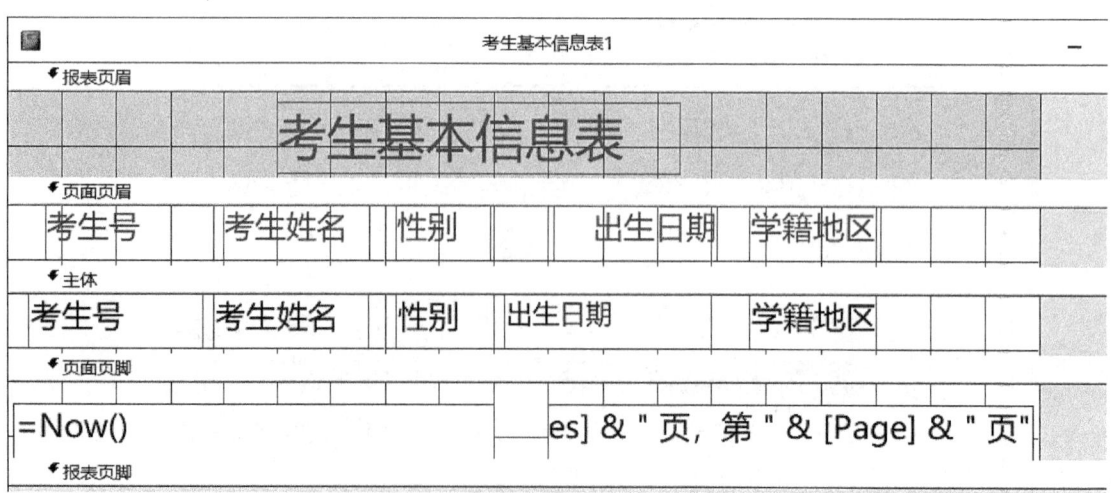

图5-52 设计视图

② 然后在"主体"节增加一个文本框,把附属标签的标题改为"年龄",并移到"页面页眉"节。然后选择文本框,在"属性表"窗格中选择"控件来源"属性,输入表达式"=Year (Date())-Year([出生日期])",计算考生年龄。之后调整其他控件的大小与位置,如图 5-53 所示。

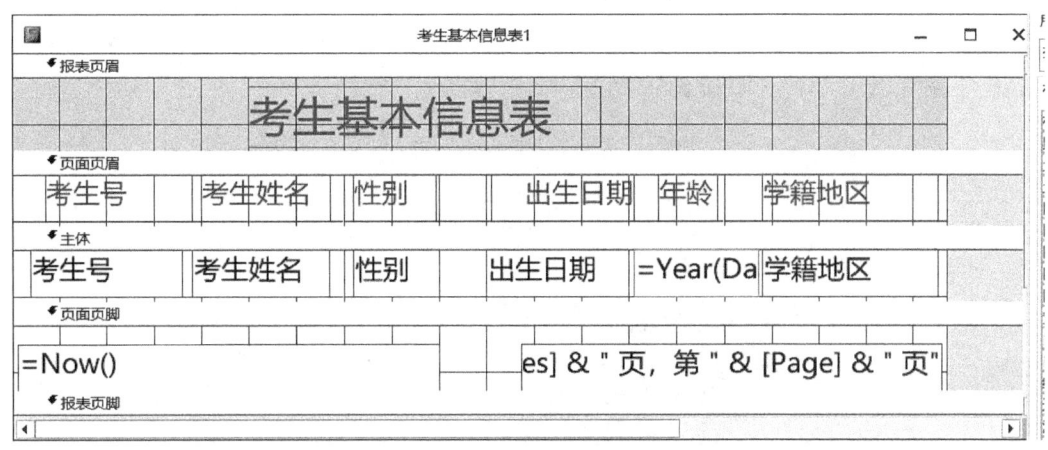

图5-53　添加"年龄"

可以在计算控件中输入"= 表达式",也可以用表达式生成器产生表达式,还可以直接在文本框中输入"= 表达式"。

③ 保存报表,切换到"打印预览"视图,显示效果如图 5-54 所示。

图5-54　【例5-12】的打印预览结果

【例 5-12】打开例 5-7 高考成绩单,按照"高考省份"分组,"高考省份"从学籍地区计算得到。为了简便,我们设置每个学籍地区的前 3 位为省份,计算考生总分的平均分、最高分和最低分,并在最后统计高考总人数。

① 双击打开高考成绩单报表,切换到"设计视图",调整各个控件的位置。

② 单击"分组或排序"按钮,单击"添加组"按钮,在弹出的字段列表中有"表达式"选项如图 5-55 所示,然后单击"表达式",进入到"表达式生成器",输入表达式"=Left([学籍地区], 3)",如图 5-56 所示。

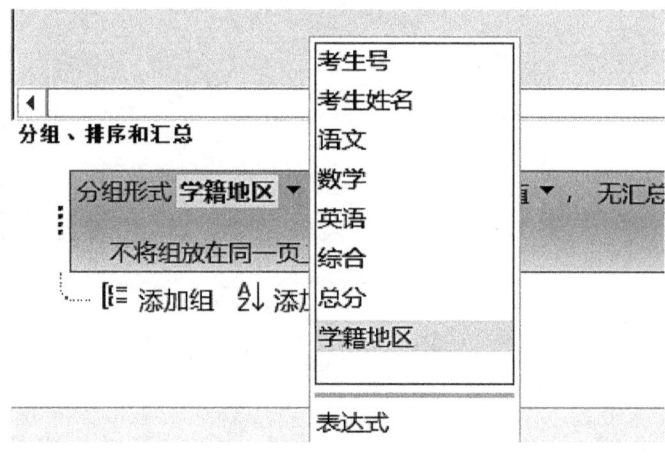

图5-55　设置分组1

图5-56　设置分组2

③ 然后在页面页眉添加标签，其标题为"高考省份"。

④ 在增加的组页眉处，添加文本框，其控件来源，设置为"=Left([学籍地区], 3)"，调整布局如图 5-57 所示。

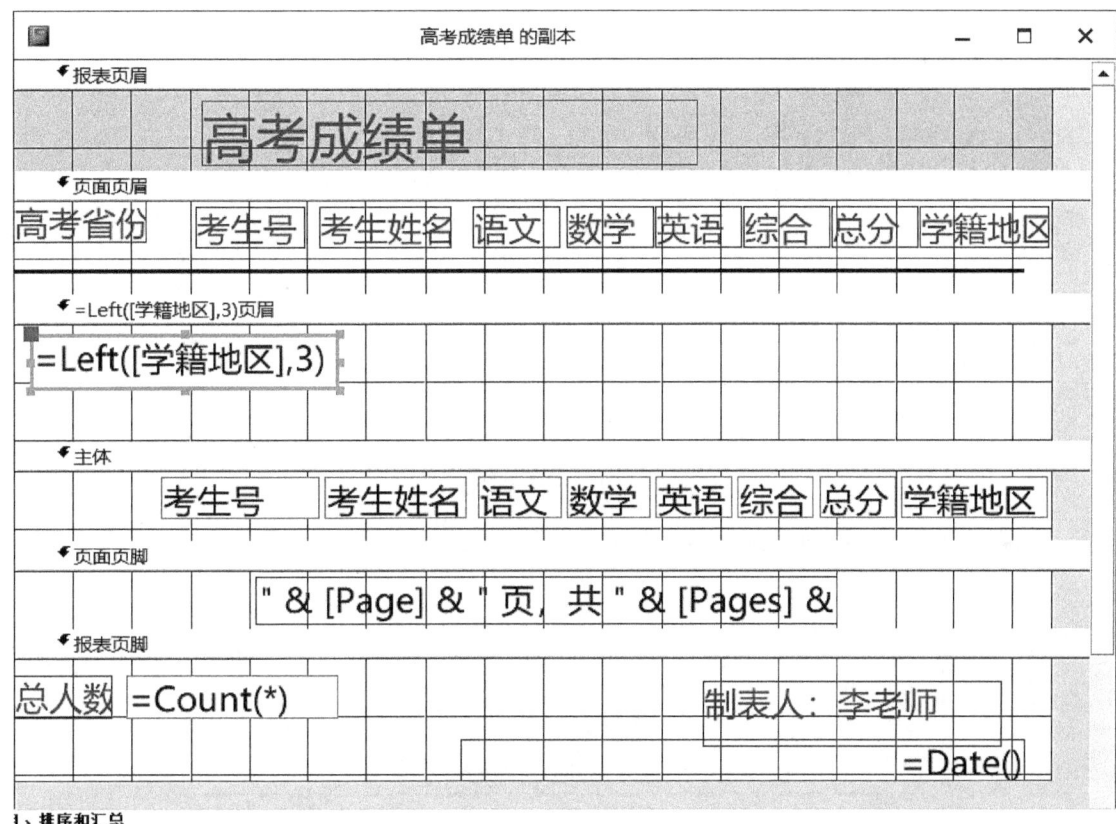

图5-57　添加分组字段

⑤ 增加组页脚节，在该节中添加三个文本框，把三个标签内容分别改为"平均分"、"最高分"和"最低分"，在相应的文本框中分别输入表达式"=Avg([总分])"、"=Max([总分])"和"=Min([总分])"。在属性表中设置平均分对话框的相关属性，使平均分保留小数点两位。

⑥ 在"报表页脚"节添加一个文本框，标签改为"总人数"。文本框中输入表达式"=Count(*)"计算总人数。调整报表布局，如图 5-58 所示。

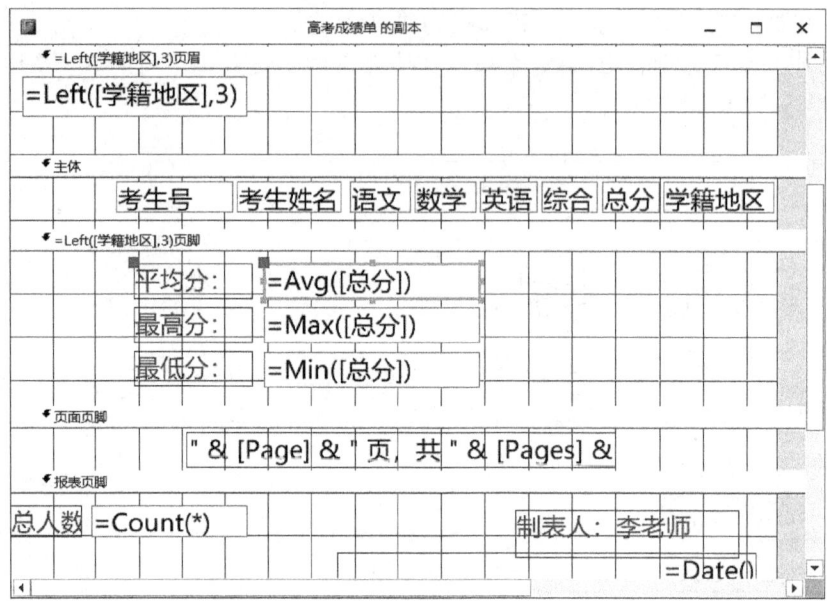

图5-58　设计视图

⑦ 保存报表，切换到"打印预览"视图，显示效果如图 5-59 所示。

图5-59　例【5-11】打印预览结果

在这个例子中，还可以继续根据总分进行分组，从而可以统计出每个省份的一分一段的情况。

5.6 报表的预览和打印

为了使打印的报表布局更合理，需在打印之前进行页面设置，例如页面大小、页面布局、打印的列数等。通过修改，达到满意的效果后，再输出打印。

打开报表切换到"打印预览"视图，会出现如图 5-60 所示的选项卡。在此选项卡中，可以进行纸张大小、页边距、纸张方向、显示比例等的设置。当然，也可以在"报表设计工具"组中的"页面设置"选项卡进行设置，如图 5-61 所示。

图5-60 "打印预览"选项卡

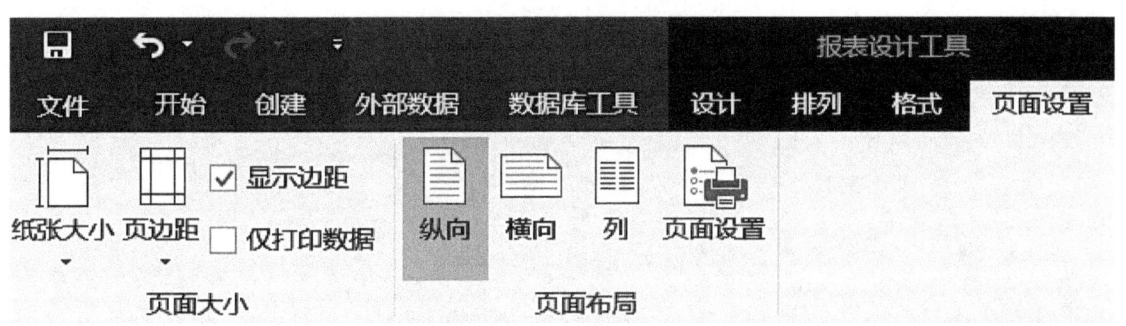

图5-61 "页面设置"选项卡

根据打印内容的需要，有时需要多列打印；有时候数据内容比较少，占的宽度比较窄，打印格式也没有严格要求，为了能够充分利用纸张，考虑到环保节约，则可以进行多列打印，即多列报表。多列报表的创建方法与普通报表基本相同，最大的区别是对"打印预览"选项卡中"列"选项中的列数和列宽的设置。设置列数和列宽后，即可把普通报表改为多列报表。

【例 5-13】修改例 5-7 的高考成绩单，打印输出"考生号"、"考生姓名"、"总分"，在"打印预览"选项卡中做相应设置，要求报表按两列输出。

① 打开【例 5-7】，进入报表的"设计视图"，调整字段、布局等，把页面页眉上的内容复制一份，作为第二列的标题行。如图 5-62 所示。

② 点击"页面设置"选项卡中"列"按钮，进入到页面设置对话框，如图 5-63 所示。"列数"设置为"2"，每行就能打印两列。在"宽度"项中，设置列的宽度。

③ 在设置列宽时，要设置合适才行，因为报表中各节数据的显示会受列宽的限制。如果列的宽度小于报表中需要显示的数据所需宽度，则数据无法打印出来；如果列的宽度

设置过大,第二列记录就可能与字段标题对齐,或者无法正常显示。

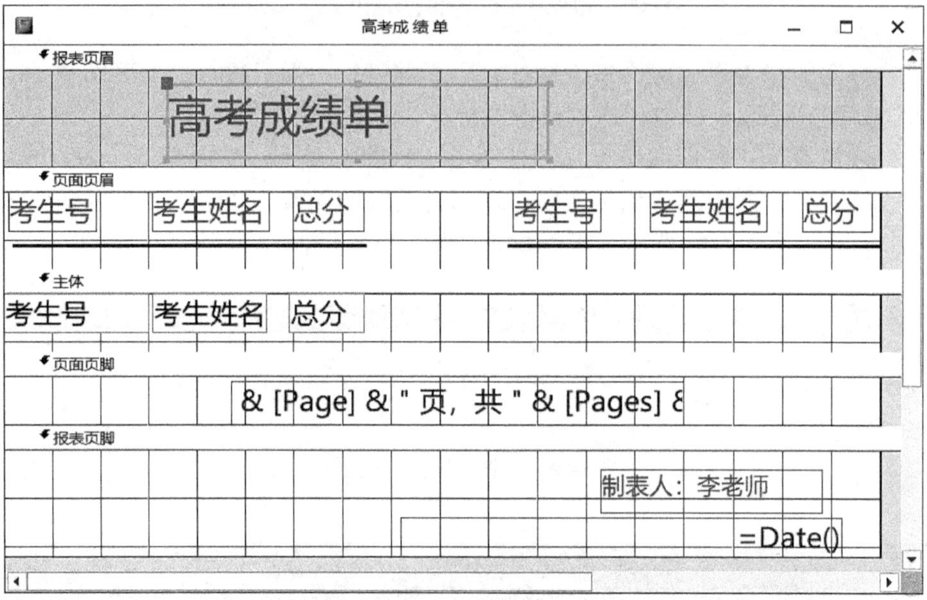

图5-62 设计视图

图5-63 "列"对话框

④ 保存报表文件，切换到"打印预览"视图，显示效果如图 5-64 所示。

图5-64 例5-13的结果

小提示：例题中，是进行两列打印，则标题复制 1 次，形成两列；如果需要三列打印，则标题需要复制 2 次，形成三列的样式，在"列"选项中，设置列数为 3，并设置相应的宽度，则可以三列打印；更多的多列显示，方法一致。

5.7 本章知识点梳理

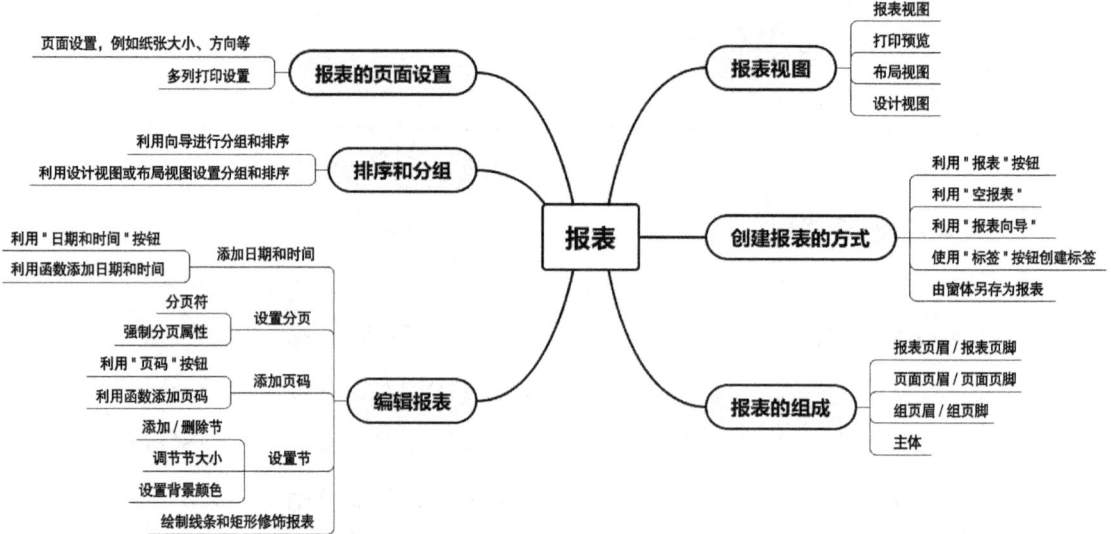

习题五

一、单选题

1. 在 Access 数据库中，可以按用户要求的格式和内容打印输出数据的对象是（　　）。
   A. 表　　　　　　B. 查询　　　　　　C. 窗体　　　　　　D. 报表

2. 在 Access 中，报表的记录源不可以是（　　）。
   A. 表　　　　　　B. 查询　　　　　　C. 表和查询　　　　D. 报表

3. 要实现报表的分组统计，可以在（　　）节中使用统计函数。
   A. 报表页眉或报表页脚　　　　　　B. 页面页眉或页面页脚
   C. 主体节　　　　　　　　　　　　D. 组页眉或组页脚

4. 在报表的节中，不存在"强制分页"属性的节是（　　）。
   A. 报表页眉　　　B. 组页眉　　　　　C. 主体　　　　　　D. 页面页眉

5. 在报表设计工具栏中，用于修饰版面以达到更好的显示效果的控件是（　　）
   A. 直线和矩形　　B. 直线和圆形　　　C. 直线和多边形　　D. 矩形和圆形

6. 如果我们要使报表的标题在每一页都显示，那么应该设置（　　）
   A. 报表页眉　　　B. 页面页脚　　　　C. 组页眉　　　　　D. 以上说法都不对

7. 报表中的报表页眉是用来（　　）。
   A. 显示报表中的字段名称或对记录的分组名称
   B. 显示报表中字段名称或对记录的分组名称
   C. 显示本页的汇总说明
   D. 显示整份报销的汇总说明

8. 在报表中使用（　　）控件可以显示计算表达式的值。
   A. 标签　　　　　B. 文本框　　　　　C. 命令按钮　　　　D. 复选框

9. 以下叙述正确的是（　　）。
   A. 报表只能输入数据　　　　　　　B. 报表只能输出数据
   C. 报表可以输入和输出数据　　　　D. 报表不能输入和输出数据

10. 报表输出不可缺少的内容是（　　）。
    A. 主体内容　　　B. 页面页眉内容　　C. 页面页脚内容　　D. 报表页眉

二、填空题

1. 在报表设计中，可以通过＿＿＿＿＿添加控件另起一页输出显示。

2. 使用"报表向导"创建报表时，最多可以有＿＿＿＿＿层排序或分组。

3. 在报表中，页码显示格式为"第5页，共10页"的样式，则计算控件的控件来源的应该设置为＿＿＿＿＿。

4. 通过使用＿＿＿＿＿视图方式可以检查报表设计，若满意，可以保存报表，单击工具栏上的"保存"按钮即可。

5. 每份报表只有＿＿＿＿＿个报表页眉。

6. 在 Access 中,"自动创建报表"可以创建纵栏式和_____两种报表。

7. 如果不需要报表页眉或页脚,可以将不要的节的"可见性"属性设置为_____,或者删除该节的_____,然后将其大小设置为_____或将其高度属性设置为_____。

8. 报表输出不可缺少的节是_____,要实现报表按某字段分组统计输出,需要设置_____。

9. 要设计出带表格线的报表,需要向报表中添加_____控件完成表格线显示。

10. 页面页眉的内容在报表的_____打印输出。

第六章 宏

在早期版本的 Access 中，如果不编写 VBA 代码，则许多常用功能都无法运行。在当前版本的 Access 中，添加了新功能和宏操作。这样可以更轻松地向数据库添加功能，并使其更安全。

Access 2010 是第一次引入了宏的概念。Access 2016 中的宏是一种可用于自动执行任务及向表单、报表和控件添加功能的工具。Access2016 可以将宏看成一种简化的编程语言，通过构建要执行操作列表进行编写。宏是由一个或多个操作组成的集合，每个操作由 Access 系统定义，自动执行并完成某种特定功能，使用户能够很方便地操纵 Access 数据库系统，如打开或关闭窗体、打印报表、显示信息、操作记录等。宏可提供 VBA 中可用的部分命令，大多数用户认为构建宏比编写 VBA 代码更容易。

6.1 初识宏

对于一般用户而言，假如设计一个功能简单的小型数据库应用系统，既不想创建模块对象，也不想编写一些复杂的程序代码，则利用 Access 提供的宏操作命令，可以实现其功能。

在宏操作中，可以实现的基本功能如下：
弹出提示信息，令计算机发出声音，使得用户注意。
① 打开或关闭数据库对象，如表、查询、窗体、报表、模块等。
② 对记录进行操作，如定位记录、查找记录、筛选出符合条件的记录等。
③ 对已经打开的窗口进行操作，如移动窗口、改变窗口大小等。
④ 设置窗体或报表中的控件属性，在窗体或报表中移动焦点。

如果需要创建一个宏操作，可以单击"创建"选项卡中的"宏"按钮，然后打开宏的设计视图。创建选项卡如图 6-1 所示，图 6-2 所示为宏设计视图。

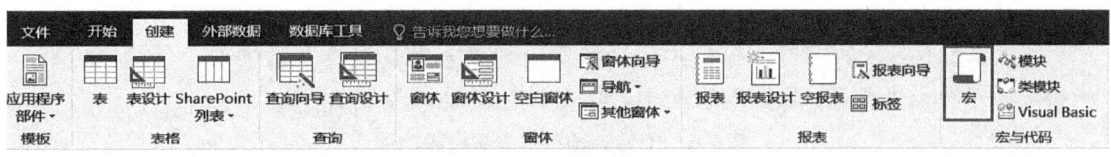

图6-1 创建选项卡

232　Access 数据库基础与应用

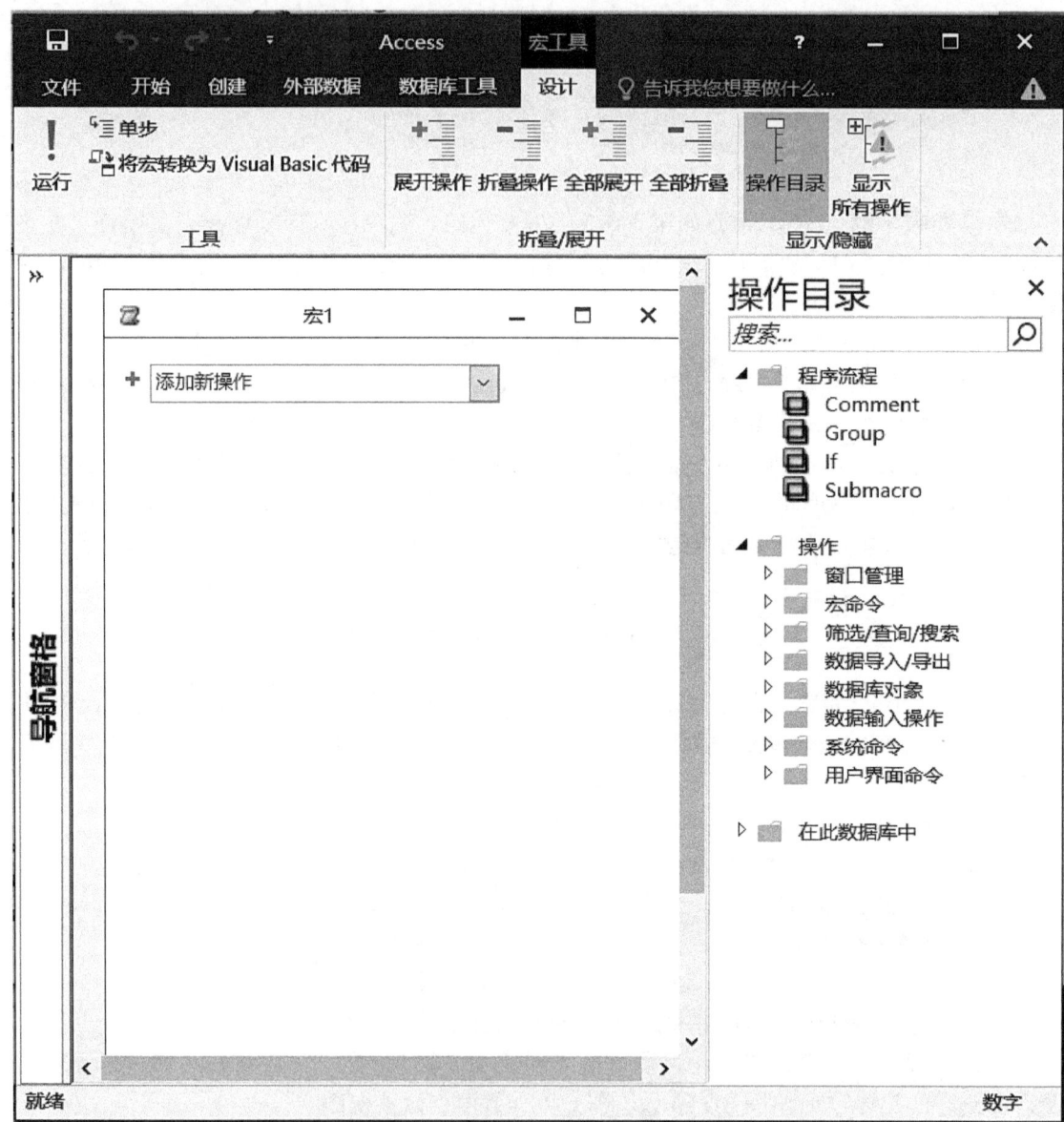

图6-2　宏设计窗口

在图 6-2 中所示的宏设计窗口中，功能区出现"宏工具设计"选项卡，包括"工具"、"折叠/展开"和"显示/隐藏"三个组，主要按钮的功能见表 6-1。

表6-1　宏设计选项卡中的按钮功能

按钮	名称	功能
!	运行	执行宏中指定的操作
▶≣	单步	单步执行，一次执行一条宏

续表

按钮	名称	功能
	宏转换	将宏转换为Visual Basic代码
	展开操作	展开选定/全部的宏操作
	折叠操作	折叠选定/全部的宏操作
	操作目录	显示或隐藏操作目录，操作目录包含"程序流程"、"操作"和"在此数据库中"列表。
	显示所有操作	显示或隐藏"操作"列中下拉列表的内容：所有操作或者尚未受信任的数据库中允许的操作

6.2 常用宏操作

Access 2016 提供了多个宏操作，常用操作名称和操作功能如表 6-2 所示，按照操作功能分为 9 类。

表6-2 常见的宏操作名称和功能

操作分类	操作名称	操作功能
程序流程	Comment	给宏操作增加注释信息
	Group	实现宏操作的分组
	If	实现条件宏的设计
	Submacro	实现宏组的设置
窗口管理	CloseWindow	关闭指定的窗口
	MaximizeWindow	使活动窗口最大化，没有操作参数
	MinimizeWindow	使活动窗口最小化，没有操作参数
	MoveSizeWindow	移动并改变窗口的大小，需要设置窗口位置和窗口大小
	RestoreWindow	恢复窗口原来大小，没有操作参数
宏命令	RunMacro	从一个宏中运行另一个宏，需要指定宏名和重复执行次数
	RunCode	执行模块中的Function过程，需要指定函数名称和参数
	StopMacro	终止当前正在运行的宏，没有操作参数
	StopAllMacros	终止当前正在运行的所有宏，没有操作参数
筛选/查询/搜索	ApplyFilter	按照指定条件选择表、查询、窗体或报表中的记录
	FindRecord	查找符合指定条件的第一条或下一条记录
	OpenQuery	运行查询，需要指定查询名称，设置视图和数据模式参数
	ShowAllRecords	删除已有的筛选条件，显示表、查询、窗体中的所有记录
数据导入/导出	SaveAsOutlookContract	将当前记录另存为Outlook联系人
	WordMailMerge	执行"邮件合并"操作
数据库对象	GoToControl	将焦点移到激活数据表或窗体上指定的字段或控件上
	OpenForm	打开窗体，需要指定窗体名称，设置记录筛选条件等参数

续表

操作分类	操作名称	操作功能
	OpenReport	预览或打印报表，需要指定报表名称，设置记录筛选条件
	OpenTable	打开表，需要指定表的名称，设置视图和数据模式参数
	PrintObject	打印当前对象
	SetProperty	设置控件属性（高度、宽度和标题等）
数据输入操作	DeleteRecord	删除当前记录
	SaveRecord	保存当前记录
系统命令	Beep	使计算机发出嘟嘟声
	CloseDatabase	关闭当前数据库
	QuitAccess	退出Microsoft Access
用户界面命令	AddMenu	为窗体或报表将菜单添加到自定义菜单栏
	MessageBox	显示消息框，可以设置标题、图标类型、喇叭发音等参数

【例 6-1】通过设计一个宏，实现在数据表视图下，以只读的方式打开"考生基本信息表"。

① 选择操作：打开图 6-2 中"添加新操作"右边的下拉箭头，从下拉列表中选择 OpenTable 操作。

② 设置参数：根据选择的操作，设置所需的参数。某些参数必选，某些参数可选，而某些操作可能没有参数。在操作命令中，有详细的提示。

例如本案例中，我们选择 OpenTable 操作的参数设置如图 6-3 所示。在"表名称"参数右边的下拉列表中选择"考生基本信息表"；在"视图"参数右边的下拉列表中选择"数据表"；在"数据模式"参数右侧的下拉列表中选择"只读"。

③ 添加注释：注释信息用来帮助用户理解宏的设计及操作，并不影响操作的运行结果。双击"操作目录"窗口中的 Comment 操作，并输入：在数据表视图下，以只读的方式打开"考生基本信息表"。

④ 保存设计：单击数据库窗口左上角的"保存"按钮" 🖫 "或执行"文件→保存"命令，在"另存为"对话框中输入宏名"例 6-1"；单击"确定"按钮，在导航窗格中出现一个宏对象实例"例 6-1"。

⑤ 运行操作：单击"宏工具设计"功能选项卡中的"运行"按钮" ❗ "，或关闭宏对象的设计，然后双击导航窗格中的宏对象，运行宏中的操作。运行结果如图 6-4 所示。

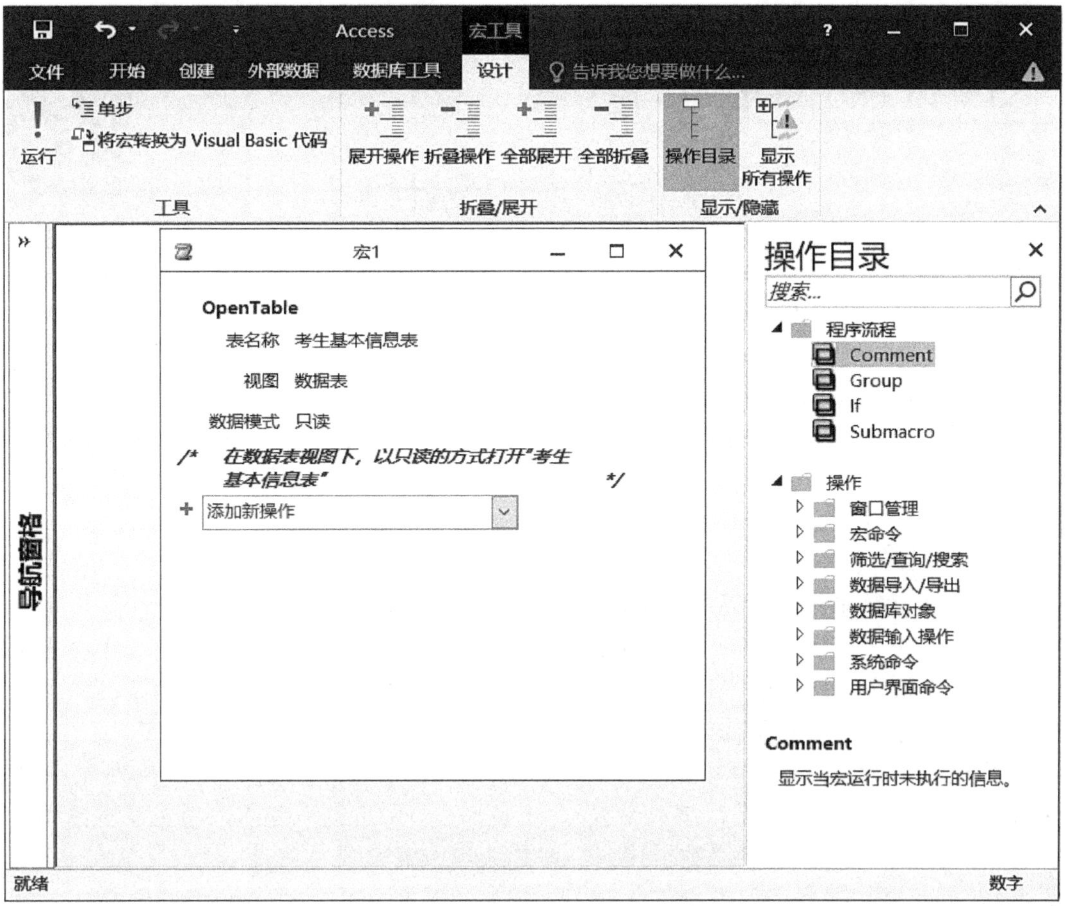

第六章 宏 235

图6-3 OpenTable操作的参数设置

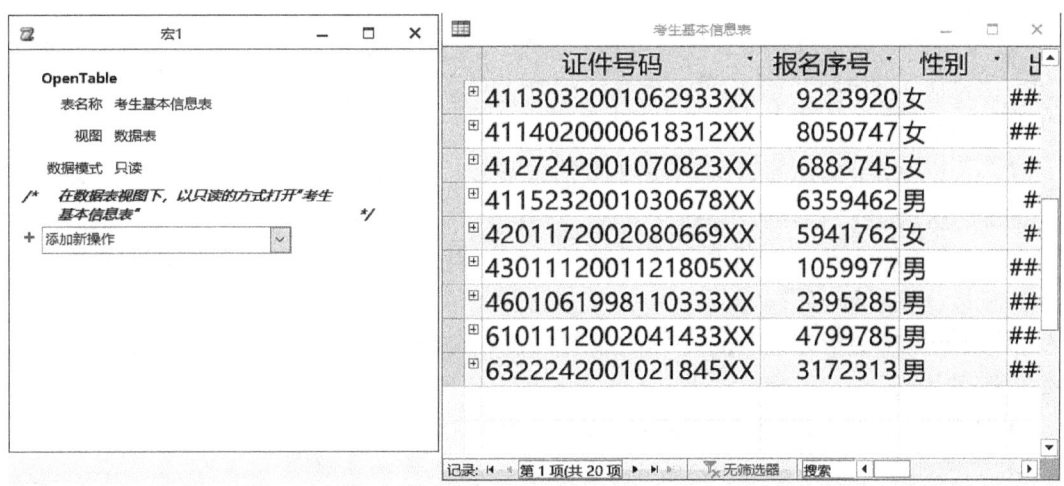

图6-4 【例6-1】的运行结果

小提示：每一个宏里面，可能包含多个操作，将这些操作相结合，可以实现我们想要的功能。

6.3 宏的设计

Access 宏执行实现设定的操作，并向窗体和报表中添加功能。可将宏构建为要执行的操作列表，并决定这些操作发生的次序。

在设计宏时，从下拉列表或操作目录中选择操作、设置参数、添加注释、保存设计、运行操作。在宏设计窗口中，随处可以获得帮助信息。在选择操作或设置参数时，宏设计窗口右下位置显示相关的帮助信息，按 F1 键可以打开 Access 帮助窗口，获得更加详细的帮助信息。

6.3.1 序列宏

宏的强大功能来源于可以通过单击一个按钮执行多个操作。可以创建一个可以运行一系列的操作的宏，执行时，按照操作的顺序，逐个执行，这个就是序列宏。一个序列宏包含一个或多个操作，在运行序列宏时，按照排列顺序，从上到下逐个执行操作。

【例 6-2】设计一个序列宏，打开"考生基本信息表"，只显示男生的记录。

① 在宏设计窗口中，单击"添加新操作"右边的下拉箭头，从下拉列表中选择 OpenTable 操作。然后对其进行参数设置，"表名称"参数选择或输入"考生基本信息表"，"视图"参数选择"数据表"，"数据模式"参数选择"编辑"。

② 单击"添加新操作"右边的下拉箭头，从下拉列表中选择 ApplyFilter 操作。然后对其进行参数设置，"当条件 ="参数设置为"[考生基本信息表]![性别]=" 男 ""或"[性别]=" 男 ""。

③ 单击数据库窗口左上角的"保存"按钮，将宏名称保存为"例 6-2"。单击"运行"按钮，运行宏中的操作，显示"考生基本信息表"中符合条件的记录，如图 6-5 所示。

我们通过对【例 6-2】总结，在设计序列宏时，具体操作步骤如下：

① 选择"创建"功能选项卡，在"宏与代码"区域，单击"宏"按钮，Access 将打开如图 6-2 所示的宏设计窗口。

② 在"添加新操作"列表中选择某一操作，也可以从"操作目录"窗口中双击或者拖动某一操作到设计窗口。

③ 依据操作要求来进行宏操作的参数设置，有些可以从列表中选择，有些需要键入参数值或表达式。

④ 可以使用"程序流程"中的 Comment 为宏操作添加注释信息。

⑤ 如需添加更多的宏操作，可以重复上述步骤(2)~(4)来实现。

⑥ 可以通过宏操作右边的按钮"↑"、"↓"和"✗"分别完成"上移"、"下移"和"删除"宏操作。

⑦ 单击数据库窗口左上角的"保存"按钮或执行"文件→保存"命令，在"另存为"对话框中键入一个宏名，然后单击"确定"按钮，命名并保存设计好的宏。

接下来，我们再通过一个复杂一些的例子，看一下，如何使用宏进行打开窗体和关闭窗体。

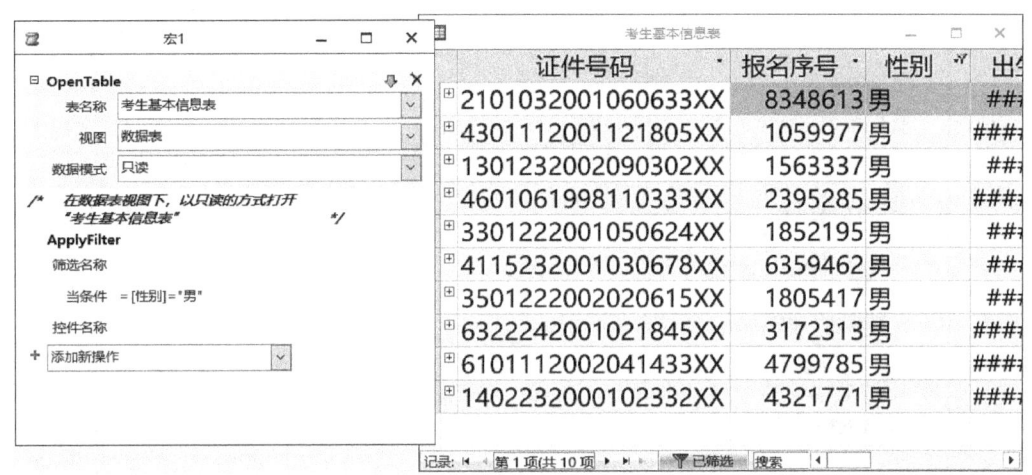

图6-5 【例6-2】的宏设计

【例 6-3】在"高招考试系统"数据库中，创建一个"考生"窗体，设计一个序列宏。在运行宏时，打开"考生"窗体，显示男生的考生记录，再显示一个消息框；单击消息框中的"确定"按钮，关闭"考生"窗体。

在宏设计窗口中，单击"添加新操作"下拉列表，依次选择 OpenForm、MessageBox 和 CloseWindow 操作，宏名保存为"例 6-3"，操作参数设置如图 6-6 所示。

① OpenForm 操作参数及含义如下：

➢ 窗体名称：此处参数是指需要打开的窗体名称。我们选择或输入"考生"窗体。
➢ 视图：此处参数表示通过何种方式打开窗体。我们选择"窗体"视图。
➢ 筛选名称：此处可以不填写内容，或输入一个能满足需求的查询名称。
➢ 当条件 =：此处是需要输入筛选信息的条件，而且是需要从窗体的记录源中进行筛选。因为我们需要筛选出男生，因此此时输入"[考生基本信息表]![性别]=" 男 ""；也可通过此参数右边的按钮"单击以调用生成器"按钮，调用生成器来输入或编辑筛选条件。
➢ 数据模式：此处用来选择窗体的数据显示或输入方式，选择"增加"，是打开窗体后可以添加新记录；选择"编辑"，打开窗体后既可以编辑记录，又可以添加记录；选择"只读"，只能查看记录；也可以不选。此时我们没有选择任何选项。
➢ 窗口模式：选择窗体窗口的显示方式。选择"普通"，显示正常窗口；选择"隐藏"，隐藏窗口；选择"图标"，最小化显示窗体；选择"对话框"，按对话框样式显示窗体。此时我们选择"普通"。

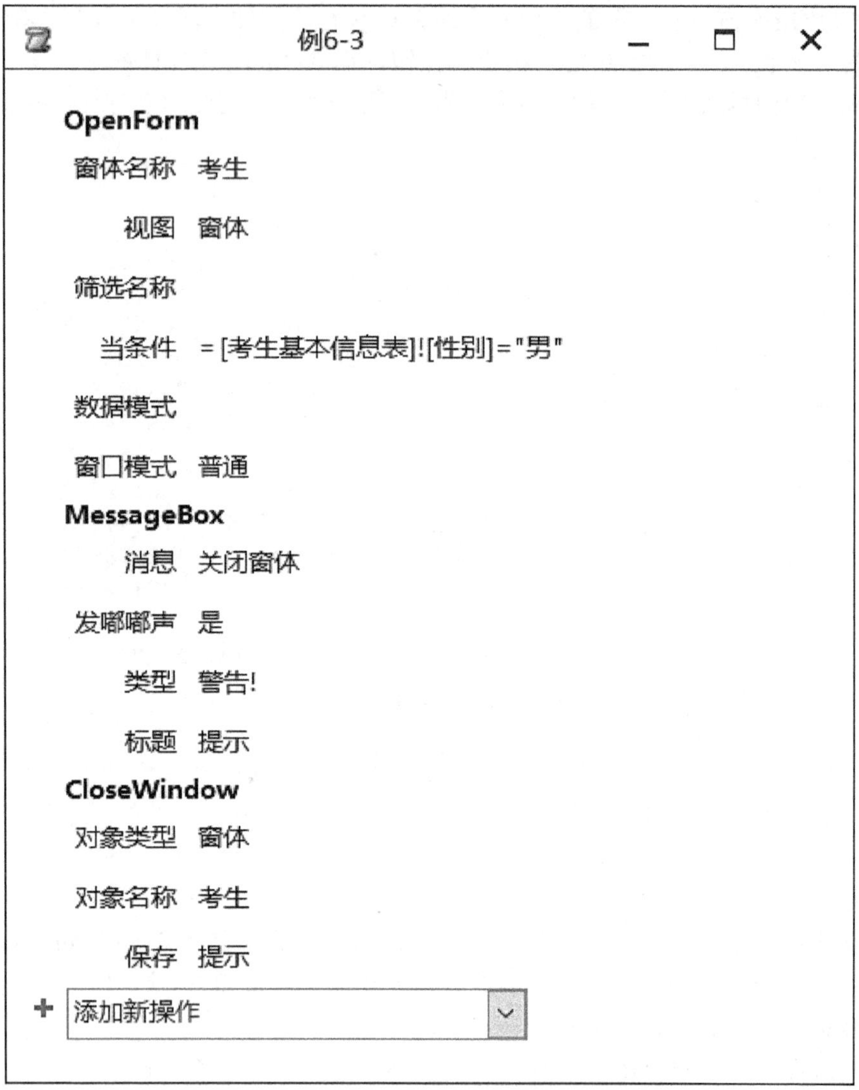

```
┌─────────────────────────────────────────────────┐
│ 例6-3                           —  □  ×         │
├─────────────────────────────────────────────────┤
│  OpenForm                                        │
│     窗体名称   考生                              │
│        视图   窗体                               │
│   筛选名称                                       │
│      当条件   =[考生基本信息表]![性别]="男"      │
│   数据模式                                       │
│   窗口模式   普通                                │
│  MessageBox                                      │
│        消息   关闭窗体                           │
│     发嘟嘟声  是                                 │
│        类型   警告!                              │
│        标题   提示                               │
│  CloseWindow                                     │
│     对象类型  窗体                               │
│     对象名称  考生                               │
│        保存   提示                               │
│  ┌───────────────────────────────┐              │
│ +│ 添加新操作                  ▽ │              │
│  └───────────────────────────────┘              │
└─────────────────────────────────────────────────┘
```

图6-6　【例6-3】的宏设计

② MessageBox 操作参数及含义如下：

➢ 消息：指出消息框要显示什么信息。本例输入要显示的文本信息"关闭窗体"。

➢ 发嘟嘟声：当显示消息框时计算机是否发出嘟嘟声。本例选择"是"。

➢ 类型：表示消息的类型包括"无"、"重要"、"警告？"、"警告！"和"信息"，本例选择"警告！"。

➢ 标题：消息框的标题。本例输入消息框的标题文本"提示"。

③ Close Window 操作参数及含义如下：

➢ 对象类型：需要关闭的对象，可以选择"表""查询""窗体""报表"等对象。本例选择"窗体"。

➢ 对象名称：选择关闭的具体对象名称。本例选择"考生"窗体。

➢ 保存：指定是否保存对象的更改。选择"是"，关闭时保存对象；选择"否"，关闭时不保存对象；选择"提示"（默认），则提示用户是否保存对象。

【例 6-4】请设计一个宏，用 RunMacro 操作重复调用 [例 6-3] 设计的宏 3 次。

RunMacro 操作用来在一个宏中执行另一个宏，需要指定宏名和重复执行次数。在宏设计窗口中，单击"添加新操作"下拉列表，选择 RunMacro 操作；或从"操作目录"窗口的"宏命令"中双击 RunMacro，操作参数的设置和含义如下，宏设计界面如图 6-7 图所示。

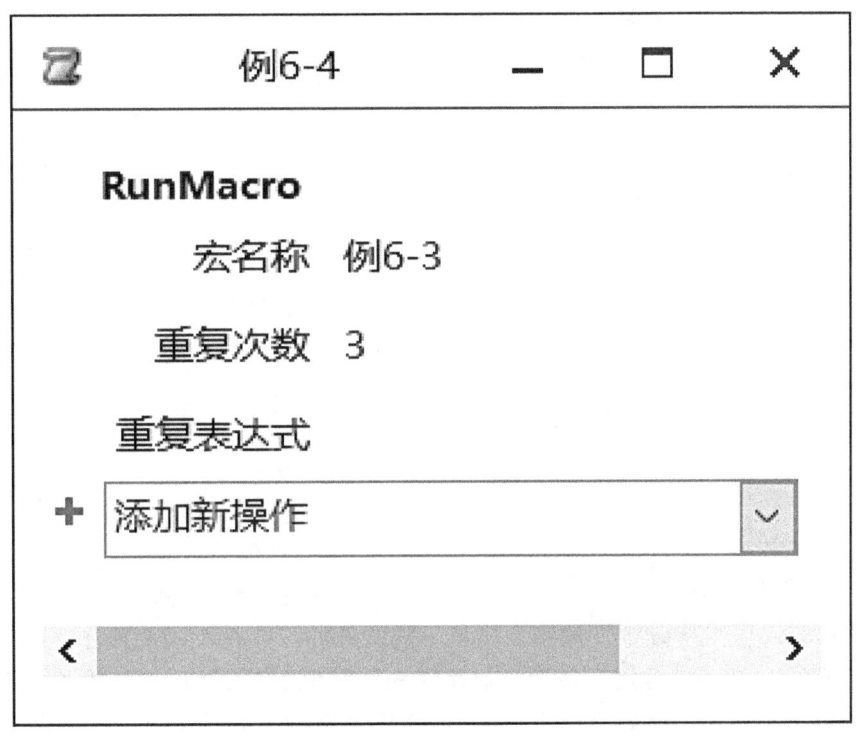

图6-7 【例6-4】宏设计

➢ 宏名称：从下拉框中选择一个需要调用的宏的名称。本例中选择"例 6-3"。

➢ 重复次数：在文本框中输入宏的执行次数。

➢ 重复表达式：可以为空，也可以输入或构造一个条件，如果条件为真（True），按重复次数执行；如果条件为假（False），即使未到重复执行次数，也会终止宏的运行。

6.3.2 条件宏

在某些情况下，需要设置操作条件，控制操作的执行流程。操作条件是一个逻辑表达式，如果条件为真（True），执行相应操作；如果条件为假（False），则执行其他的相应操作。

如果希望当满足条件时才执行一个或多个宏操作，可以使用"程序流程"中的"If"

宏操作，在 If 操作和 EndIf 操作之间添加"Else"操作和"Else If"操作进行"If"块的扩展和嵌套。在条件宏的设计中，"If"块的具体操作步骤如下：

① 在"添加新操作"列表中选择"If"操作，也可以从"操作目录"窗口→"程序流程"中双击或者拖动"If"操作到设计窗口。

② 在"If"操作顶端的文本框中，输入"条件表达式"，根据表达式的结果决定执行哪种操作，这个表达式必须为布尔逻辑表达式，计算结果为 True 或者 False。

由于 If 操作经常使用窗体或者报表中控件进行判断，而引用窗体或报表中控件的语法格式如下：

Forms![窗体名称]![控件名称]
Reports![报表名称]![控件名称]

③ 在 If 操作和 End If 之间可以添加当条件表达式为 True 时的一个或多个宏操作。

当表达式为 False 时，执行其他操作，则需要添加"Else"操作，同样可以添加一个或多个宏操作。

④ 有多个选项，则需要添加 Else If 操作，在最后一个才是 Else。其操作过程如图 6-8 所示。

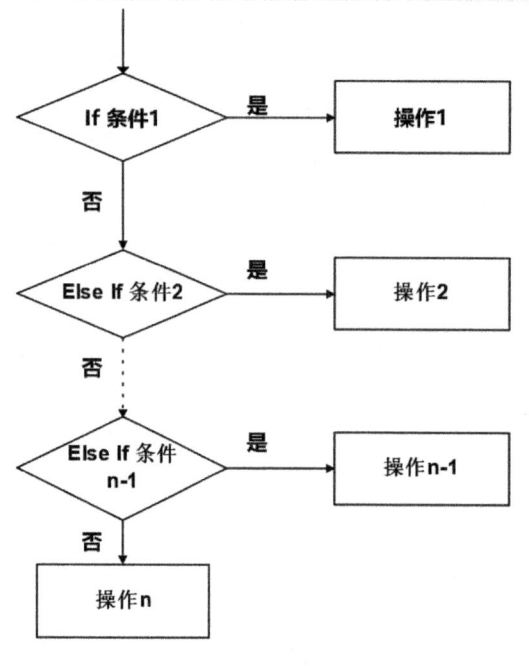

图6-8　If操作的流程

【例 6-5】通过使用宏，创建如图 6-9 所示的"登录"窗体，根据设计要求实现不同的操作。运行窗体时在文本框中输入不同的内容，单击"确定"按钮，满足不同的条件，执行不同的操作。设计要求：如果没有输入密码，单击"确定"按钮，显示"密码空值！"信息；如果输入错误密码，单击"确定"按钮，显示"密码错误！"信息，清除文本框；如果输入正确密码，单击"确

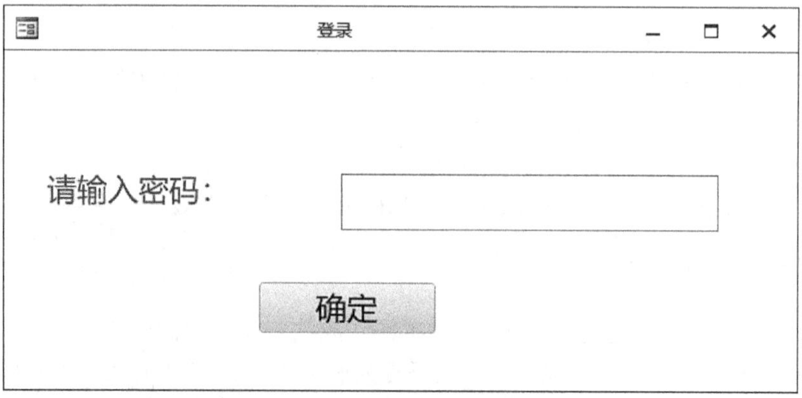

图6-9　登录界面

定"按钮,打开"考生基本信息表",关闭"登录"窗体。提示:此时将宏作为"确定"按钮的"单击"事件的属性。注意,此处假设密码为"123456"。

① 设计窗体:创建"登录"窗体,添加一个文本框和一个命令按钮。属性设置如下:
➢ 文本框的名称属性设置为 passcode,"输入掩码"属性设置为"密码"。
➢ 命令按钮的标题属性设置为"确定"。

② 设计操作:需要使用条件宏实现设计要求。在宏设计窗口中,设计结果如图 6-10 所示,单击"保存"按钮,宏名保存为"例6-5"。

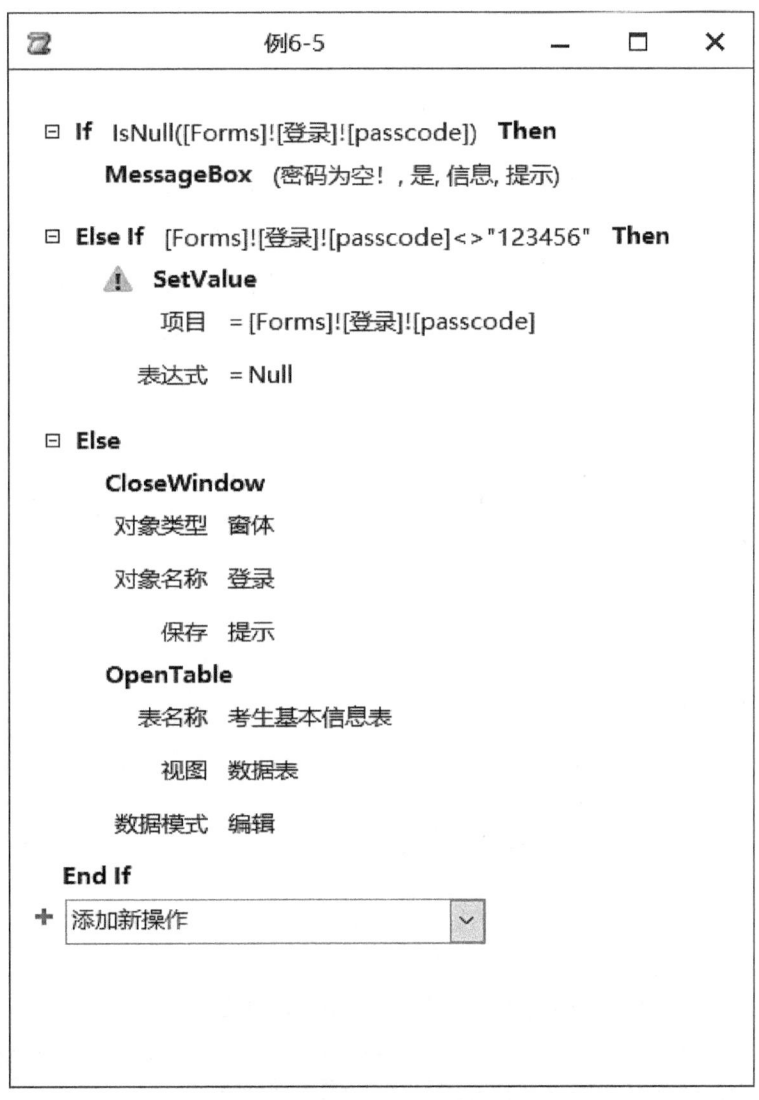

图6-10 【例6-5】设计结果

需要解释的两个宏操作如下:
➢ SetValue:设置窗体中的控件属性。"项目 ="参数中输入"[Forms]![登

录]![passcode]"，指定窗体中的控件。在"表达式 ="参数中，输入文本框的内容。

➤ GoToControl：将焦点移到文本框，在"控件名称"参数中，输入文本框名称"[passcode]"。

③ 设置事件：命令按钮的属性窗口的"事件"选项卡如图 6-11 所示，"单击"事件选择"例 6-5"的宏操作。

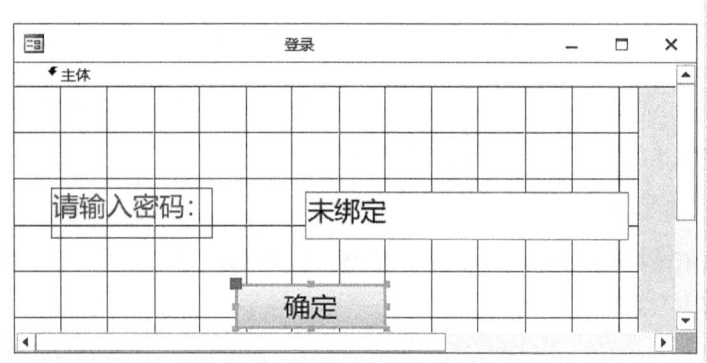

图6-11　附加结果

小提示：条件宏一般作为窗体或者窗体中控件的事件属性，例如命令按钮控件。如果作为命令按钮控件的单击事件属性，则在窗体视图中，单击命令按钮，执行相应的操作。

6.3.3 宏组

一个宏可以包括多个操作，一个窗体上可以调用多个宏操作，每个宏都是一个独立的数据库对象，相互之间没有任何联系。为了便于宏的管理和使用，可将多个相关的宏合并在一起，成为一个宏组，类似于文件夹。宏组在数据库窗口中作为一个宏对象出现，一般情况下宏组作为命令按钮的事件属性，是利用"程序流程"中的"Submacro（子宏）"操作实现的。

宏组只是宏的一种组织方式，通常不能直接运行宏组，而是运行宏组中的宏。宏组类似于文件夹，而宏类似于文件夹中的文件。

在宏组的设计中，"Submacro"操作的具体操作步骤如下：

① 在"添加新操作"列表中选择"Submacro"操作，也可以从"操作目录"窗口→"程序流程"中双击或者拖动"Submacro"操作到设计窗口。

② 命名子宏并在子宏下添加宏操作。

③ 重复步骤①和②，就可以创建多个子宏。

④ 保存并命名宏组。

宏组一般不直接运行，当直接运行宏组时，宏组中的第一个子宏下的宏操作将被运行，其他子宏下的宏操作不被运行。所以在调用子宏时，需要通过宏组名运行宏组中的子宏，语法格式如下：

宏组名、子宏名

【例6-6】创建图6-12所示的"院校信息浏览"窗体，记录源为"院校情况表"。设计一个宏组，宏组中包括"本科一批"、"本科二批"和"全部"三个宏。单击"本科一批"按钮，执行宏组中的"本科一批"子宏，显示本科一批的记录；单击"本科二批"按钮，执行宏组中的"本科二批"子宏，显示本科二批的记录；单击"全部"按钮，执行宏组中的"全部"子宏，显示全部记录。

设计一个宏组，将宏组中的子宏作为窗体上命令按钮的单击事件属性。在窗体运行时，单击命令按钮，执行宏组中的相应子宏，实现指定功能。设计步骤如下：

① 创建窗体，如图6-12所示。在窗体设计视图中，添加三个命令按钮。

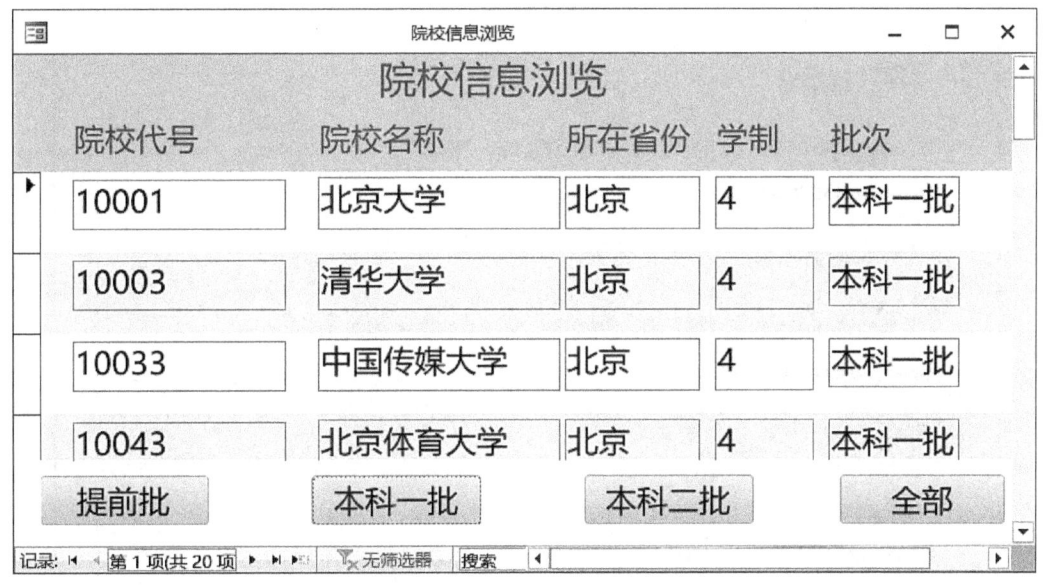

图6-12　院校信息浏览图

属性设置如下：

➢ 三个命令按钮的"标题"属性分别设置为"本科一批"、"本科二批"和"全部"。

➢ 窗体的"滚动条"属性设置为"两者均无"，"记录选择器"属性、"导航按钮"属性、"分隔线"属性均设置为"否"。

② 设计宏组：宏设计窗口如图6-13图所示，宏组中包括"本科一批""本科二批"和"全部"宏，宏组名保存为"例6-6"。

操作参数设置如下：

➢"本科一批"子宏选择ApplyFilter操作，"当条件="设置为"[院校情况表]![批

次]=" 本科一批 " "。

➤ "本科二批"子宏选择 ApplyFilter 操作,"当条件 ="设置为"[院校情况表]![批次]=" 本科二批 " "。

➤ "全部"子宏选择 ShowAllRecords 操作,没有操作参数,选择所有记录。

③ 设置事件:打开属性窗口,在"事件"选项卡中设置命令按钮的"单击"事件。"本科一批"命令按钮的"单击"事件设置为"例 6-6.本科一批","本科二批"命令按钮的"单击"事件设置为"例 6-6.本科二批","全部"命令按钮的"单击"事件设置为"例 6-6.全部"。

④ 运行窗体:单击保存按钮,窗体名称保存为"浏览"。单击命令按钮,执行宏组中的宏,显示宏操作所筛选的记录。

```
例6-6

□ 子宏: 提前批

    ApplyFilter  (, [院校情况表]![批次]="提前批",)
    End Submacro

□ 子宏: 本科一批

    ApplyFilter  (, [院校情况表]![批次]="本科一批",)
    End Submacro

□ 子宏: 本科二批

    ApplyFilter  (, [院校情况表]![批次]="本科二批",)
    End Submacro

□ 子宏: 全部

    ShowAllRecords
    End Submacro

+ 添加新操作
```

图6-13 【例6-6】宏设计

6.4 宏的运行与调试

设计宏的目的是利用宏，使数据库的操作更加便捷。因此，宏设计的目的，就是运行。但是设计宏的时候，可能存在一些问题，那么就需要测试宏的设计是否合理，参数设置是否正确，这个测试过程就是宏的调试。

6.4.1 宏的运行

宏的使用，经常将宏或宏组挂接到窗体、控件或菜单栏，设置为窗体、控件或菜单的事件，当事件发生时，执行相应的宏操作。当然，有些宏也可以直接运行。

宏的运行方式汇总如下：

① 在宏设计窗口中，单击"宏设计"工具栏中的"运行"按钮，运行正在设计的宏。

② 在导航窗格中，双击宏名，或选择一个宏，单击鼠标右键，然后选择"运行"。

③ 选择"数据库工具→运行宏"命令，出现"执行宏"对话框，在"宏名"下拉框中输入或选择宏名，单击"确定"按钮。

④ 设计一个 AutoExec 宏，在打开数据库时，自动运行宏。

⑤ 在宏设计中使用 RunMacro 操作，在一个宏中运行另一个宏。

⑥ 在宏设计窗口中，先单击"单步"按钮，再单击"运行"按钮，一次执行宏中一个操作，查看每个操作的执行结果。

⑦ 将宏或宏组作为窗体、报表、控件、菜单栏或工具栏的相应事件的属性，当事件发生时运行宏。

小提示：宏的运行方法很多，可以分为两类：一类是作为数据库的单独对象，可以采用上面的前6种方法；另一类是作为窗体或者控件的事件属性存在，采用最后一种方法执行。

6.4.2 宏的调试

为了确保宏设计的正确性，可以调试宏，即在宏设计窗口中单步执行宏，观察宏的运行流程，测试每个操作的执行情况，排除宏设计中的错误。在宏设计窗口中，调试宏的操作如下：

① 单击"宏设计"工具栏中的"单步"按钮。

② 单击"运行"按钮或打开窗体并触发事件，开始单步执行宏中操作，出现如图6-14 所示的"单步执行宏"对话框。

③ 单击一次"单步执行"按钮，执行宏中的一个操作；单击"停止所有宏"按钮，关闭"单步执行宏"对话框；单击"继续"按钮，继续执行宏中未执行的操作。

如果宏中某个操作或设置存在错误，会弹出"操作失败"对话框，提示出错操作的名称、参数等。分析此对话框中的信息，可以发现操作中出现何种错误，然后单击"停止所有宏"按钮，返回宏设计窗口修改宏的设计。

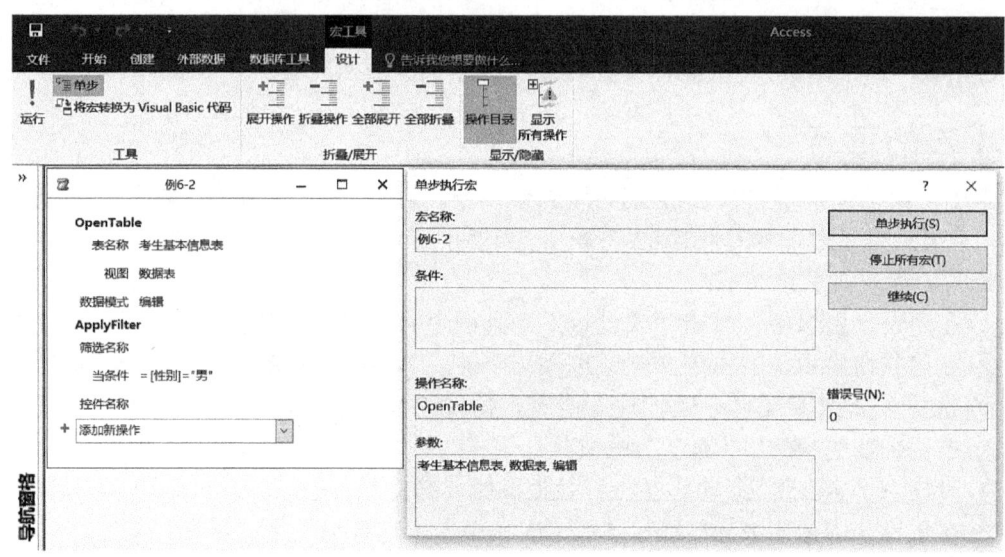

图6-14 单步执行

6.4.3 宏的转换

宏操作可以转换为实现同样功能的程序代码（模块）。其转换方法如下。

1. 保存转换

① 在导航窗格中选定一个需要转换的宏或宏组。

② 选择"文件→对象另存为"命令，打开"另存为"对话框，在"保存类型"下拉框中选择"模块"选项。

③ 单击"确定"按钮，出现"转换宏"对话框，再单击"转换"按钮，可将宏转换为功能相同的程序代码。

2. 工具转换

① 选择一个要转换的宏或宏组，单击"工具"菜单，选择"将宏转换为 Visual Basic 代码"的命令按钮，打开"转换宏"对话框。

② 单击"转换"按钮，可将宏转换为功能相同的 VBA 代码。

6.5 特殊的宏

在 Access 中，有两个特殊的宏，分别是 AutoExec（自动运行）宏和 AutoKeys（快捷键）宏。这两个宏是需要将宏命名为 AutoExec 或者 AutoKeys，在打开数据库时，可以运行或者使用快捷键执行对应的操作。

6.5.1 AutoExec 宏

在打开数据库，Access 将查找一个名为 AutoExec 的特殊宏，如果找到，就自动运行它。该宏可以在打开数据库时执行一个或一系列的操作。

创建 AutoExec 宏的方法如下：

① 创建一个宏，其中包含在打开数据库时要运行的操作。

② 以 AutoExec 为宏名保存该宏。

运行 AutoExec 宏时，注意：

① 下次打开数据库时，Access 将自动运行该宏。

② 如果不想在打开数据库时运行 AutoExec 宏，可在打开数据库时按住 Shift 键。

6.5.2 AutoKeys 宏

要将一个操作或操作集合设置为快捷键，则可以创建一个 AutoKeys 宏组，在按下快捷键时，Access 就会执行相应的操作。创建 AutoKeys 宏组的方法，与 AutoExec 相似，宏以 AutoKeys 为名保存宏组。具体如下：

① 创建一个宏。

② 选择子宏 Submacro，其中子宏的名字为所选的 Ctrl/shift+ 快捷键，例如子宏的名字为"^O"，则可以使用 Ctrl+O 打开相应的操作，如果子宏的名字为"+{F1}"，则使用 shift+F1 打开对应的操作。

在 AutoKeys 宏组中，常用的组合键，即常用的子宏的名称，如表所示。

表6–3 组合键（子宏名）的使用说明表

组合键	说明
^A或^4	Ctrl+任何字母或数字键
{F1}	任何功能键
^{F1}	Ctrl+任何功能键
+{F1}	Shift+任何功能键
{Insert}	Ins
^{Insert}	Ctrl+ins
+{Insert}	Shift+Ins
{Delete}或{Del}	Del
^{Delete}或^{Del}	Ctrl+Del
+{Delete}或+{Del}	Shift+Del

小提示：本节介绍的两个宏比较特殊，需要注意的就是宏名。这两个宏与一些窗体相结合，可以创建出自动化程度比较高的窗体，类似QQ等。

6.6　本章知识点梳理

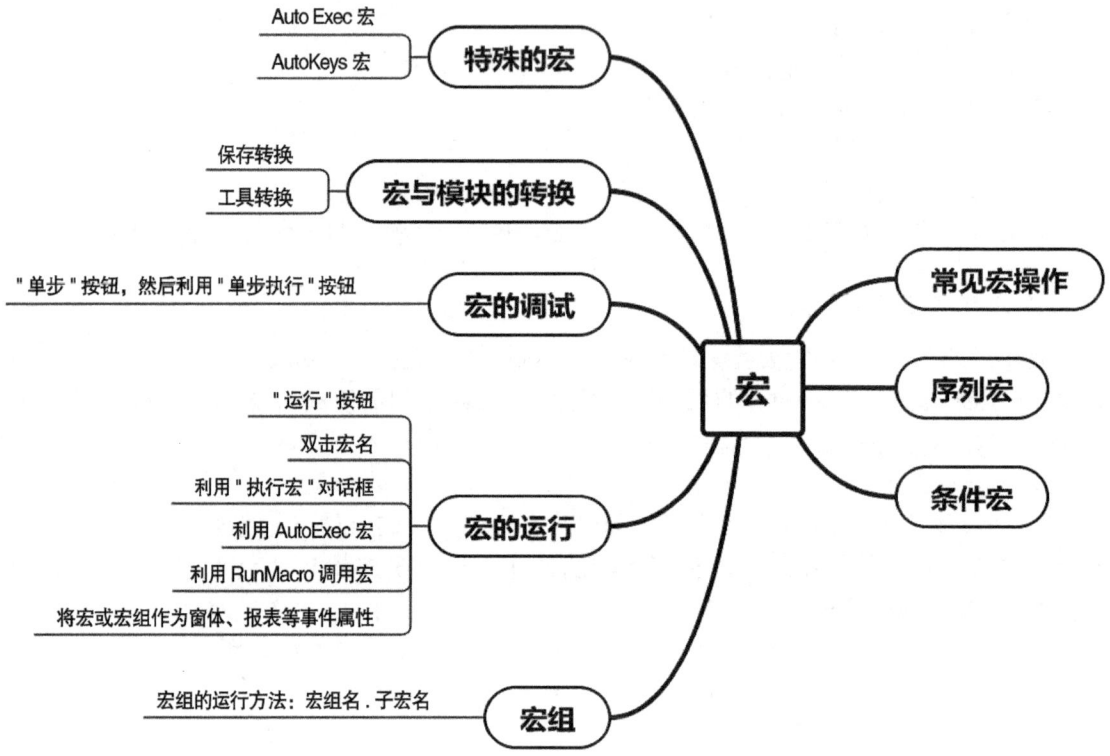

习题六

一、单选题

1. 在当前窗体上，若要实现将焦点移动到指定控件，应使用的宏操作命令是（　　）。
   A. GotoControl　　B. GotoRecord　　C. Open　　D. SetValue
2. 下列操作中，适宜使用宏的是（　　）。
   A. 修改数据表结构　　　　　　　　B. 创建自定义的操作过程
   C. 打开或关闭报表对象　　　　　　D. 处理报表中的错误
3. 下列叙述中，错误的是（　　）。
   A. 宏能够一次完成多个操作　　　　B. 可以将多个宏组成一个宏组
   C. 可以用编程的方法来实现宏　　　D. 一个窗体中，只能有一个宏
4. 在运行宏的过程中，宏不能修改的是（　　）。
   A. 窗体　　B. 宏本身　　C. 表　　D. 数据库
5. 在宏的参数中，要引用窗体F1上的Text1文本框的值，应该使用的表达式是（　　）。
   A. [Forms]! [F1] ! [Text1]　　　　B. Text1
   C. [F1] . [Text1]　　　　　　　　D. [Forms] _[F1] _ [Text1]
6. 宏操作Quit的功能是（　　）。
   A. 关闭表　　B. 退出宏　　C. 退出查询　　D. 退出Access
7. 打开查询的宏操作是（　　）。
   A. OpenForm　　B. OpenQuery　　C. OpenTable　　D. OpenModule
8. 在宏的调试中，可配合使用设计选项卡中的工具按钮有（　　）。
   A. 调试　　B. 条件　　C. 单步　　D. 运行
9. 在一个数据库中已经设置了自动运行宏"AutoExec"，如果打开数据库的时候不想执行这个自动运行宏，正确的操作是（　　）。
   A. 用Enter键打开数据库　　　　　　B. 打开数据库按住Alt键
   C. 打开数据库是按住Ctrl键　　　　　D. 打开数据库时按住Shift键
10. 在宏设计窗口中不能省略的是（　　）。
    A. 宏名　　B. 操作　　C. 条件　　D. 备注

二、填空题

1. 在宏中引用窗体控件的命令格式是＿＿＿＿＿＿。
2. 宏是一个或多个＿＿＿＿＿＿的集合。
3. 引用宏组a中的宏b，采用的语法是＿＿＿＿＿＿。
4. 有多个操作构成的宏，执行时是按＿＿＿＿＿＿执行的。
5. 如果希望按满足指定条件执行宏中的一个或多个操作，这类宏称为＿＿＿＿＿＿。

第 7 章　VBA 程序设计

7.1　初识VBA

老师，为什么还要学 VBA 的相关知识呢？

在前面的章节里，几乎不用编写代码就能实现对数据库进行管理，但是，要想完成更复杂的程序功能，仅靠 Access 所给定的操作是不能够实现的，接下来让我们一起来学习它吧！

图 7-1 是不是很熟悉？当输入"用户名"和"密码"，点击登录时，如果用户名或密码错误，则显示"用户名或密码错误，请重新输入！"，而它就是利用 VBA 编码这一操作。

图7-1　管理员登录

7.1.1　VBA 概述

1.VBA 概述

VBA 即 Visual Basic for Applications，是 Visual Basic 的一种宏语言，从语言结构上讲，VBA 是 VB 的一个子集，它们的语法结构是一样的。VB 是独立的开发工具，它有自己完全独立的工作环境和编译、链接系统。VBA 却没有自己独立的工作环境，它必须依附于某一个主应用程序，VBA 专门用于 Office 的各应用程序中，如 Word、Excel、Access。在 Access 中用 VBA 编写代码，不仅扩展了 Access 的功能，还可以在实际的开发中实现较为复杂的功能。

2. 宏和 VBA

VBA 与宏的作用类似，只是宏是由系统给定，可以高效简捷地执行如打开报表、窗体、显示消息等一系列基本操作，而 VBA 是需要用户自己编写程序。因此，它可以实现更复杂的任务，同时也可以在不同模块和数据库间共享代码，像其他面向对象的编程语言一样，VBA 中也有对象、属性、方法和事件等。

老师，在什么情况下，不能用宏而应该使用 VBA 呢？

尤其是在创建自定义函数、创建或操作对象，以及数据的维护时。

3. VBA 常用术语

为了更好地进行 VBA 编程，让我们通过表 7-1 来了解一下常用的 VBA 术语吧！

表7-1　VBA常用术语

VBA术语	作用	举例
关键字	在VBA中具有特殊含义的单词	例如，日期函数、数字函数、字符函数、转换函数、颜色函数等
语句	构成可由VBA引擎执行指令的单个VBA单词或单词组合	例如，赋值语句，注释语句，证明语句，Stop语句，Quit语句，选择控制语句，For-Next循环语句，Do-Loop循环语句等
过程	组合到一起以执行某项特定任务的VBA语句集合	例如，定义Sub过程，创建Sub过程，调用Sub过程。定义Function过程，创建Function过程，调用Function过程
变量	由于Access是一种数据库开发工具，因此要求VBA代码必须能够通过特定的方式来管理应用程序中涉及的数据。变量只不过是用于表示数据值的名称。几乎在所有的VBA程序中，都会创建和使用变量来保存值	例如，变量的声明就是给变量定义名称和类型（显式声明、隐式声明、强制声明）。变量作用域就是变量在程序中的有效范围。数组变量是一组有序基本变量的集合，它的使用方法与内存变量相同，但功能却远远超过内存变量

7.1.2 VBA 环境

VBE（Visual Basic Editor）是 VBA 的开发界面，是编辑、编译以及调试 VBA 程序的重要环境。在数据库打开的环境下，进入 VBE 的方法可以分为两大类：一类是从报表或窗体的设计视图中进入；一类是从数据库窗口中进入。

从报表或窗体的设计视图中打开 VBE，有以下三种方法。

① 打开窗体或报表的设计视图，然后双击需要编写代码的控件，打开"属性表"窗口选择"事件"选项卡，在要编写代码的事件后面单击按钮，打开"选择生成器"对话框，选择"代码生成器"选项即可打开 VBE 环境，如图 7-2 所示。

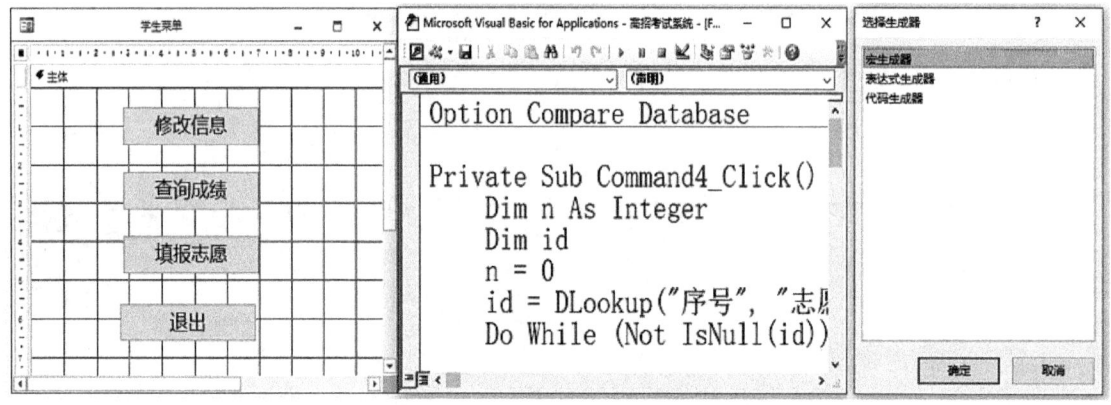

图7-2　从窗体中打开VBE

② 打开窗体或报表的设计视图，单击上下文功能区的"设计"选项卡的"工具"组中的"查看代码"按钮，即可打开 VBE 环境，光标显示位置为该模块的开头部分，如图 7-3 所示。

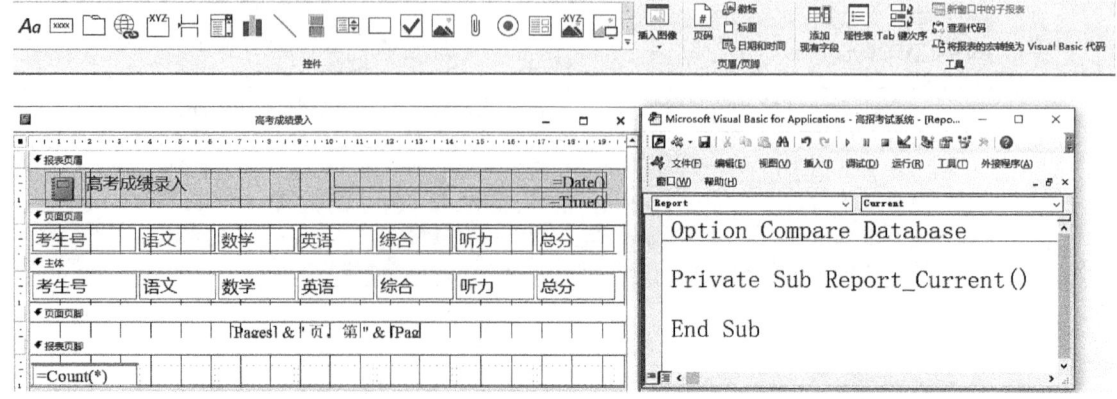

图7-3　从报表中打开VBE

③ 打开窗体或报表的设计视图,在需要编写代码的控件上右击,从弹出的快捷菜单中选择"事件生成器"命令,在打开的"选择生成器"对话框中选择"代码生成器"选项,单击"确定"按钮,即可打开 VBE 环境,如图 7-4 所示。

图7-4 从报表需要编写代码的控件上打开VBE

从数据库窗口中打开 VBE,有以下四种方法。
① 按 Alt+F11 组合键。
② 在"导航窗格"中找到"模块"对象,双击要查看或编辑的模块。
③ 切换到"数据库工具"功能区选项卡,单击"宏"组中的"Visual Basic"按钮,如图 7-5 所示。

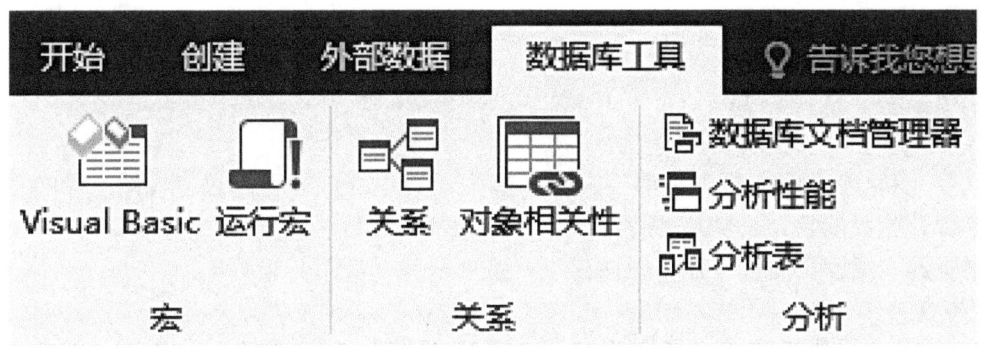

图7-5 从数据库工具下打开VBE

④ 切换到"创建"选项卡,单击"宏与代码"组中的 Visual Basic"模块"或"类模块"按钮,即可以打开 VBA 编辑窗口,如图 7-6 所示。

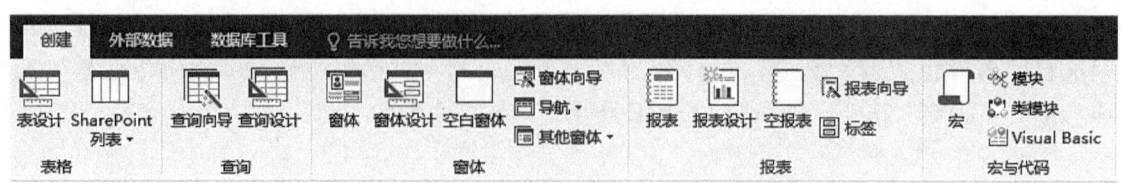

图7-6　从创建选项卡下打开VBE

通过以上任意一种方式都可以进入VBA编辑器界面，如图7-7所示。

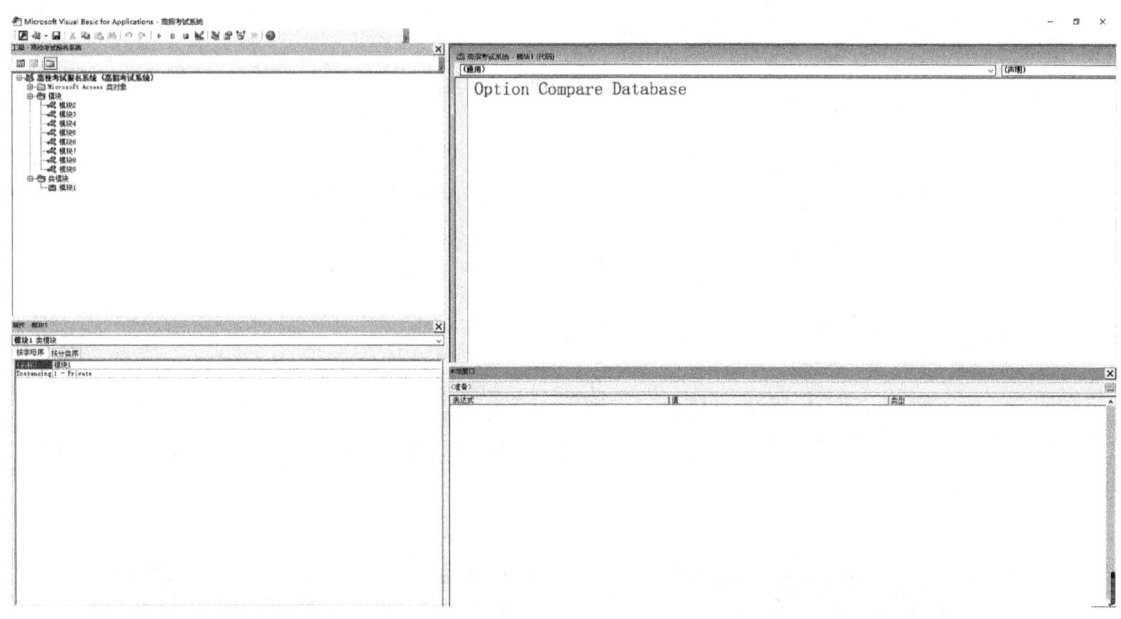

图7-7　VBA编辑器界面

VBA编辑器界面主要由常用工具栏和多个子窗口组成。可通过"视图"菜单中的相应命令打开相应的窗口。VBA编辑器中主要的窗口包括代码窗口、立即窗口、本地窗口、对象浏览器、工程资源管理器、属性窗口、监视窗口以及工具箱等。

1.VBE 工具栏

VBE工具栏主要包括"编辑"、"标准"、"调试"、"用户窗体"以及"自定义"工具栏，可以通过选择"视图"|"工具栏"菜单下的相关命令显示或隐藏这些工具栏，如图7-8所示。

图7-8　VBE标准工具栏

VBE "标准"工具栏中常用按钮的功能分别如下。
- "视图 Microsoft Access" 按钮：切换到 Access 窗口。
- "插入模块" 按钮：在当前位置插入一个模块、类模块或者过程。
- "运行子过程用户窗体" 按钮：运行模块中的程序。
- "中断" 按钮：停止正在运行的程序，切换至中断模式。
- "重新设置" 按钮：结束正在运行的程序。
- "对象浏览器" 按钮：用于查看和浏览 Access 及其他支持 VBA 的应用程序中的可用对象，以及每个对象的方法和属性。

2. 代码窗口

在 VBE 环境中，可以使用代码窗口来显示和编辑 VBA 代码。打开各模块的代码窗口后，可以查看和编辑不同窗体或模块中的代码，如图 7-9 所示。

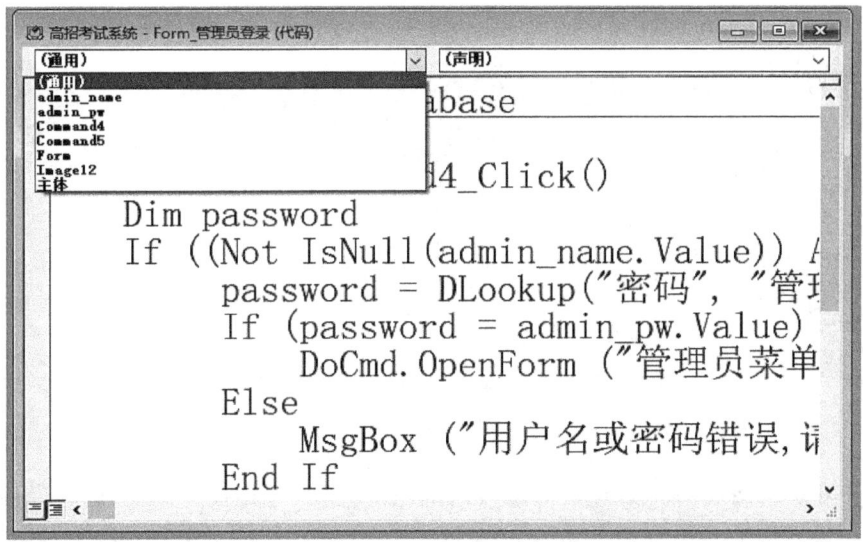

图7-9　代码窗口

在代码窗口中，左上角的下拉列表框为"对象"框，用来显示所选对象的名称。右侧的下拉列表框为"过程事件"框，它列出了窗体或对象框所含控件中的所有 Visual Basic 的事件。若选择一个事件，则与事件名称相关的事件过程就会显示在代码窗口中。

如果在"对象"框中显示的是"通用"选项，则"过程事件"列表框会列出所有模块中的常规过程。

> 小提示：模块中的所有过程都会出现在代码窗口的下拉列表框中，它们是按名称的字母进行排列的。使用时，可以从下拉列表框中选取一个过程，此时指针会移到所选过程的第一行代码处。在编程环境中，有时为了增加代码的可读性，会有一些缩减或空白行，被称为空白区域。空白区域包括空格、制表符以及空白行。一般情况下，VBA 会忽略空白区域，它的用途只增加代码的可读性。

3. 属性窗口

属性窗口是用来查看和设置对象的属性，选择"视图"|"属性窗口"命令即可打开属性窗口，如图7-10所示。

图7-10 属性窗口

用户可以使用属性窗口设置和查看用户创建的窗体、模块等对象的属性。属性窗口被划分为左右两部分，与当前对象相关的属性显示在左半部分，对应的属性值显示在右半部分。

> 小提示：当同时选择了多个对象时，属性窗口将显示这些对象的共同属性。属性列表可以按分类或字母顺序排序对象属性。

4. 立即窗口

在 VBA 中，由于在编写代码的过程中会出现各种各样的问题，所以编写的代码很难一次通过并正确地实现既定功能。这时就需要一个专用的调试工具，帮助用户快速找到程序中的问题，以便消除代码中的错误。VBA 的开发环境中"立即窗口"就是专门用来调试的，立即窗口在中断模式时会自动打开，且其内容是空的。用户可以在窗口中输入或粘贴代码，然后按 Enter 键来执行该代码，如图 7-11 所示。

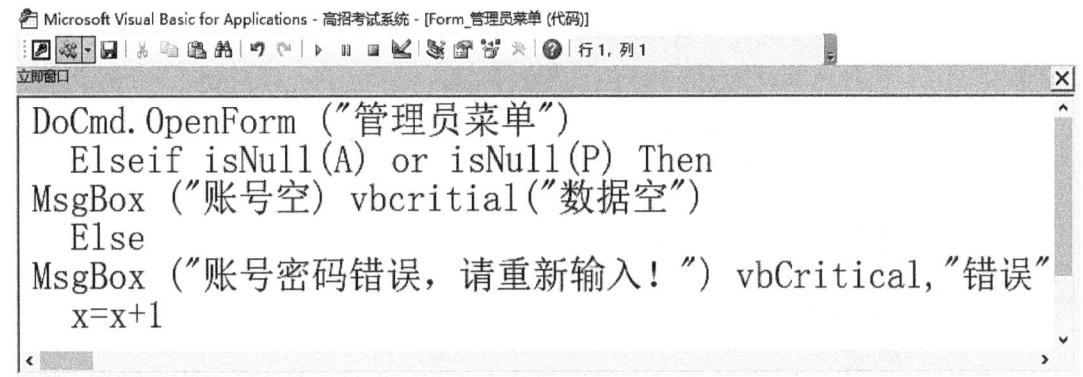

图7-11　立即窗口

5. 工程资源管理器

工程资源管理器是 VBA 编辑器中用于显示 VBA 项目成员的窗口。VBA 项目成员是指与用户文档相关的用户自定义窗体（Form）、模块（Modules）以及 Office 对象（Microsoft Object）等，窗体、模块和 Office 对象等集合构成了 VBA 项目。VBA 项目成员以树形结构显示，以便于用户查看和使用 VBA 项目及其成员。

工程资源管理器显示与用户在 Office 中打开的每一个文档相关的 VBA 项目。该窗口通常位于代码窗口的左侧。它提供了一种简单的方式在模块之间移动，因此，不必返回到 Access 应用程序。

工程资源管理器在可折叠列表的顶部显示工程名，工程名与数据库同名，只是没有 accdb 扩展名，在工程名称下面是一个或多个文件夹，如图 7-12 所示。

工程资源管理器的顶部从左至右包含 3 个图标。

➢ 查看代码：单击"查看代码"按钮，会将焦点放在代码窗口中。

➢ 查看对象：单击"查看对象"按钮，将显示与模块关联的对象。如果位于与某个窗体或报表关联的模块中，将显示该窗体或报表。它是一个非常便捷的快捷方式，可移动回到 Access 主窗口。该按钮对标准模块没有任何效果。

➢ 切换文件夹：默认情况下，模块显示在文件夹中。要移除文件夹并将所有模块显示为一个列表，可单击"切换文件夹"按钮，再次单击该按钮将会再次返回到文件夹视图下。

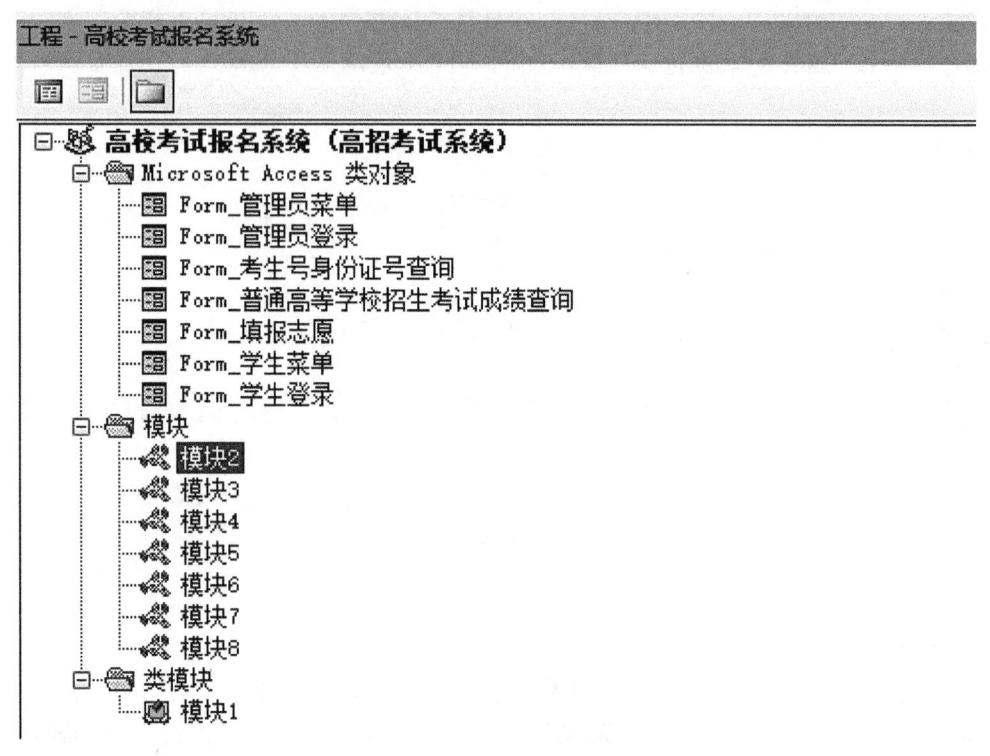

图7-12 工程资源管理器

7.1.3 VBA 模块

宏具有一定的局限性，如不能自定义函数、运行速度慢等，所以在给数据库设计一些特殊功能时，必须使用 Access 2016 中另一个强大的对象——模块，旨在执行宏不能完成的复杂功能操作。

模块，简言之就相当于一个容器，它是将 VBA 代码的声明语句和过程作为一个单元进行保存的集合，是基本语言的一种数据库对象。在 Access 2016 打开模块时将启动 VBA 界面。包括以下 5 部分：

➢ 对象框：当前模块所隶属的对象。

➢ 过程框：当模块由多个过程组成时，在编辑状态下，当前光标所处的过程名称将显示在该框中。

➢ 模块声明：用于声明各种模块。

➢ 模块过程：模块的代码。

➢ 视图按钮：在过程试图和全模块视图中进行切换。

在 Access 2016 中，模块可以分为两种类型：类模块和标准模块，如图 7-13 所示。

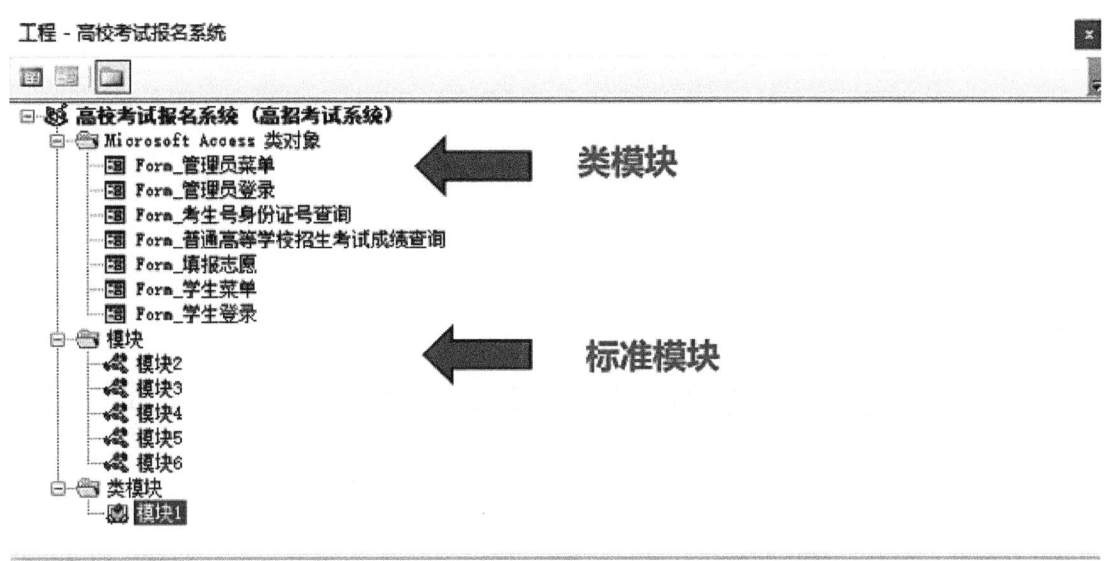

图7-13 "工程资源管理器"中的类模块和标准模块

1. 类模块

类模块是可以包含新对象定义的模块。新建一个类模块时,也就创建了新的对象。模块中定义的任何过程都会变成对象的属性或方法,在 Access 2016 中有三种基本类型即窗体类模块、报表类模块和自定义模块。

➢ 窗体类模块或报表类模块:数据库的每一个窗体或报表都有内置的窗体或报表模块。通常窗体或报表含有事件过程,该过程用于响应窗体或报表中的事件,用户可使用"事件过程"后面的"生成器"按钮,系统会自动地进入相应的代码设计区域,如图 7-14 所示。

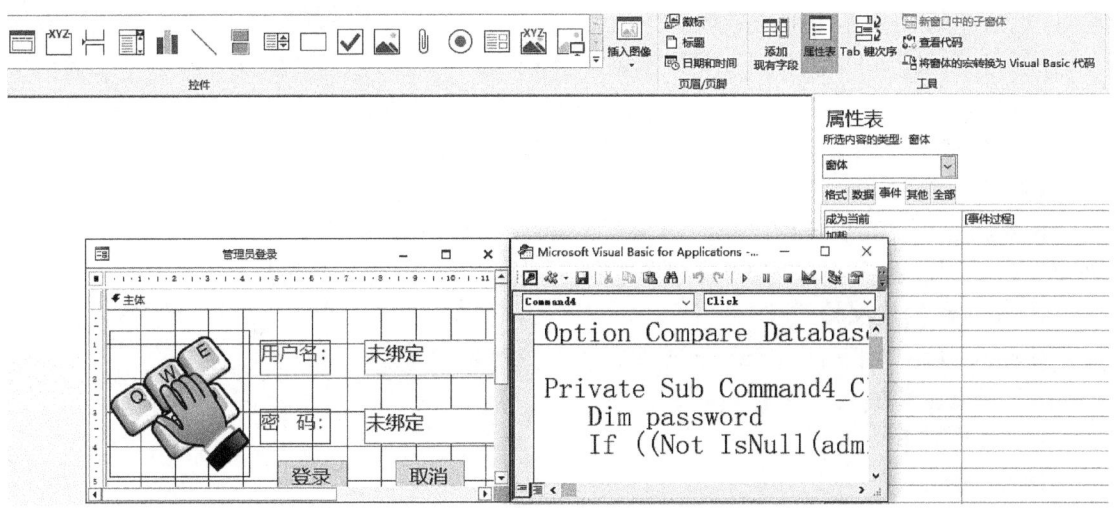

图7-14 类模块

➢ 自定义模块：不与窗体和报表相关联，允许用户自定义自己的对象、属性和方法。

2. 标准模块

在 Access 的早期版本中，标准模块又被称为全局模块。标准模块可以放置需要在数据库其他过程中所用的 Sub 和 Function 过程，当然，也可以包含在其他模块过程所用的变量，因此标准模块一般不与任何具体的窗体、控件相关联。

反过来，在标准模块的子程序中，用户也可以调用窗体或运行宏等数据库对象。由于标准模块中的公共变量和公共过程具有全局性，其作用范围为整个应用系统，如图 7-15 所示。

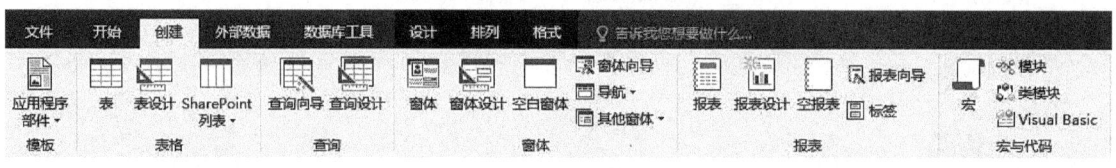

图 7-15　标准模块

3. 创建模块

在了解了模块的相关内容后，让我们一起来学习创建模块的常用方法吧！

① 创建一个窗体或报表时，Access 会自动创建一个窗体或报表模块。

② 在数据库窗口，单击"创建"选项卡中的"其他"命令组中的"标准模块"，可以创建新的标准模块；而单击"创建"选项卡中的"其他"命令组中的"类模块"，可以创建新的类模块。

③ 在 VBA 窗口下，单击"插入"→"模块"或"类模块"命令按钮，即可新建并打开一个模块窗口。

4. 编写程序代码

通过创建模块打开了相应的模块窗口，那如何在模块中编写相应的程序代码呢？在这里首先要说明的是，模块的主要组成部分是过程，过程是一段程序代码，由多条语句或命令组成。一个过程包括过程开始语句、程序代码和过程结束语句。创建模块就是在模块中加入过程，VBA 的过程通常分为子过程（Sub 过程）、函数过程（Function 过程）。每个过程作为一个独立的程序段，实现某个特定的功能。下面简单介绍其使用。

（1）Sub 过程

Sub 过程又称为子过程，执行一系列运算或一个操作，但没有返回值。用户可以自己创建 Sub 过程，也可以使用 Access 所创建的事件过程来创建 Sub 过程。

① 子过程的定义格式

[Public | Private][Static] Sub 子过程名 ([形参列表])

[局部变量或常数变量]

[语句序列]

[Exit Sub]

[语句序列]

End Sub

Sub 过程编写好后，需要将光标插入点放在该过程内，单击"运行"命令按钮，执行该过程中的代码才能得到结果。对于子过程，可以传送参数或使用参数来调用它，但不返回任何值。

② 参数说明

➢ 选用关键字 Public：可使该过程能被所有模块的所有其他过程调用。

➢ 选用关键字 Private：可使该过程只能被同一模块的其他过程调用。

➢ 子过程名：命名规则同变量名的命名规则。

➢ 形参列表的格式：

[ByVal | ByRef] 变量名 [( )] [As 数据类型] [, [ByVal | ByRef] 变量名 [( )] [As 数据类型]]…

➢ Exit Sub 语句：表示退出子过程。

（2）Function 过程

Function 过程又称为函数过程，执行一系列操作，有返回值，即函数值。Access 提供了许多内置函数，例如 Date( ) 函数，可以返回当前机器系统的日期。除了系统提供的内置函数以外，用户也可以自定义函数，编辑 Function 过程即是自定义函数。

① 函数过程的定义格式

[Public | Private][Static] Function 函数过程名 ([形参列表])[As 类型]

[局部变量或常数变量]

[语句序列]

[Exit Function]

[语句序列]

函数名 = 表达式

End Function

Function 函数过程编写好后，需要单击"运行"命令按钮才能得到结果。

② 参数说明

➢ 函数过程名：函数过程名有值、有类型，在过程体内至少赋值一次。

➢ As 类型：函数返回值的类型。

➢ Exit Function 语句：表示退出函数过程。

（3）过程的作用范围

过程可被访问的范围称为过程的作用范围，也称为过程的作用域。

过程的作用范围称为公有的和私有的。公有的过程前面加 Public 关键字，可以被当前数据库中的所有模块调用；私有的过程前面加 Private 关键字，只能被当前模块调用。

一般在标准模块中存放公有的过程和公有的变量。

（4）过程的调用

事件过程的调用可以称为事件触发。当一个对象的事件发生的时候，对应的事件过程会被自动调用。例如，如果为某个窗体的一个命令按钮创建了一个"单击"事件过程，那么,这个"单击"事件过程会在对应的命令按钮被用户单击之后,被自动调用执行。

① Sub 过程的调用

有时编写一个过程,不是为了获得某个函数值,而仅是处理某种功能的操作,例如,对一组进行排序等,VBA 提供的子过程可以更灵活地完成这一类操作。

子过程的调用有两种方式:一是利用 Call 语句加以调用;二是把过程名作为一个语句来直接调用。

➤ 调用格式

格式一:

Call 过程名([参数列表])

格式二:

过程名[参数列表]

➤ 参数说明

参数列表:这里的参数称为实参,与形参的个数、位置和类型必须一一对应,实参可以是常量、变量或表达式。多个实参之间用逗号分隔。

参数传递:调用过程时,把参数的值传递给形参。

> 同学们需要注意以下两点:
> 1. 用 Call 关键字调用子过程时,若有实参,则必须把实参用圆括号括起,无实参时可省略圆括号。不使用 Call 关键字,若有实参,也不需用圆括号括起。
> 2. 若实参要获得子过程的返回值,则实参只能是变量,不能是常量、表达式或控件名。

② Function 过程的调用

函数过程的调用同标准函数的调用相同,就是在赋值语句中调用函数过程。

➤ 调用格式

函数名 = 表达式([实参列表])

➤ 参数说明

参数列表和参数说明同子过程的调用。

> 由于函数过程会返回一个值,故函数过程不作为单独的语句加以调用,必须作为表达式或表达式中的一部分使用。

因此要正确区分和理解子过程和函数过程的异同,便于在程序开发中,充分发挥子程序和函数过程的作用。

7.2 VBA程序设计基础

7.2.1 关键字与标识符

在定义变量、常量和数组时,需要为它们指定各自的名称,以方便程序调用。让我们一起来了解 VBA 中有关变量、常量和数组的命名规则吧!

➢ 在程序中使用的变量名必须以字母字符开头。
➢ 名称的长度不能超过 255 个字符。
➢ 不能在名称中使用空格、句点、惊叹号或 @、&、$、# 等字符。
➢ 名称不能与 Visual Basic 本身的保留字的名称相同。
➢ 不能在同一过程中声明两个相同名称的变量。
➢ 名称不区分大小写,如 VarA、Vara 和 varA 是同一个量。
➢ 关键字是 VBA 中已经定义的具有特殊意义的字符串,如函数、与定义语句和操作等。

7.2.2 数据类型

数据类型可以用来区分不同的数据。由于数据在计算机中存储所需要的容量各不相同,不同的数据就必须分配不同的内存空间来存储,因此需将数据划分成不同的数据类型。此外,在数据类型上的限制也可以避免一些非法输入,使得计算机处理数据更加高效、可靠。在初学 VBA 编程的阶段,可以把数据类型看作是将数据进行分类、规范化的一种手段。

在 VBA 中,字节型 (Byte)、布尔型 (Boolean)、整型(Integer)、长整型 (Long)、货币型 (Currency)、单精度型(Single)、日期型(Date)、变体型 (Variant) 等不同类型的数值型数据在内存中所占的存储空间、取值范围也不相同,如表 7-2 所示。

表7-2 VBA中所支持的数据类型

数据类型	存储空间	数据范围
Byte	1字节	0~255
Boolean	2字节	Ture或False
Integer	2字节	-32768~+32768
Long	4字节	-2147483648~+2147483648
Single	4字节	1.4E-45~3.4E+38(绝对值)
Double	8字节	4.9E-324~1.7E+308(绝对值)
Currency	8字节	0-922337203685477.58

数据类型	存储空间	数据范围
String	10字节	最多可包含大约20亿个字符
Date	8字节	100/1/1 ~ 9999/12/31
Variant	16字节、22字节	数值同Double、字符串同String
Type	依组件所需	定义的组件依据数据类型指定范围

小提示：
1. 布尔型数据只有两个值：True 和 False。布尔型数据转换为其他类型数据时，True 转换为 -1，False 转换为 0；其他类型数据转换为布尔型时，0 转换为 False，其他值转换为 True。
2. 任何可以识别的日期数据，都可以赋值给日期变量。"日期/时间类型"常量数据必须在前后使用"#"符号定界，例如"#2014/12/30#"。否则是除法表达式。
3. 变体类型是一种特殊的数据类型，除定长字符串类型和用户自定义类型外，可以包含其他任何一种类型数据，如数值型、字符型、逻辑型或日期型。
4. 对于用户自定义数据类型的情况，VBA 允许用户使用已有的基本数据类型，根据需要自定义数据类型，这种类型定义后，可以用来声明该类型的数据变量，用于存放表数据记录。自定义语句格式如下：
Type 数据类型名
数据元素名 [(下标)] As 类型名
数据元素名 [(下标)] As 类型名
……
End Type

【例 7-1】在教务管理数据库中定义一个学生基本情况的数据类型，操作步骤如下。

① 新建一个标准模块。在 VBA 编辑环境，单击"插入"→"模块"打开 VBA 代码窗口。

② 在通用声明区域输入如下代码，自定义变量"学生"
Public Type 学生
学号 As String*10
姓名 As String*8
出生日期 As Date
End Type

③ 变量的数据类型自定义后，就可以使用了，并按照如下代码输入：
Sub Exm1( )
Dim Student As 学生
Student. 学号 = "2016016001"

Student. 姓名 = " 李道明 "
Debug.Print Student. 学号
Debug.Print Student. 姓名
End Sub

④ 保存本模块，将光标保持在 Sub 过程内，单击"运行"→"子过程"或"运行"按钮，在立即窗口查看结果。

7.2.3 常量、变量与数组

1. 常量

（1）常量的概念

常量是指在程序运行过程中，其值不能被改变的量。常量的使用可以增加代码的可读性，并且使代码更加容易维护。

（2）常量的类型

常量有直接常量、符号常量、固有常量和系统定义常量。

① 直接常量：直接常量直接出现在代码中，即通常的数值或字符串值，它的表示形式决定它的类型和值。例如 20、900、-20、"Teacher"等。

② 符号常量：如果在代码中要反复使用相同的值，或者代表一些具有特定意义的数字或字符串，可以使用符号常量。

➢ 定义符号常量的格式如下：

Const 常量名 [As 类型]= 表达式

➢ 参数说明

常量名：命名规则同变量名的命名规则相同。

as 类型：说明该常量的数据类型。如果该选项省略，则数据类型由表达式决定。

表达式：可以是数值常数、字符串常数以及运算符组成的表达式。

例如：Const PI=3.14159

这里声明符号常量 PI，代表圆周率 3.14159。在程序代码中，就可以在使用圆周率的地方使用 PI。使用符号常量的好处主要在于，当要修改该常量值时，只需修改定义该常量的一个语句即可。

➢ 固有常量

VBA 还提供了许多固有常量，所有固有常量任何时候都可在宏或 VBA 代码中使用。

固有常量以两个字母前缀指明了定义该常量的对象库，来自 Microsoft Access 库的常量以"ac"开头，而来自 Visual Basic 库的常量则以"vb"开头等，例如 acForm. vbCurrency。

因为固有常量所代表的值在 Microsoft Access 的以后版本中可能改变，所以应该尽可能使用固有常量名而不用固有常量的实际值。可以通过在"对象浏览器"中选择固有常量或在立即窗口中输入"? 固有变量名"来显示固有常量的实际值。

可以在任何允许使用符号常量或用户定义常量的地方 (包括表达式中) 使用固有常量。如果需要，用户还可以用"对象浏览器"来看所有可用对象库中的固有常量列表。

> 系统定义的常量

系统定义的常量有 True、False 和 Null。系统定义的常量可以在计算机上的所有应用程序中使用。

2. 变量

（1）变量的概念

变量是指在程序运行过程中值会发生变化的量。程序里的变量可以看作是一个存储数据的容器，并且其中的数据可以随着程序的运行发生变化。将一个数据存储到变量这个容器中，称为赋值，在定义变量时就赋值称为赋初值，而这个值称为变量的初值。

（2）变量的命名规则

① 变量名只能由字母、数字、汉字和下画线组成，不能含有空格和除了下画线字符"-"外的任何标点符号，其长度不能超过 255 个字符。

② 必须以字母开头，不区分变量名的大小写，例如若以 Ab 命名一个变量，则 AB、ab、aB 都被认为是同一变量。

③ 不能和 VBA 保留字同名。例如，不能以 If 命名一个变量。保留字是指在 VBA 中用做语言的那部分词，包括预定义语句、函数和运算符。

（3）变量的声明

使用变量前，一般必须先声明变量名和变量类型，使系统分配相应的内存空间，并确定该空间存储的数据类型。变量的声明有以下两种方式。

① 显式声明

显式声明是指在使用一个变量之前，必须先声明这个变量，即用户先为变量指定数据类型，再对变量赋值。

> 使用 Dim 语句声明变量

Dim 语句的使用格式为：

Dim 变量名 As [数据类型]

如果不使用"数据类型"可选项，默认定义的变量为 Variant 数据类型。

例如：

Dim intA As Integer 声明了一个整型变量 int A

Dim strX As String 声明了一个字符型变量 str X

再如，可以使用一条 Dim 语句声明多个变量：

表示声明了 3 个变量 intX、douY 和 strZ。其中，strZ 声明为字符串类型变量，intX

和 douY 没有声明其数据类型，默认为变体（Variant）类型。

再如，在一行中声明多个变量时，每个变量的数据类型应使用 As 声明：

Dim intA As Integer，intB As Long，sinC As Single

使用 Dim 声明了一个变量后，在代码中使用变量名，其末尾带与不带相应的类型说明符都代表同一个变量。

> 使用类型说明符声明变量

VBA 允许使用类型说明符来声明变量，如 intX% 表示是一个整型变量，douY# 是一个双精度变量，strZ $ 是个字符串变量，类型说明符在使用时始终放在变量的末尾。

VBA 中的类型说明符如表 7-2 中所示。

例如，在下面的赋值语句中，变量的类型使用类型说明符声明。

IntX%=56

DouY#=3.1415926

② 隐式声明

隐式声明是指在使用一个变量之前并不先声明这个变量。这个变量只在当前过程中有效，系统默认其类型为变体数据类型 (Variant)

用户可以通过将一个值指定给变量名的方式来建立隐含型变量。例如：Newvar=1234。语句定义了一个隐含型变量，名字为 Newvar，类型为 Variant 类型，值为 1234。

在 VBA 编程中，应尽量减少隐含型变量的使用，大量使用隐含型变量，对程序的调试和变量的识别等方面都会带来困难。

3. 数组

数组是一个特殊的变量，是包含相同数据类型的一组变量的集合。数组的优点就是用数组名代表逻辑上相关的一批数据，用下标表示数组中的各个元素。

（1）数组的声明

数组在使用前，必须显式声明，可以用 Dim 语句来声明数组。数组的声明方式为：

Dim 数组名([下标下界 to]下标上界)[As 数据类型]

下标下界的默认值为 0，数组元素为：数组名(0)至数组名(下标上界)，如果设置下标下界非 0，要用 to 选项。

数组有两种类型：固定大小的数组和动态数组，前者总保持数组的大小不变，而后者在程序中可根据需要动态地改变数组的大小。

① 固定大小的数组

➤ 一维数组的声明

Dim 数组名(下标)[As 数据类型]

参数说明如下：

下标：必须为常数，不允许是表达式或变量，下标的一般形式为"[下界 to] 上界"。下标的上界、下界为整数，不得超过 Integer 数据类型的范围，并且下界应该小于上界。如果不指定下界，下界默认为 0。

As 数据类型：如果省略，默认为变体数组。如果声明为数值型，数组中的全部数组元素都初始化为 0。如果声明为字符型，数组中的全部元素都初始化为空字符串。如果声明为布尔型，数组中的全部元素都初始化为 False。例如：

Dim x (3) As Integer

定义了一个有 4 个数组元素的一维数组，数组名为 x，数组元素从 x（0）至 x（3），每个数组元素为一个整型变量，这里只指定数组元素下标上界来定义数组。再例如：

Dim y(-2 to 3) As Integer

定义了一个有 6 个数组元素的一维数组，数组名为 y，数组元素下标从 -2 到 3。

➤ 多维数组的声明

Dim 数组名([下界 to] 上界,[下界 to] 上界…)[As 数据类型]

参数说明如下：

上界、下界为整数，下界默认为 0，例如：

Dim S (2，3) As Integer

定义了一个二维数组 S，类型为 Integer，该数组占据 12 个整型变量的空间，12 个数组元素的排列如表 7-3 所示。

表7-3 二维数组S的元素排列

	第0列	第1列	第2列	第3列
第0行	S（0，0）	S（0，1）	S（0，2）	S（0，3）
第1行	S（1，0）	S（1，1）	S（1，2）	S（1，3）
第2行	S（2，0）	S（2，1）	S（2，2）	S（2，3）

多维数组对存储空间的要求更大，既占据空间，又影响运行速度，所以要慎用多维数组，尤其是 Variant 数据类型的数组，因为它们需要更大的存储空间。

② 动态数组

在实际应用中，有时事先无法确定到底需要多大的数组，数组应定义多大，要在程序运行时才能决定。

解决问题的方法：

➢ 将数组声明得很大，如"Dim a (10000) As Integer"，但如果定义的数组过大，显然会造成内存空间的浪费。

➢ 利用动态数组，能够在程序运行期间根据用户的需要随时改变数组的大小及维数。

动态数组的定义方法是：先使用 Dim 来声明数组，但不指定数组元素的个数，而在以后使用时再用 ReDim 来指定数组元素的个数，称为数组重定义。在对数组重定义时，可以使用 ReDim 后加保留字 Preserve 来保留以前的值，否则使用 ReDim 后，数组元素的值会被重新初始化为默认。

ReDim 语句只能出现在过程中，可以改变数组的大小和上下界，但不能改变数组的维数。

4. 数组的使用

数组声明后，数组中的每个元素都可以当做单个的变量来使用，其使用方法同相同类型的普通变量。其元素引用格式为：

数组名 (下标值表)

其中，如果该数组为一维数组，则下标值表为一个范围为 [数组下标下界，数组下标上界] 的整数。如果该数组为多维数组，则下标值表为一个由多个 (不大于数组维数) 用逗号分开的整数序列，每个整数 (范围为 [该维数组下标下界，该维数组下标上界]) 表示对应的下标值。

7.3 VBA程序流程控制

VBA 是采用事件驱动机制的，即 VBA 程序的执行完全依靠事件控制，当对象的某个事件发生时，系统自动执行与该事件相关的事件过程，完成特定的功能，这是从宏观的角度认识 VBA 的特点。具体到事件过程而言，它是由若干条代码构成的，因此对于具体过程本身，仍然要采用结构化的方法，即用程序的控制结构去控制程序执行的流程，这是从微观的角度认识 VBA。

一个完整的应用程序的代码，是由众多语句组成的。流程控制就是对各种语句巧妙地运用，以达到理想的程序运行效果。VBA 程序设计按语句执行的先后顺序，程序可以分为 3 种基本的控制结构：顺序结构、选择结构和循环结构。

7.3.1 顺序结构

到底什么是顺序结构呢？

其实早在 1966 年，Bohra 和 Jacopini 按照程序模块的不同结构，将程序分为 3 种基本结构，即顺序结构、选择结构和循环结构。这 3 种基本结构的划分统一了复杂的程序员编程风格，使不同程序员编写的代码有了很强的可读性和移植性。而顺序结构是最简单的基本结构，其特点是按顺序执行一条又一条的语句，下面让我们通过一个例子来具体了解何为顺序结构。

【例 7-2】在高招考试系统数据库中创建一个新模块，该模块包括一个计算半径为 10 的圆周长的过程。

操作步骤如下：

① 启动 Access2016，打开高招考试系统数据库。

② 单击"创建"选项卡下"宏与代码"组中的"模块"按钮，新建一个模块，并进入 VBA 编程环境。

③ 在新建模块的"代码"窗口中输入如下程序代码：

```
Sub Area( )
Dim r As Single
Dim area As Single
Const PI = 3.14159
r = 10
area = 2*PI*r
MsgBox "圆的面积为："& area
End Sub
```

④ 将光标定位在过程中的任意位置并执行该程序，得到的运算结果为 62.8318。

7.3.2 选择结构

选择结构是根据指定的条件，判断程序选择哪个分支操作，因此选择结构又称分支结构。根据分支数不同，选择结构又分为单分支和多分支结构。

1. 单分支语句（If–Then 语句）如图 7-16 所示

If <条件表达式> Then

<语句序列>
End If

说明：如果条件为真（True），执行语句系列，否则执行 End If 之后的语句；如果条件为假（False），不执行语句序列，直接执行 End If 之后的语句。

2. 双分支语句（IF–Then–Else 语句）如图 7-17 所示。
If <条件表达式> Then
<语句序列 1>
Else
<语句序列 2>
End If

说明：如果条件为真（True），则执行 Then 后面 <语句序列 1>，为假（False）时执行 Else 后 <语句序列 2>，两者选其一，执行完成后继续 End If 之后的语句。

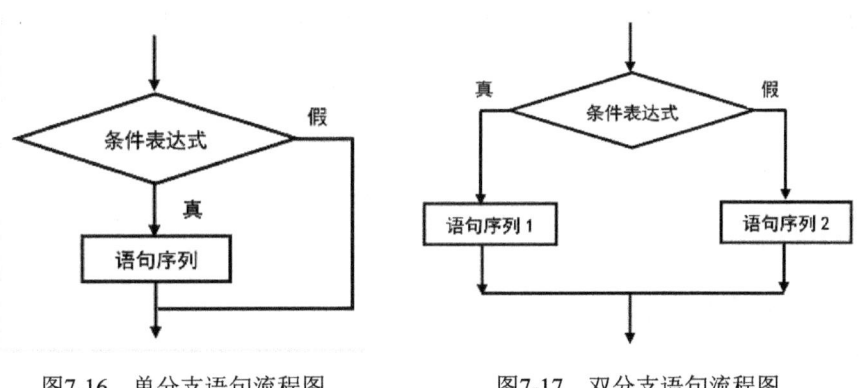

图7-16　单分支语句流程图　　　图7-17　双分支语句流程图

【例 7-3】通过键盘输入一个整数年份，判断整数是否为闰年。判断闰年的规则是：如果年号能被 400 整除是闰年；如果年号能被 4 整除，但不能被 100 整除，也是闰年。
操作步骤如下：
创建一个数据库，启动 VBA，新建一个标准模块，程序代码如下：

```
Sub Exm2( )
Dim n As Integer
n = InputBox( "请输入年份："  )
If n Mod 400 = 0 Or (n Mod 4 = 0 And n Mod 100 <> 0) Then
MsgBox  Str( n ) & "年是闰年！"
Else
MsgBox  Str( n ) & "年不是闰年！"
End If
End Sub
```

3. 多分支语句 (If–Then–ElseIf 语句)

If <条件 1> Then

<语句序列 1>

ElseIf <条件 2> Then

<语句序列 2>

…

ElseIf <条件 n> Then

<语句序列 n>

[Else <语句序列 n+1>]

End If

说明：如果<条件 1>为真，则执行 Then 下面的<语句序列 1>；如果为假时，则判断 ElseIf 中的<条件 2>，从上向下依次判断条件，上述多个条件中选其一，执行后继续 End If 之后的语句。

【例 7-4】创建一个数据库，启动 VBA，新建一个标准模块，根据 x 的取值，计算并输出 y 值。

程序代码如下：

$$y = \begin{cases} x - 7 & x > 0 \\ 0 & x = 0 \\ 3x^2 & x < 0 \end{cases}$$

```
Sub Exm3( )
Dim x As Single, y As Single
x = InputBox(" 输入 x 值：")
If x < 0 Then
y = x - 7
ElseIf x = 0 Then
y = 0
Else
y = 3 * x ^ 2
EndIf
MsgBox "x=" & x & "; " & "y=" & y
End Sub
```

4. 多分支语句 (Select Case –End Select 语句)

在某个条件判断可能会出现多种取值的情况下，此时使用多分支语句 (If – Then – ElseIf 语句)，判断条件会较多，语句繁琐。基于此，VBA 为用户提供了 Select Case 语句结构，这种结构只有一个判断表达式，并据此表达式的不同计算结果，执行不同的语句序列。

Select Case 测试表达式

Case 值列表 1
＜语句序列 1＞
　　Case 值列表 2
＜语句序列 2＞
　　　　…
　　Case 值列表 n
＜语句序列 n＞
[Case Else
＜语句序列 n+1＞]
End Select

将测试表达式的值与 Case 子句后的值列表中的值进行比较，如果与其中某个值相同，则执行该语句序列，然后执行 End Select 语句之后的语句。

> 测试表达式只能是数值表达式或字符表，Case 子句中的值列表数据类型必须与之一致，有如下三种格式：
> 1. Case 值 1，值 2，…多个值之间必需用逗号隔开。Case 1，3，5，7。
> 2. Case 值 1 To 值 2。使用 [值 1 To 值 2] 指定取值范围时，表示值 1 小于等于值 2。
> 3. Case Is 关系运算符 [值 1，值 2…] 使用 [Is] 代替测试表达式的值或变量。

【例 7-5】创建一个数据库，启动 VBA，新建一个标准模块，从键盘输入一个字符，并对字符进行分类。

程序代码如下：
Sub Exm4()
Dim char As String * 1　　　　　'定长字符变量
char = InputBox(" 输入一个字符 !")
Select Case char
Case "0" To "8", Is= "9"
　　s$ = " 数字字符 !"
Case "A", "B" To "Z"
　　s$ = " 大写字母 !"
Case "a" To "y", Is = "z"
　　s$ = " 小写字母 !"
Case " "
　　s$ = " 空字符 !"
Case Else

```
s$ = " 其他字符 !"
End Select
MsgBox " 输入的字符是：" &s$
    End Sub
```

7.3.3 循环结构

在处理实际问题时，往往会遇到对某些操作进行重复执行，而 VBA 中所提供的两种常用的循环控制语句即 For…Next 语句、Do…Loop 语句是用户的最佳选择。

1.For…Next 循环语句

For 循环变量 = 初值 To 终值 [Step 步长]

[语句序列 1]

[条件语句

Exit For

结束条件语句]

[语句序列 2]

Next [循环变量]

当循环变量的值在初值与终值范围内时，执行语句序列，否则退出循环。

For…Next 循环语句用于计数型循环，程序按照结构中指定的循环次数执行，说明如下：

➢ For 与 Next 必须成对使用，两者中的循环变量必需相同。

➢ 循环变量为数值型变量，用于统计循环次数。初值、终值与步长是数值表达式。如果步长为正，初值小于终值时执行循环；步长为负，初值大于终值时执行循环；步长为 1 时，Step 1 可以省略。

➢ 执行到 Next 语句时，当前循环变量加步长再赋值给循环变量，然后返回到 For 中。循环的次数由初值、终值与步长决定。

➢ 当满足条件或遇到 Exit For 语句时，可以提前退出循环。

2.Do…Loop 语句

在某些情况下，循环的次数是不确定的，究竟循环多少次取决于某些条件，这种循环叫做 "条件循环"，条件循环可以用 Do…Loop 语句来实现。

Do…Loop 循环有两种格式：一种是当型循环，另一种是直到型循环。

（1）当型循环

当型循环即当循环条件成立时才进入循环。当型循环是在 Do…Loop 语句的基础上加上 While 子句来实现的，根据 While 子句位置的不同又分为 "前测试循环" 和 "后测试循环" 两种。前测试循环是指把 While 子句放在循环的前面，首先测试循环体表达式是否成立，若满足条件，则进入循环。后测试循环是指把 While 子句放在循环的后面，首先进入循环执行一次循环体，然后再测试循环表达式是否成立，若满足条件，则进入循环，否则就不再执行循环。当型 Do…Loop 循环一般格式如下：

① 前测试循环

Do…While<循环条件表达式>

循环体

[Exit Do]

Loop

② 后测试循环

Do

循环体

[Exit Do]

Loop While<循环条件表达式>

说明：与 For…Next 循环不同，For…Next 循环中的变量会自动增加步长，而 Do…Loop 循环需要在循环体内用赋值语句重新更改循环变量的值。若循环没有结束，但需要中途强制退出循环时，可以使用 Exit Do 语句。

【例 7-6】求 1+2+3+4+…+n<1000 中 n 的最大值。

程序代码如下：

```
Private sub Test1()
Dim n As Integer, s As Interger
s=0 : n=0
Select Case char
Do While s<1000
n=n+1
s=s+n
Loop
Debug. Print n-1
End Sub
```

说明：若循环没有结束，但需要中途退出时，可以使用 Exit Do 语句；Do…Loop 循环需要在循环体内用赋值语句重新更改循环变量的值。

（2）直到型循环

直到型循环即一直执行循环，直到循环成立时才退出循环。因此，直到型循环与当型循环是完全相反的两种类型的循环，直到型循环在 Do…Loop 语句的基础上加 Until 字句的位置不同也分成前侧循环和后测试循环两种。直到型 Do…Loop 循环一般格式如下。

① 前测试循环

Do…Until<循环条件表达式>

循环体

[Exit Do]

Loop

② 后测试循环

Do
　循环体
　[Exit Do]
Loop…Until <循环条件表达式>

【例 7-7】截止到 2021 年我国人口数约为 15 亿，如果每年的人口自然增长率为 1.5%，那么多少年后我国人口达到或超过 20 亿？

程序代码如下：
Private sub Population()
Dim k As Integer, s As Single
S=15
Do Until s>=20
k=k+1
s=s*1.015
Loop
Debug. Print k
End Sub

7.4　VBA过程（参数传递）

在过程调用时用户可以设置一个或多个参数。简言之，调用程序就是把实参中的数值传递给形参变量，形参变量接收实参数据，最终过程执行结束并将处理结果返回给调用过程。形参的书写格式如下：

[ByRef] [ByVal] 变量名 [As 类型名]

其中 As 子句用于指定形参的数据类型，如果省略默认为变体类型；ByRef 关键字指定形参按地址传送，ByVal 关键字指定形参按值传送。

1. 按地址传送

在过程调用时，实参变量的内存地址被传递给形参变量，即形参与实参共用相同地址，当形参变量的值改变，实参变量的值也随之改变。在子过程被调用时，形参接收到实参的值，并同步传递给实参变量，传递方式即为双向传递。变量名前如果没有任何关键字，则默认按地址传送。参数传递方式如下所示：

调用过程：过程名　实参变量1，实参变量2，…

被调过程：过程名（形参变量1，形参变量2，…）

2. 按值传送

在被过程调用时，实参变量的值被传递给形参变量，即形参在子过程被调用时，形参接收到实参的值，过程内部对形参变量的任何操作引起值的变化均不影响实参变量的值，所以称为按值传送数据。参数传递方式如下所示：

调用过程：过程名 实参变量1，实参变量2，…
　　　　　　　　　↓　　　　　↓
被调过程：过程名（形参变量1，形参变量2，…）

【例 7-8】编写一个验证参数传递过程的传递方式，运行结果如图 7-18 所示。

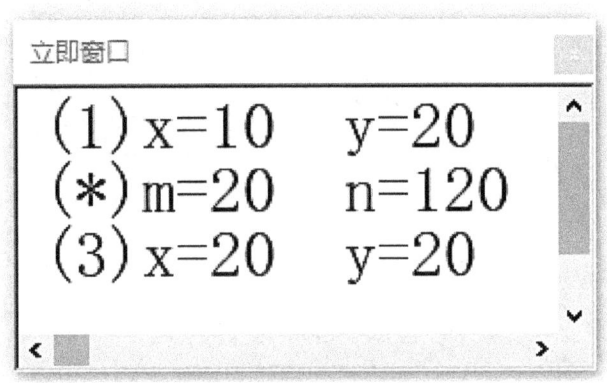

图7-18　传值调用结果

Sub test(m As Integer, ByVal n As Integer)
m = m + 10: n = n + 100
Debug.Print "(*)m="; m, "n="; n
End Sub
Sub Exm18()
Dim x As Integer, y As Integer
x = 10: y = 20
Debug.Print "(1)x="; x, "y="; y
Call test(x, y)
Debug.Print "(2)x="; x, "y="; y
End Sub

子过程中形参 n 前加 ByVal 关键字过程运行后，参数是按值传递方式接收 y 的值；当过程调用结束后并不返回值，所以 y 值并没有发生变化；而形参 m 默认为 ByRef 按地址传送，所以过程调用结束后 x 的值和 m 的值相同。

关于参数在过程中的传递说明如下：

① 实参可以是常量、变量、数组元素或表达式，但如果选择常量或表达式为参数，只能按值传送。

② 形参用于接收数据，只能是变量，而常量或表达式不能用作形参。

③ 形参个数必需等于实参个数，排列顺序一一对应，数据类型相同。形参变量名和实参变量名可以相同，也可以不同。

7.5 本章知识点梳理

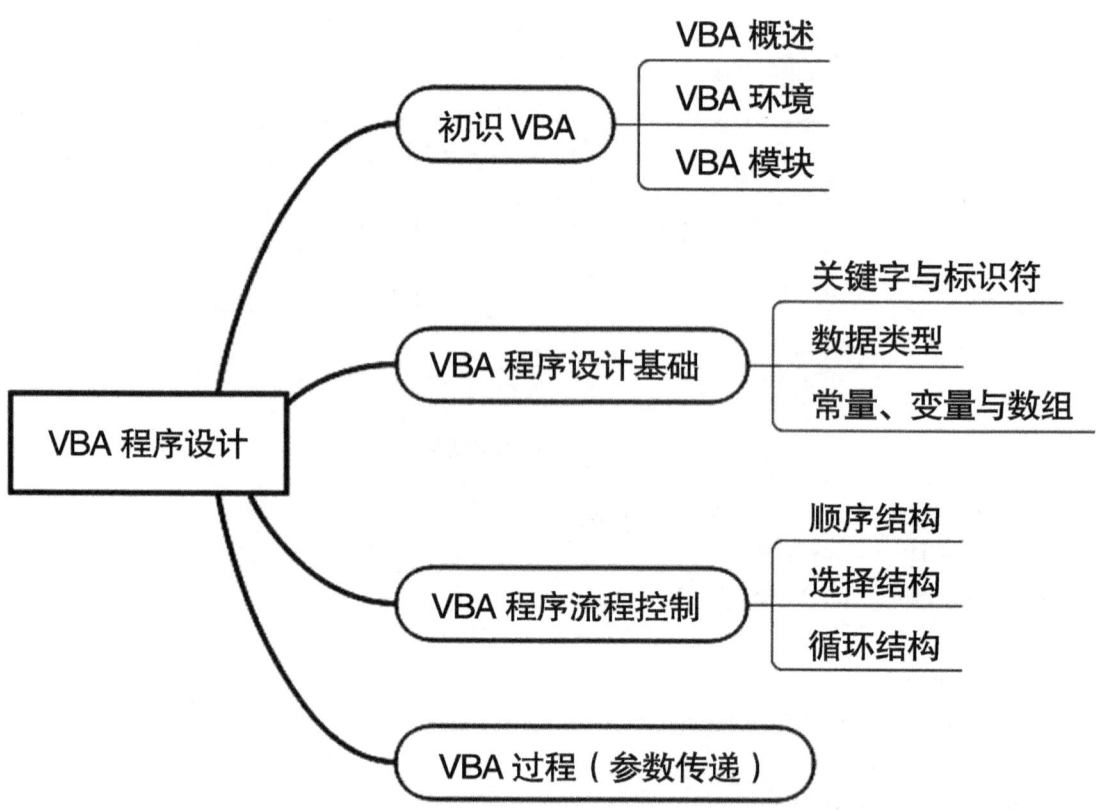

习题七

一、单选题

1. 在 VBA 编辑器中（　　）用来显示数据库中的所有模块。
   A. 模块代码窗口　　B. 立即窗口　　C. 模块属性窗口　　D. 工程资源管理器
2. 在模块窗口中，（　　）中包括当前模块所隶属的对象。
   A. 过程框　　　　B. 模块声明　　C. 对象框　　　　D. 视图按钮
3. 日期型数据应该在数据的（　　）括起来。
   A. 前后各用一个双引号　　　　　　B. 前后各用一个单引号
   C. 前后各用一个圆括号　　　　　　D. 前后各用一个"＃"号
4. 在 Access 2016 编程中，使用常量和变量时（　　）。
   A. 常量需要事先定义，而变量不用　　B. 变量需要事先定义，而常量不用
   C. 都需要事先定义　　　　　　　　　D. 都不需要事先定义
5. 变量名的长度不可以超过（　　）个字符。
   A. 32　　　　　B. 48　　　　　C. 128　　　　　D. 255
6. 对于语句 Dim x，y，z As Integer 描述正确的是（　　）。
   A. 该语句语法错误
   B. 该语句显式指定了3个 Integer 数据类型的变量
   C. 该语句中 z 被指定为 Integer 数据类型的变量，变量 x、y 自动生成为 Variant 数据类型
   D. 该语句中 x 被指定为 Variant 数据类型，y、z 被指定为 Integer 数据类型
7. 定义二维数组 B(2 to 5，4)，则该数组的元素个数是（　　）。
   A. 16　　　　　B. 8　　　　　C. 20　　　　　D. 24
8. 函数 If（0，20，30）的结果（　　）。
   A. 10　　　　　B. 20　　　　　C. 30　　　　　D. 25
9. 在以下程序代码中
   For intchr=1 to 9
   intchr= intchr +2
   Next intchr
   循环被执行（　　）次
   A. 3　　　　　B. 4　　　　　C. 5　　　　　D. 6
10. 选择和循环结构的作用是（　　）。
    A. 提高程序运行速度　　　　　　B. 控制程序的流程
    C. 便于程序的阅读　　　　　　　D. 方便程序的调试

二、填空题

1. 模块分"类模块"与"标准模块"，窗体是一种_____模块。
2. 模块中的过程以_____开头，以_____结束。

3. VBA 中使用的程序控制流程有_____、_____和_____3 种。
4. 设 $a=2$，$b=3$，则表达式 $a>b$ 的值是_____。
5. For…Next 循环是一种确定的_____循环。
6. 模块是存储在一个单元中的 VBA 的_____声明和_____的集合。
7. VBA 中打开窗体的命令语句是_____。
8. 在模块中编辑程序时，当某一条命令呈红色时，表示该命令_____。
9. 过程有两种：Sub 子过程和_____。
10. 下面程序中，要求循环执行 3 次，请填写完整 Do While 语句_____。

```
Private Sub Command 1Click()
Dim x As Integer
x=1
Do While
x=x+2
Loop
End Sub
```

第 8 章　数据库安全与优化

数据库系统的安全保护是应用系统开发的一项重要工作，旨在防止非法用户访问系统中的数据和对其进行应用。Access 2016 提供了经过改进的安全模型，该模型有助于简化将安全配置应用于数据库以及打开已启动安全性的数据库的过程。

本章主要介绍数据库管理与安全方面的知识，包括数据库压缩与备份、数据库的加密与解密等内容。通过本章的学习，可以掌握如何对数据库进行管理和维护，深化对数据库应用相关知识的进一步认识！

8.1　数据库安全

8.1.1　用户安全机制

随着计算机网络的发展，数据库网络化已经成为数据库发展的必然趋势。在这种环境下，数据库安全是一个很重要的问题，保障用户数据的安全比建立用户数据库更重要。

数据库安全性保护指的是如何保护一个数据库避免遭受未授权访问和恶意破坏等的机制和性能。安全问题一直是计算机系统所面临的一个重要问题。在数据库系统中集中存放的数据，通常为多用户直接共享，如何确保数据的安全就显得更加重要了。

数据库安全性涉及的问题很多，如用户的合法性和时效性、网络、计算机硬件、操作系统和物理控制等。除此之外，还有操作上的问题，如密码、审计机制等，都对数据库安全性保护的实现有着重要的影响。系统安全保护措施是否有效，是衡量数据库系统性能的一个重要指标。在 Access 数据库系统中，安全措施通过以下几个方面来设置。

1. 用户标识和口令

系统提供一定的方式让用户标识自己的身份，通过核实后确定其是否为合法用户，系统一般还会要求用户输入口令，通过核对口令以鉴别用户的身份。

2. 用户级访问控制

对于使用数据库系统的人员（如系统管理员、数据库管理员、普通用户）区别对待，给每个用户一定的存取权限，用户只能在其权限允许的范围内进行操作。用户权限包括两个方面：一是数据库对象；二是操作类型。

3. 密码控制

将数据库中的数据用加密的方式存储，使用该数据库时，用户必须将其转换为用户数据，也就是必须经过解密才能够使用数据库中的数据，通过这种方式确保数据库系统的安全。

Access2016 提供的安全模型有助于简化将安全配置应用于数据库，以及打开已启用安全性的数据库的过程。Access2016 的安全功能如下。

① 不启用数据库内容时可以查看数据

在 Access2003 及以前的版本中，如果将安全级别设置为"高"，则必须先对数据库进行数字签名并信任数据库，然后才能看数据。从 Access2007 开始，无需决定是否信任数据库，就可以直接查看数据。

② 更高的易用性

如果将数据库文件放在受信任位置（例如指定为安全位置的文件夹或网络共享），那么这些文件将直接打开并运行，而不会显示警告消息或要求用户启用任何禁用的内容。此外，如果在 Access2016 中打开有早期版本所创建的数据库，并且这些数据库已经进行了数字签名，而且已选择信任发布者，那么系统将运行这些文件而不需用户再次判断是否信任他们。

③ 信任中心

信任中心是保证安全的工具，它为设置 Access 的安全提供了一个集中的管理位置。使用信任中心可以为 Access 创建或更改受信任位置并设置安全选项。在 Access 中打开新的和现有的数据库时，这些设置将影响它们的行为。信任中心包含的逻辑还可以评估数据库中的组件，确定打开数据库是否安全，或者信任中心是否应禁用数据库，并让用户判断是否启用它。

④ 更少的警告信息

Access2003 及以前的版本强制用户处理各种报警消息，宏安全性就是其中的例子。在 access2016 中默认的情况下，如何打开一个非信任的文件，将只看到一个称为消息栏的工具。

⑤ 使用更强的算法来加密那些使用数据库密码功能的文件格式的数据库

加密数据库将打乱表中数据的排列顺序，有助于防止非法用户读取数据。

⑥ 具有一个禁用数据库运行的宏操作子类

这些更安全的宏包含错误处理功能，用户可以直接将宏嵌入任何窗体、报表或控件属性。

8.1.2 数据库的加密

1. 数据库加密

与联网的多用户数据库相比，保护单用户数据库的最简单方法是设置数据库密码。为了给数据库赋予一个密码，用户必须使数据库的使用具有排他性。除了 VBA 代码保护外，还可以给个密码账号赋予密码。一旦赋予密码，Access 2016 就对它进行了加密。虽然这种方法是安全的，但它只适用于打开数据库。数据库打开后，其中的数据和全部对象都能被用户查看和编辑。

为了设置 Access 数据库密码，要求必须以独占的方式打开数据库。密码可以是字母、数字、空格和符号的任意组合，区分大小写，长度应不小于 8 个字符。但如果选择了高级加密选项，可以使用更长的密码。

【例 8-1】加密高招考试系统 .accdb 数据库。

操作步骤如下：

① 启动 Access 2016，打开"文件"选项卡，选择"打开"选项，单击"浏览"按钮，点击"打开"对话框，选择要加密的数据库对象，然后单击右下角"打开"按钮旁边的下拉按钮，选择"以独占方式打开"命令，如图 8-1 所示。

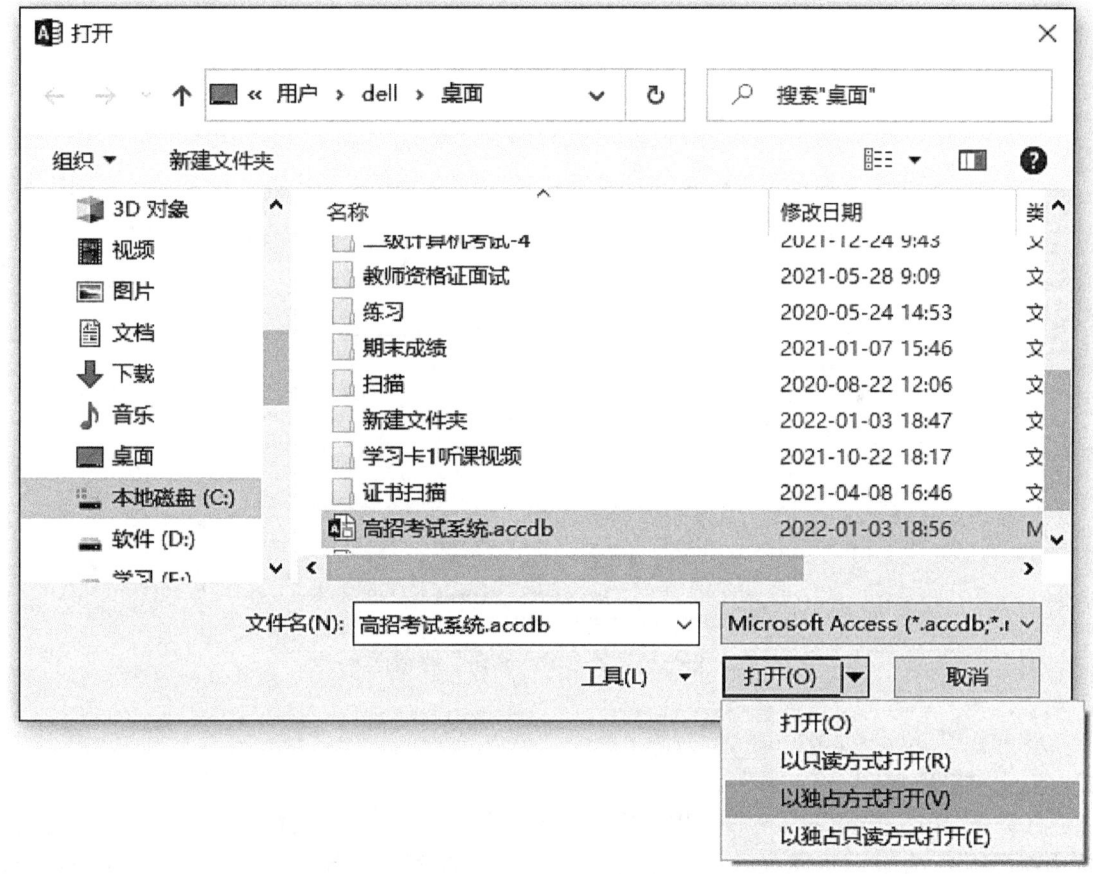

图8-1　以独占方式打开数据库

② 打开数据库后，选择"文件"选项卡中的"信息"选项，然后选择右侧窗口中的"用密码进行加密"命令，打开如图 8-2 所示的"设置数据库密码"对话框。

③ 在该对话框的"密码"文本框中输入密码，然后在"验证"文本框中重新输入密码进行验证。单击"确定"按钮，即可完成对数据库密码的设置。

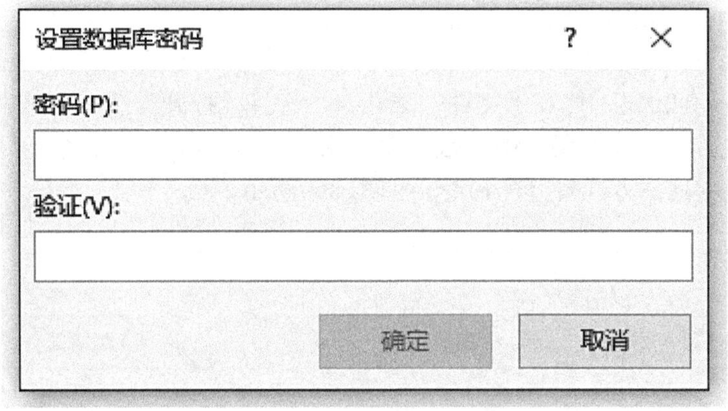

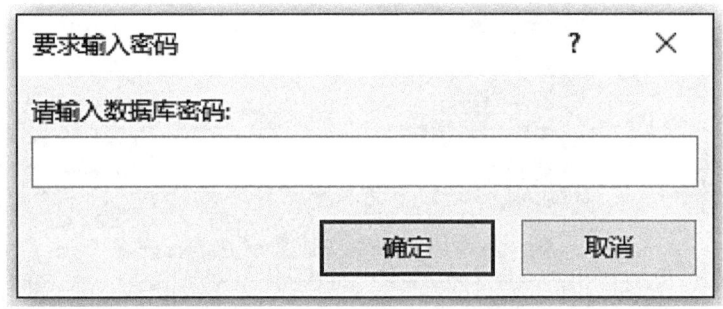

图8-2 "设置数据库密码"对话框

④ 设置好数据库的密码后，当再次打开该数据，将打开"要求输入密码"对话框如图 8-3 所示，此时输入正确的密码后才能打开该数据库。

图8-3 "要求输入密码"对话框

说明：在 Access2016 中，要设置/撤销数据库密码，必须以独占方式打开数据库。

2. 撤销密码

Access 2016 在允许用户加密数据库的同时，也提供了修改与撤销密码的功能。当然，要撤销数据库的密码也需要"以独占方式打开"数据库，选择"文件"选项卡中的"信息"选项，然后选择右侧窗口中的"解密数据库"命令，如图 8-4 所示。

此时，再打开如图 8-5 所示的"撤销数据库密码"对话框。在"密码"文本框中输入之前为数据库设置的密码，单击"确定"按钮，即可撤销数据库的密码。

说明：Access2016 不支持修改数据库密码，如要对数据库的密码进行修改，可先撤销原来的密码，然后重新执行设置数据库密码的操作，输入新的密码即可。

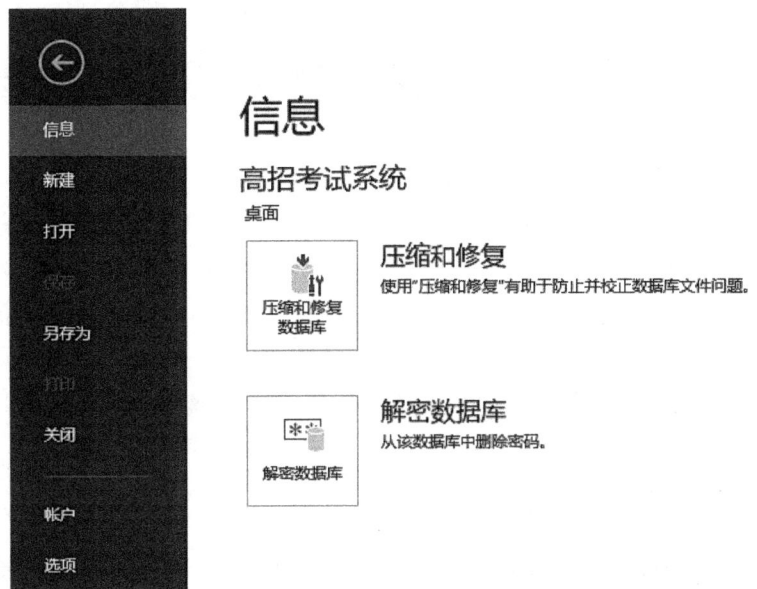

图8-4 "解密数据库"对话框

图8-5 "撤销数据库密码"对话框

8.2 数据库优化

8.2.1 优化数据库

数据库作为一个容器，管理着其内部的所有对象以及 VBA 程序。为了确保数据库的正常运行，有必要对数据库进行定期的压缩和修复。如当用户在 Access 数据库中删除数据库对象或者在 Access 项目中删除对象时，都可能会造成数据库整体结构的零散，浪费有限的磁盘空间。此时，定期对数据库进行压缩和修复操作就显得格外重要。一般情况下，当用户试图打开 Access 文件，Microsoft Access 会自动检测该文件是否已被损坏，如果是，系统就会提供修复数据库的选项。

Microsoft Access 数据库可以修复以下损坏或丢失的情况：
➤ Access 数据库中数据表的损坏。
➤ 有关 Access 文件的 Visual Basic for Applications (VBA) 项目的信息丢失。
➤ 窗体、报表或模块中的损坏。
➤ Access 打开特定窗体、报表或模块所需信息的丢失情况。

管理者必须定期对数据库进行管理和维护。在数据库的维护工作中，为了避免 Microsoft Access 文件受损，需要注意以下原则：
➤ 定期压缩和修复 Access 文件。可以指定在关闭 Access 文件时自动压缩该文件。
➤ 定期对 Access 文件进行备份。
➤ 避免意外退出 Access，例如因关机而突然退出 Access。
➤ 如果遇到网络问题，在问题解决之前，避免使用位于网络服务器上的共享 Access 数据库。如果可能，最好将 Access 数据库移到可以进行本地访问的计算机上，而不是网络上。

说明：如果当前的 Access 文件中含有对另一个已损 Access 文件的引用，Access 将不去尝试修复。

8.2.2 优化数据库对象

Access 2016 提供了数据库文档管理器、分析性能和分析表三种工具对数据库进行分析和优化，利用这些工具可以对数据库的性能分析结果进行优化，使系统运行更快速，字段内容安排更合理，从而提高系统的整体性能。

1. 数据库文档管理器

使用 Access 2016 提供的"数据库文档管理器"可以对数据库进行分析，并根据分析结果提出改善的建议和方法，以便对数据库的性能进行优化。

【例 8-2】下面以对"高考招生系统"数据库，来说明使用数据库文档管理器的方法，操作步骤如下：

① 打开"高考招生系统"数据库，单击"数据库工具"选项卡下"分析"命令组中的"数据库文档管理器"命令按钮，将弹出如图 8-6 所示的"文档管理器"对话框，该对

话框中共有"表"、"查询"、"窗体"、"报表"、"宏"、"模块"、"当前数据库"和"全部对象类型"8个选项卡。

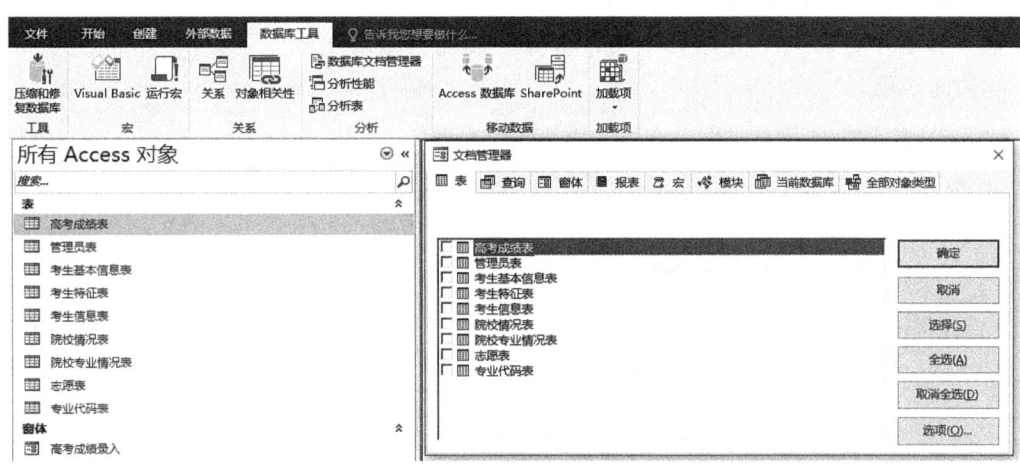

图8-6 "文档管理器"对话框

② 在"文档管理器"的不同选项卡中单击"选项"按钮，会弹出相对应的打印表定义对话框，如图 8-7 所示，在其中可对打印需要的结果进行设置。

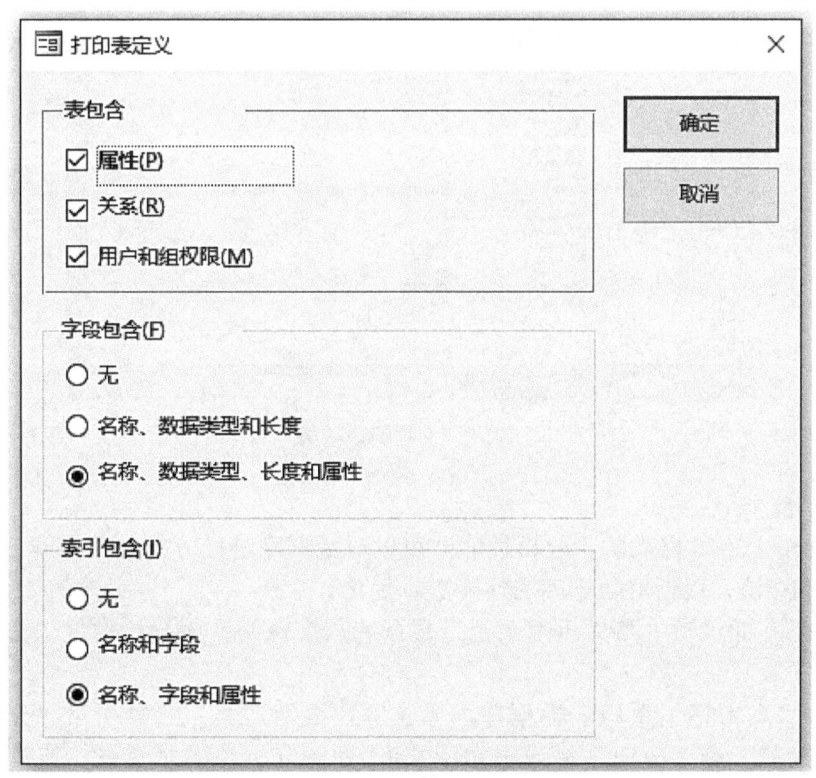

图8-7 "打印表定义"对话框

③ 设置好后，单击"确定"按钮返回"文档管理器"对话框。

④ 在"文档管理器"对话框选择需要打印的对象，单击"确定"按钮，系统将根据上一步设置，以打印预览的方式显示该对象的具体定义，如图8-8所示。此时，"打印预览"选项卡下共有"打印"、"页面大小"、"页面布局"、"显示比例"、"数据"、"关闭预览"6个不同的命令组。

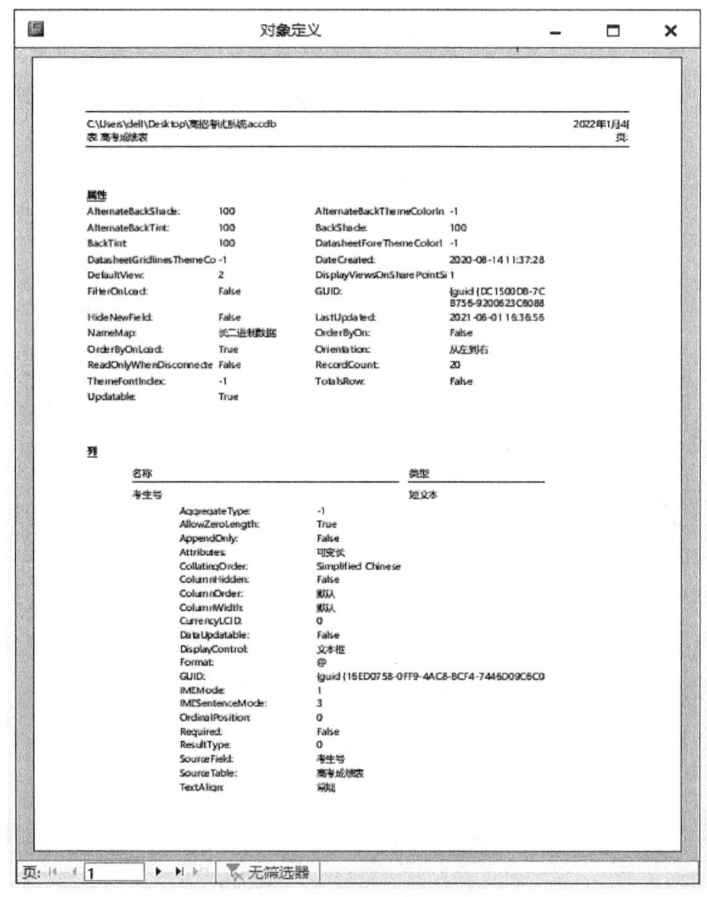

图8-8　文档管理结果

2. 分析性能

使用 Access 2016 提供的"分析性能"可以对数据库进行分析，并根据分析结果提出改善的建议和方法，以便对数据库的性能进行优化。

【例8-3】下面以对"高考招生系统"数据库，来说明使用分析性能的方法，操作步骤如下：

① 打开"高考招生系统"数据库，单击"数据库工具"选项卡下"分析"命令组中的"分析性能"命令按钮，将弹出如图 8-9"性能分析器"对话框，该对话框中共有"表"、"查询"、"窗体"、"报表"、"宏"、"模块"、"当前数据库"和"全部对象类型"8

个选项。

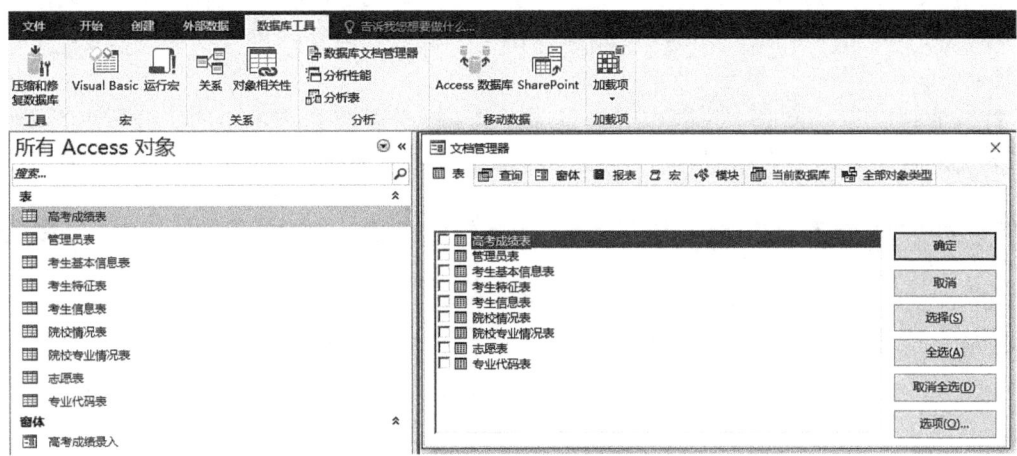

图8-9 "性能分析器"对话框

② 选择"全部对象类型"选项卡，单击"全选"按钮将全部对象选中，然后单击"确定"按钮即可对数据库中的全体对象进行分析。

③ 分析结束后，如图 8-10 系统会显示有推荐、建议、意见以及更正的图标，且最下面包含分析注释。

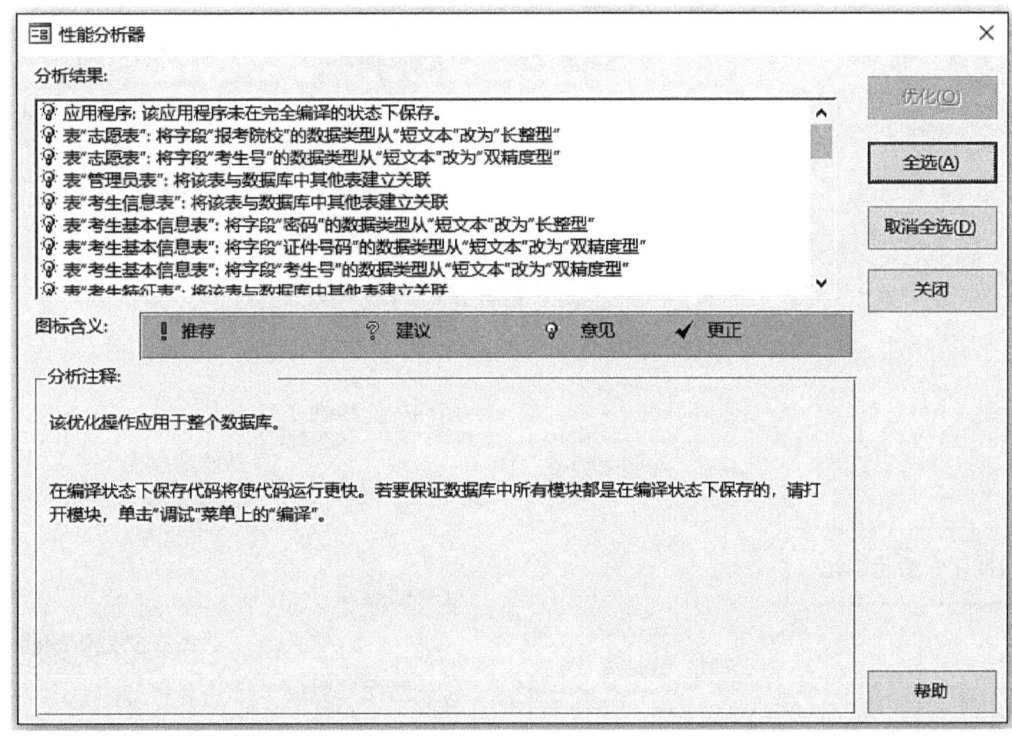

图8-10 分析结果

3. 表分析

使用 Access2016 提供的"表分析器向导",可以通过对表的拆分,来尽量减少数据冗余。

【例 8-4】以"高考招生系统"数据库为例,来说明表分析器向导使用的方法,操作步骤如下:

打开数据库后,单击"数据库工具"选项卡下"分析"命令组中的"分析表"命令按钮,系统将启动"表分析器向导",根据向导提示逐步完成操作即可,如图 8-11 所示。

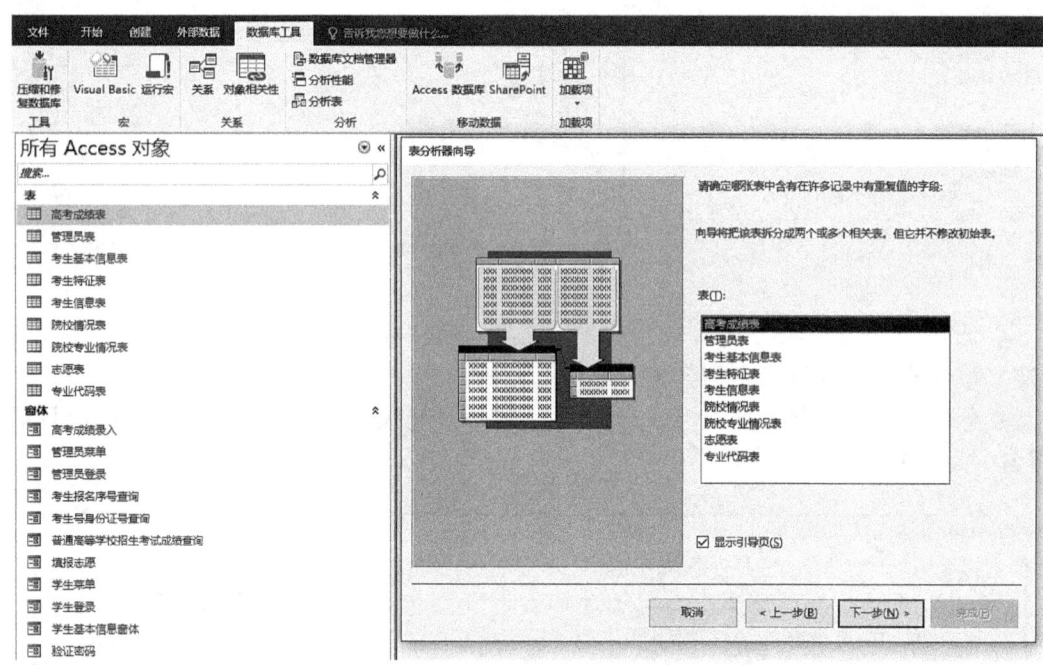

图8-11 "表分析器向导"优化数据库对象

8.3 本章知识点梳理

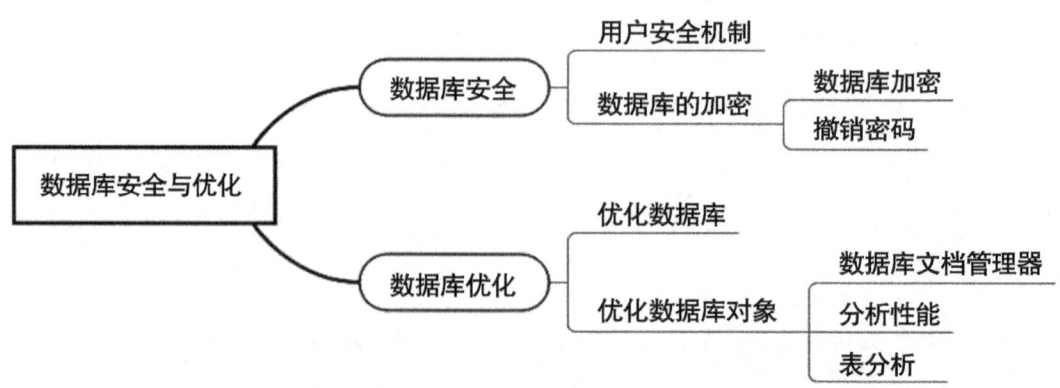

习题八

一、单选题

1. Access 2016 中开发的数据库文档可以直接在（　　）中使用。
   A. Access 2016　　B. Access 2002-2003　　C. Access 2000　　D. 以上均可

2. 在 Access2016 中，要对数据库设置密码，必须以（　　）方式打开数据库。
   A. 只读　　B. 独占　　C. 可读写　　D. 共享

3. 在 Access 2016 中，要对数据库进行备份，需要使用"文件"菜单下的（　　）命令。
   A. 信息　　B. 选项　　C. 数据库另存为　　D. 保存并发布

4. 有关受信任位置数据库，以下叙述错误的是（　　）。
   A. 需要使用信任中心创建受信任位置
   B. 需要将受信任的数据库保存或复制到受信任位置
   C. 受信任位置的数据库在打开时，所有代码或组件都会运行，用户不必做出信任决定
   D. 默认情况下，Aces2010认为所有数据库文件都是可信任的

5. 下面关于数据库拆分叙述错误的是（　　）。
   A. 拆分数据库可以大大提高数据库的性能
   B. 拆分数据库可以增强数据库的安全性
   C. 如果数据库受密码保护，将不能进行数据库的拆分
   D. 数据库的拆分，是指将当前数据库拆分为后端数据库和前端数据库

6. 下面有关在 Access 2016 中对数据库加密和解密的描述中，正确的是（　　）。
   A. 加密和解密过程中都必须以独占方式打开数据库
   B. 加密时必须以独占方式打开数据库，解密过程中则对打开方式没有要求
   C. 加密时对打开方式没有要求，解密过程中则必须以独占方式打开数据库
   D. 加密和解密过程中都对打开方式没有要求

7. 信任中心中的受信任位置是指（　　）。
   A. 计算机上用来存放来自可靠来源的受信任文件的文件夹
   B. 用来存放个人重要信息的文件夹
   C. 用来存放重要信息的数据库区域
   D. 数据库中用来存放和查看受保护信息的表

8. 下面关于数据库拆分叙述正确的是（　　）。
   A. 数据库拆分后，每个用户都可以拥有自己的表、查询、窗体、报表、宏和模块副本
   B. 数据库拆分后，每个用户都可以拥有自己的查询、窗体、报表、宏和模块副本
   C. 数据库拆分后，每个用户都只能拥有自己的表副本
   D. 以上都不正确

9. 为数据库设置密码以后，需要在（　　）时再次输入密码。

A. 修改数据库时 　　　　　　　　B. 打开数据库时
C. 关闭数据库时 　　　　　　　　D. 保存数据库时

10. 受信任位置的数据库，其中所有的宏.VBA代码和安全表达式都会在（　）时运行。

A. 数据库打开时　　B. 数据库关闭时　　C. 数据表打开时　　D. 数据表关闭时

二、填空题

1. 在Access 2016中，要对数据库设置密码，必须首先选择"文件"菜单下的命令，以_____方式打开数据库。

2. 数据库备份的作用是_____。

3. 权限只能由_____设定。

4. 若对"高考招生系统"数据库进行备份时，默认的备份文件名是_____。

5. 在Access 2016中对数据库加密后，如果密码丢失则_____。

6. 数据库拆分后，后端数据库将包含所有_____并存储在文件服务器上。

7. 数据库_____是应用开发的一项重要工作。

8. 还原数据库的操作仅使用户将被破坏了的数据库文件还原到_____。

9. 在Access 2016中，数据库的分析与优化通过_____、_____和_____三个分析工具来完成。

10. 使用Access2016提供的表分析器向导，可以通过对表的拆分，来_____。

参考文献

[1] 王珊，萨师煊. 数据库系统概论 [M]. 第五版. 北京：高等教育出版社，2014.

[2] 何玉洁. 数据库系统原理与应用教程 [M]. 第3版. 北京：机械工业出版社，2014.

[3] Michael Alexander，Dick kusleika. 中文版 Access2016 宝典 [M]. 第8版. 北京：清华大学出版社，2017.

[4] 策未来. 二级 Access 数据库程序设计 [M]. 北京：人民邮电出版社，2021.

[5] 杨小丽. Access2016 从入门到精通 [M]. 北京：中国铁道出版社，2016.

[6] 李捷. Access 程序设计 [M]. 郑州：河南大学出版社，2015.

[7] 米红娟. Access 数据库基础及应用教程 [M]. 第3版. 北京：机械工业出版社，2017.

[8]. 贾伟，魏建琴. 计算思维与 Access 数据库 [M]. 第2版. 北京：高等教育出版社，2020.

[9] 李雁翎. 数据库技术及应用——Access[M]. 第3版. 北京：高等教育出版社，2017.

[10] 罗娜，浦东兵等. Access 2010 数据库技术与应用（微课版）[M]. 第2版. 北京：人民邮电出版社，2019.

[11] 程凤娟等. Access 2010 数据库应用教程 [M]. 第2版. 北京：清华大学出版社，2019.

[12] 姜林枫等. 数据库技术与应用——Access 2010[M]. 北京：人民邮电出版社，2020.